Collins
German
Verbs

HarperCollins Publishers
Westerhill Road
Bishopbriggs
Glasgow
G64 2QT
Great Britain

First Edition 2005

© HarperCollins Publishers 2005

ISBN 0-00-720326-8

Collins® is a registered trademark of
HarperCollins Publishers Limited

www.collins.co.uk

A catalogue record for this book is available
from the British Library

Typeset by Davidson's Prepress, Glasgow

Printed in Italy by Amadeus S.r.l.

Acknowledgements
We would like to thank those authors and
publishers who kindly gave permission for
copyright material to be used in the Collins
Word Web. We would also like to thank
Times Newspapers Ltd for providing
valuable data.

MANAGING DIRECTOR
Lorna Knight

EDITORIAL DIRECTOR
Michela Clari

EDITORIAL CO-ORDINATION
Maree Airlie
Susie Beattie
Joyce Littlejohn

CONTRIBUTORS
Jeremy Butterfield
Horst Kopleck

We would like to give special thanks to
Simone Conboy, Foreign Languages Consultant,
for all her advice on teaching practice in today's
classroom. Her contribution has been
invaluable in the writing of this book.

William Collins' dream of knowledge for all began with the publication of his first book in 1819. A self-educated mill worker, he not only enriched millions of lives, but also founded a flourishing publishing house. Today, staying true to this spirit, Collins books are packed with inspiration, innovation, and practical expertise.
They place you at the centre of a world of possibility and give you exactly what you need to explore it.

Language is the key to this exploration, and at the heart of Collins Dictionaries is language as it is really used. New words, phrases, and meanings spring up every day, and all of them are captured and analysed by the Collins Word Web. Constantly updated, and with over 2.5 billion entries, this living language resource is unique to our dictionaries.

Words are tools for life. And a Collins Dictionary makes them work for you.

Collins. Do more.

Contents

Introduction   7

Glossary of Verb Grammar Terms   8

Introduction to Verb Formation   12

The present tense   14

Reflexive verbs   24

The imperative   28

Verb prefixes in the present tense   31

The perfect tense   34

The imperfect tense   39

The future tense   44

The conditional   46

The pluperfect tense   48

The subjunctive   50

Modal verbs   53

Verb combinations   56

Verbs followed by a noun or infinitive   56

Verbs followed by a preposition + the accusative case   57

Verbs followed by a preposition + the dative case   59

Verb Tables   2

Verb Index   256

Introduction

The *Easy Learning German Verbs* is designed for both young and adult learners. Whether you are starting to learn German for the very first time, brushing up your language skills or revising for exams, the *Easy Learning German Verbs* and its companion volume, the *Easy Learning German Grammar*, are here to help.

Newcomers can sometimes struggle with the technical terms they come across when they start to explore the grammar of a new language. The *Easy Learning German Verbs* contains a glossary which explains verb grammar terms using simple language and cutting out jargon.

The text is divided into sections to help you become confident in using and understanding German verbs. The first section looks at verb formation. Written in clear language, with numerous examples in real German, this section helps you to understand the rules which are used to form verb tenses.

The next section of text looks at certain common prepositions which are used with a number of verbs. Each combination of verb plus preposition is shown with a simple example of real German to show exactly how it is used.

The Verb Tables contain 127 important German verbs (both regular and irregular) which are given in full for various tenses. Examples show how to use these verbs in your own work. If you are unsure how a verb goes in German, you can look up the Verb Index at the back of the book to find either the conjugation of the verb itself, or a cross-reference to a model verb, which will show you the patterns that verb follows.

The *Easy Learning German Grammar* takes you a step further in your language learning. It supplements the information given in the *Easy Learning German Verbs* by offering even more guidance on the usage and meaning of verbs, as well as looking at the most important aspects of German grammar. Together, or individually, the *Easy Learning* titles offer you all the help you need when learning German.

Glossary of Verb Grammar Terms

ACCUSATIVE CASE the form of nouns, adjectives, pronouns and articles used in German to show the direct object of a verb and after certain prepositions. Compare with direct object.

ACTIVE in an active sentence, the subject of the verb is the person or thing that carries out the action described by the verb.

ARTICLE a word like *the, a* and *an*, which is used in front of a noun. Compare with definite article and indefinite article.

AUXILIARY VERB a verb such as *be, have* and *do* when used with a main verb to form some tenses, negatives and questions.

BASE FORM the form of the verb without any endings added to it, for example, *walk, have, be, go*. Compare with infinitive.

CASE the grammatical function of a noun in a sentence.

CLAUSE a group of words containing a verb.

CONDITIONAL a verb form used to talk about things that would happen or would be true under certain conditions, for example, *I would help you if I could*. It is also used to say what you would like or need, for example, *Could you give me the bill?*

CONJUGATE (to) to give a verb different endings according to whether you are

referring to *I, you, they* and so on, and according to whether you are referring to past, present or future, for example, *I have, she had, they will have*.

CONJUGATION a group of verbs which have the same endings as each other or change according to the same pattern.

CONSONANT a letter of the alphabet which is not a vowel, for example, *b, f, m, s, v* etc. Compare with vowel.

DATIVE CASE the form of nouns, adjectives, pronouns and articles used in German to show the indirect object of a verb and after certain verbs and prepositions.

DEFINITE ARTICLE the word *the*. Compare with indefinite article.

DIRECT OBJECT a noun referring to the person or thing affected by the action described by a verb, for example, *She wrote her name.; I shut the window*. Compare with indirect object.

DIRECT OBJECT PRONOUN a word such as *me, him, us* and *them* which is used instead of a noun to stand in for the person or thing most directly affected by the action described by the verb. Compare with indirect object pronoun.

ENDING a form added to a verb stem, for example, geh 'geht, and to adjectives and nouns depending on whether they refer to masculine, feminine, neuter, singular or plural things.

FUTURE a verb tense used to talk about something that will happen or will be true.

GENITIVE CASE the form of nouns, adjectives, pronouns and articles used in German to show that something belongs to someone and after certain prepositions.

IMPERATIVE the form of a verb used when giving orders and instructions, for example, *Shut the door!; Sit down!; Don't go!*

IMPERFECT one of the verb tenses used to talk about the past, especially in descriptions, and to say what was happening, for example, *It was sunny at the weekend* or what used to happen, for example, *I used to walk to school*. Compare with **perfect**.

INDIRECT OBJECT a noun or pronoun typically used in English with verbs that take two objects. For example, in *I gave the carrot to the rabbit*, *the rabbit* is the indirect object and *carrot* is the direct object. With some German verbs, what is the direct object in English is treated as an indirect object in, for example, *Ich helfe ihr* ' *I'm helping her*. Compare with **direct object**.

INDIRECT OBJECT PRONOUN when a verb has two objects (a direct one and an indirect one), the indirect object pronoun is used instead of a noun to show the person or the thing the action is intended to benefit or harm, for example, *me* in *He gave me a book* and *Can you get me a towel?* Compare with **direct object pronoun**.

INFINITIVE the form of the verb with to in front of it and without any endings added, for example, *to walk, to have, to be, to go*. Compare with **base form**.

INSEPARABLE VERB a verb with an inseparable prefix, for example, **be-** in **bestellen** and **ent-** in **enttäuschen**.

MIXED VERB a German verb whose stem changes its vowel to form the imperfect tense and the past participle, like strong verbs. Its past participle is formed by adding –t to the verb stem, like weak verbs. Compare with **strong verb** and **weak verb**.

MODAL VERBS are used to modify or change other verbs to show such things as *ability*, *permission* or *necessity*. For example, *he can swim*, *may I come?* and *he ought to go*.

NOMINATIVE CASE the basic form of nouns, pronouns, adjectives and articles used in German and the one you find in the dictionary. It is used for the subject of the sentence. Compare with **subject**.

NOUN a 'naming' word for a living being, thing or idea, for example, *woman, desk, happiness, Andrew*.

OBJECT a noun or pronoun which refers to a person or thing that is affected by the action described by the verb. Compare with direct object, indirect object and subject.

OBJECT PRONOUN one of the set of pronouns including *me*, *him* and *them*, which are used instead of the noun as the object of a verb or preposition. Compare with subject pronoun.

PAST PARTICIPLE a verb form, for example, *watched, swum* which is used with an auxiliary verb to form perfect and pluperfect tenses. Some past participles are also used as adjectives, for example, *a broken watch*.

PERFECT one of the verb tenses used to talk about the past, especially about actions that took place and were completed in the past. Compare with imperfect.

PERSONAL PRONOUN one of the group of words including *I*, *you* and *they* which are used to refer to yourself, the people you are talking to, or the people or things you are talking about.

PLUPERFECT one of the verb tenses used to describe something that <u>had</u> happened or had been true at a point in the past, for example, *I'<u>d forgotten</u> to finish my homework*.

PLURAL the form of a word which is used to refer to more than one person or thing. Compare with singular.

PREPOSITION is a word such as *at, for, with, into* or *from*, which is usually followed by a noun, pronoun or, in English, a word ending in *-ing*. Prepositions show how people and things relate to the rest of the sentence, for example, *She's <u>at</u> home; a tool <u>for</u> cutting grass; It's <u>from</u> David*.

PRESENT a verb form used to talk about what is true at the moment, what happens regularly, and what is happening now, for example, *I'<u>m</u> a student; I <u>travel</u> to college by train; I'<u>m studying</u> languages*.

PRESENT PARTICIPLE a verb form ending in *-ing* which is used in English to form verb tenses, and which may be used as an adjective or a noun, for example, *What are you <u>doing</u>?; the <u>setting</u> sun; <u>Swimming</u> is easy!*

PRONOUN a word which you use instead of a noun, when you do not need or want to name someone or something directly, for example, *it, you, none*.

REFLEXIVE PRONOUN a word ending in *-self* or *-selves*, such as *myself* or *themselves*, which refers back to the subject, for example, *He hurt <u>himself</u>; Take care of <u>yourself</u>*.

REFLEXIVE VERB a verb where the subject and object are the same, and where the action 'reflects back' on the subject. A reflexive verb is used with a reflexive pronoun such as *myself, yourself, herself*, for example, *I washed myself; He shaved himself*.

SEPARABLE VERB a verb with a separable prefix, for example, an- in ankommen and auf- in aufstehen.

STEM the main part of a verb to which endings are added.

STRONG VERB a German verb whose stem changes its vowel to form the imperfect tense and the past participle. Its past participle is not formed by adding –t to the verb stem. Also known as irregular verbs. Compare with weak verb.

SUBJECT the noun or pronoun used to refer to the person which does the action described by the verb, for example, *My cat doesn't drink milk*. Compare with object.

SUBJECT PRONOUN a word such as *I*, *he*, *she* and *they* which carries out the action described by the verb. Pronouns stand in for nouns when it is clear who is being talked about, for example, *My brother isn't here at the moment. He'll be back in an hour*. Compare with object pronoun.

SUBJUNCTIVE a verb form used in certain circumstances to express some sort of feeling, or to show doubt about whether something will happen or whether something is true. It is only used occasionally in modern English, for example, *If I were you, I wouldn't bother.*; *So be it*.

SUBORDINATE CLAUSE a clause which begins with a subordinating conjunction such as *because* or *while* and which must be used with a main clause. In German, the verb always goes to the end of the subordinate clause.

SUBORDINATING CONJUNCTION a word such as *when*, *because* or *while* that links the subordinate clause and the main clause in a sentence. Compare with subordinate clause.

TENSE the form of a verb which shows whether you are referring to the past, present or future.

VERB a 'doing' word which describes what someone or something does, what someone or something is, or what happens to them, for example, *be*, *sing*, *live*.

VOWEL one of the letters *a*, *e*, *i*, *o* or *u*. Compare with consonant.

WEAK VERB a German verb whose stem does not change its vowel to form the imperfect tense and the past participle. Its past participle is formed by adding –t to the verb stem. Also known as regular verbs. Compare with strong verbs.

Introduction to Verb Formation

Weak, strong and mixed verbs

Verbs are usually used with a noun, with a pronoun such as *I, you or she,* or with somebody's name. They can relate to the present, the past and the future; this is called their <u>tense</u>.

Verbs are either:

> <u>weak</u>; their forms follow a set pattern. These verbs may also be called <u>regular</u>.
> <u>strong</u> and <u>irregular</u>; their forms change according to different patterns.

OR

> <u>mixed</u>; their forms follow a mixture of the patterns for weak and strong verbs.

Regular English verbs have a <u>base form</u> (the form of the verb without any endings added to it, for example, *walk*). This is the form you look up in a dictionary. The base form can have *to* in front of it, for example, *to walk*. This is called the <u>infinitive</u>.

German verbs also have an infinitive, which is the form shown in a dictionary; most weak, strong and mixed verbs end in **-en**. For example, **holen** (meaning *to fetch*) is weak, **helfen** (meaning *to help*) is strong and **denken** (meaning *to think*) is mixed. All German verbs belong to one of these groups. We will look at each of these three groups in turn on the next few pages.

English verbs have other forms apart from the base form and infinitive: a form ending in *-s* (*walks*), a form ending in *-ing* (*walking*), and a form ending in *-ed* (*walked*). German verbs have many more forms than this, which are made up of endings added to a <u>stem</u>. The stem of a verb can usually be worked out from the infinitive and can change, depending on the tense of the verb and who or what you are talking about.

German verb endings also change, depending on who or what you are talking about: ich (*I*), du (*you* (informal)), er/sie/es (*he/she/it*), Sie (*you* (formal)) in the singular, or wir (*we*), ihr (*you* (informal)), Sie (*you* (formal)) and sie (*they*) in the plural. German verbs also have different forms depending on whether you are referring to the present, future or past.

The next sections give you all the help you need on how to form the different verb tenses used in German. If you would like even more information on how German verbs are used, the *Easy Learning German Grammar* shows you when and how numerous different verbs are used when writing and speaking modern German.

The present tense

Forming the present tense of weak verbs

Nearly all weak verbs in German end in -en in their infinitive form. This is the form of the verb you find in the dictionary, for example, spielen, machen, holen. Weak verbs are regular and their changes follow a set pattern or conjugation.

To know which form of the verb to use in German, you need to work out what the stem of the verb is and then add the correct ending. The stem of most verbs in the present tense is formed by chopping the -en off the infinitive.

Infinitive	Stem (without -en)
spielen (*to play*)	spiel-
machen (*to make*)	mach-
holen (*to fetch*)	hol-

Where the infinitive of a weak verb ends in -eln or -ern, only the -n is chopped off to form the stem.

Infinitive	Stem (without -n)
wandern (*to hillwalk*)	wander-
segeln (*to sail*)	segel-

Now you know how to find the stem of a verb, you can add the correct ending. Which one you choose will depend on whether you are referring to ich, du, er, sie, es, wir, ihr, Sie or sie.

For further explanation of grammatical terms, please see 8-11.

Here are the present tense endings for weak verbs ending in -en:

Pronoun	Ending	Add to Stem, e.g. spiel-	Meanings
ich	-e	ich spiele	I play I am playing
du	-st	du spielst	you play you are playing
er sie es	-t	er spielt sie spielt es spielt	he/she/it plays he/she/it is playing
wir	-en	wir spielen	we play we are playing
ihr	-t	ihr spielt	you (*plural*) play you are playing
sie	-en	sie spielen	they play they are playing
Sie		Sie spielen	you (*polite*) play you are playing

Sie <u>macht</u> ihre Hausaufgaben.   She's doing her homework.
Er <u>holt</u> die Kinder.   He's fetching the children.

Note that you add -n, not -en to the stem of weak verbs ending in -ern and -eln to get the wir, sie and Sie forms of the present tense.

Pronoun	Ending	Add to Stem, e.g. wander-	Meanings
wir	-n	wir wandern	we hillwalk we are hillwalking
sie	-n	sie wandern	they hillwalk they are hillwalking
Sie		Sie wandern	you (*polite*) hillwalk you are hillwalking

Sie wander<u>n</u> gern, oder? You like hillwalking, don't you?
Im Sommer wander<u>n</u> wir fast jedes Wochenende.
In the summer we go hillwalking most weekends.

If the stem of a weak verb ends in -d or -t, an extra -e is added before the usual endings in the du, er, sie and es and ihr parts of the verb to make pronunciation easier.

Pronoun	Ending	Add to Stem, e.g. red-	Meanings
du	-est	du redest	you talk you are talking
er sie es	-et	er redet sie redet es redet	he/she/it talks he/she/it is talking
ihr	-et	ihr redet	you (*plural*) talk you are talking

Du red<u>est</u> doch die ganze Zeit über deine Arbeit!
You talk about your work all the time!

Pronoun	Ending	Add to Stem, e.g. arbeit-	Meanings
du	-est	du arbeitest	you work you are working
er sie es	-et	er arbeitet sie arbeitet es arbeitet	he/she/it works he/she/it is working
ihr	-et	ihr arbeitet	you (*plural*) work you are working

For further explanation of grammatical terms, please see 8-11.

Sie arbeit<u>et</u> übers Wochenende.   She's working over the weekend.
Ihr arbeit<u>et</u> ganz schön viel.   You work a lot.

If the stem of a weak verb ends in -m or -n, this extra -e is added to make pronunciation easier. If the -m or -n has a consonant in front of it, the -e is added, except if the consonant is *l*, *r* or *h*, for example le<u>r</u>nen.

Pronoun	Ending	Add to Stem, e.g. atm-	Meanings
du	-est	du atmest	you breathe you are breathing
er sie es	-et	er atmet sie atmet es atmet	he/she/it breathes he/she/it is breathing
ihr	-et	ihr atmet	you (*plural*) breathe you are breathing

Du atm<u>est</u> ganz tief.   You're breathing very deeply.

Pronoun	Ending	Add to Stem, e.g. lern-	Meanings
du	-est	du lernst	you learn you are learning
er sie es	-t	er lernt sie lernt es lernt	he/she/it learns he/she/it is learning
ihr	-t	ihr lernt	you (*plural*) learn you are learning

Sie lern<u>t</u> alles ganz schnell.   She learns everything very quickly.

Forming the present tense of strong verbs

The present tense of most strong verbs is formed with the same endings that are used for weak verbs.

Pronoun	Ending	Add to Stem, e.g. sing-	Meanings
ich	-e	ich singe	I sing I am singing
du	-st	du singst	you sing you are singing
er sie es	-t	er singt sie singt es singt	he/she/it sings he/she/it is singing
wir	-en	wir singen	we sing we are singing
ihr	-t	ihr singt	you (*plural*) sing you are singing
sie	-en	sie singen	they sing they are singing
Sie		Sie singen	you (*polite*) sing you are singing

Sie sing<u>en</u> in einer Gruppe.   They sing in a band.

However, the vowels in stems of most strong verbs change for the du and er/sie/es forms. The vowels listed below change as shown in nearly all cases:

long e > ie (*see* sehen)
short e > i (*see* helfen)
a   > ä (*see* fahren)
au   > äu (*see* laufen)
o   > ö (*see* stoßen)

For further explanation of grammatical terms, please see 8-11.

long e > ie as in the verb sehen:

Pronoun	Ending	Add to Stem, e.g. seh-	Meanings
ich	-e	ich sehe	I see I am seeing
du	-st	du siehst	you see you are seeing
er sie es	-t	er sieht sie sieht es sieht	he/she/it sees he/she/it is seeing
wir	-en	wir sehen	we see we are seeing
ihr	-t	ihr seht	you (*plural*) see you are seeing
sie	-en	sie sehen	they see they are seeing
Sie		Sie sehen	you (*polite*) see you are seeing

Siehst du fern? Are you watching TV?

short e > i as in the verb helfen:

Pronoun	Ending	Add to Stem, e.g. helf-	Meanings
ich	-e	ich helfe	I help I am helping
du	-st	du hilfst	you help you are helping
er sie es	-t	er hilft sie hilft es hilft	he/she/it helps he/she/it is helping

Pronoun	Ending	Add to Stem, e.g. helf-	Meanings
wir	-en	wir helfen	we help we are helping
ihr	-t	ihr helft	you (*plural*) help you are helping
sie	-en	sie helfen	they help they are helping
Sie		Sie helfen	you (*polite*) help you are helping

Heute hilft er beim Kochen.   He's helping with the cooking today.

a > ä   as in the verb **fahren**:

Pronoun	Ending	Add to Stem, e.g. fahr-	Meanings
ich	-e	ich fahre	I drive I am driving
du	-st	du fährst	you drive you are driving
er sie es	-t	er fährt sie fährt es fährt	he/she/it drives he/she/it is driving
wir	-en	wir fahren	we drive we are driving
ihr	-t	ihr fahrt	you (*plural*) drive you are driving
sie	-en	sie fahren	they drive they are driving
Sie		Sie fahren	you (*polite*) drive you are driving

Am Samstag fährt sie nach Italien.   She's driving to Italy on Saturday.

For further explanation of grammatical terms, please see 8-11.

au > äu as in the verb laufen:

Pronoun	Ending	Add to Stem, e.g. lauf-	Meanings
ich	-e	ich laufe	I run I am running
du	-st	du läufst	you run you are running
er sie es	-t	er läuft sie läuft es läuft	he/she/it runs he/she/it is running
wir	-en	wir laufen	we run we are running
ihr	-t	ihr lauft	you (*plural*) run you are running
sie	-en	sie laufen	they run they are running
Sie		Sie laufen	you (*polite*) run you are running

Er läuft die 100 Meter in Rekordzeit. He runs the 100 metres in record time.

o > ö as in the verb stoßen:

Pronoun	Ending	Add to Stem, e.g. stoß-	Meanings
ich	-e	ich stoße	I push I am pushing
du	-st	du stößt	you push you are pushing
er sie es	-t	er stößt sie stößt es stößt	he/she/it pushes he/she/it is pushing

Pronoun	Ending	Add to Stem, e.g. stoß-	Meanings
wir	-en	wir stoßen	we push we are pushing
ihr	-t	ihr stoßt	you (*plural*) push you are pushing
sie	-en	sie stoßen	they push they are pushing
Sie		Sie stoßen	you (*polite*) push you are pushing

Pass auf, dass du nicht an den Tisch stößt.

Watch out that you don't bump into the table.

Note that strong AND weak verbs whose stem ends in -s, -z, -ss or -ß (such as stoßen) add -t rather than -st to get the du form in the present tense. However, if the stem ends in -sch, the normal -st is added.

Verb	Stem	Du Form
wachsen	wachs-	wächst
waschen	wasch-	wäschst

Forming the present tense of mixed verbs

There are nine mixed verbs in German. They are very common and are formed according to a mixture of the rules already explained for weak and strong verbs.

The nine mixed verbs are:

Mixed Verb	Meaning	Mixed Verb	Meaning	Mixed Verb	Meaning
brennen	to burn	kennen	to know	senden	to send
bringen	to bring	nennen	to name	wenden	to turn
denken	to think	rennen	to run	wissen	to know

The present tense of mixed verbs has the same endings as weak verbs and has no vowel or consonant changes in the stem: ich bringe, du bringst, er/sie/es bringt, wir bringen, ihr bringt, sie bringen, Sie bringen.

> Sie bringt mich nach Hause.   She's bringing me home.
> Bringst du mir etwas mit?   Will you bring something for me?

Note that the present tense of the most important strong, weak and mixed verbs is shown in the **Verb Tables** at the back of the book.

Reflexive verbs

Forming the present tense of reflexive verbs

Reflexive verbs are often used to describe things you do (to yourself) every day or that involve a change of some sort (getting dressed, sitting down, getting excited, being in a hurry).

The reflexive pronoun is either the direct object in the sentence, which means it is in the accusative case, or the indirect object in the sentence, which means it is in the dative case. Only the reflexive pronouns used with the ich and du forms of the verb have separate accusative and dative forms:

Accusative Form	Dative Form	Meaning
mich	mir	myself
dich	dir	yourself (*familiar*)
sich	sich	himself/herself/itself
uns	uns	ourselves
euch	euch	yourselves (*plural*)
sich	sich	themselves
sich	sich	yourself/yourselves (*polite*)

The present tense forms of a reflexive verb work in just the same way as an ordinary verb, except that the reflexive pronoun is used as well.

Below you will find the present tense of the common reflexive verbs **sich setzen** (meaning *to sit down*) which has its reflexive pronoun in the accusative and **sich erlauben** (meaning *to allow oneself*) which has its reflexive pronoun in the dative.

For further explanation of grammatical terms, please see 8-11.

Reflexive Forms	Meaning
ich setze mich	I sit (*myself*) down
du setzt dich	you sit (*yourself*) down
er/sie/es setzt sich	he/she/it sits down
wir setzen uns	we sit down
ihr setzt euch	you (*plural familiar*) sit down
sie setzen sich	they sit down
Sie setzen sich	you (*polite form*) sit down

Ich <u>setze</u> <u>mich</u> neben dich.   I'll sit beside you.

Sie <u>setzen</u> <u>sich</u> aufs Sofa.   They sit down on the sofa.

Reflexive Forms	Meaning
ich erlaube mir	I allow (*myself*)
du erlaubst dir	you allow (*yourself*)
er/sie/es erlaubt sich	he/she/it allows himself/herself/itself
wir erlauben uns	we allow ourselves
ihr erlaubt euch	you (*plural familiar*) allow yourselves
sie erlauben sich	they allow themselves
Sie erlauben sich	you (*polite form*) allow yourself

Ich <u>erlaube</u> <u>mir</u> jetzt ein Bier.   Now I'm going to allow myself a beer.

Er <u>erlaubt</u> <u>sich</u> ein Stück Kuchen.   He's allowing himself a piece of cake.

Some of the most common German reflexive verbs are listed here:

Reflexive Verb with Reflexive Pronoun in Accusative	Meaning
sich anziehen	to get dressed
sich aufregen	to get excited
sich beeilen	to hurry
sich beschäftigen mit	to be occupied with
sich bewerben um	to apply for
sich erinnern an	to remember
sich freuen auf	to look forward to
sich interessieren für	to be interested in
sich irren	to be wrong
sich melden	to report (*for duty etc*) or to volunteer
sich rasieren	to shave
sich setzen *or* hinsetzen	to sit down
sich trauen	to dare
sich umsehen	to look around

Ich ziehe mich schnell an und dann gehen wir.
I'll get dressed quickly and then we can go.
Wir müssen uns beeilen. We must hurry.

Reflexive Verb with Reflexive Pronoun in Dative	Meaning
sich abgewöhnen	to give up (*something*)
sich ansehen	to have a look at
sich einbilden	to imagine (*wrongly*)
sich erlauben	to allow oneself
sich leisten	to treat oneself
sich nähern	to get close to
sich vornehmen	to plan to do
sich vorstellen	to imagine
sich wünschen	to want

Ich muss mir das Rauchen abgewöhnen.   I must give up smoking.
Sie kann sich ein neues Auto nicht leisten.   She can't afford a new car.
Was wünscht ihr euch zu Weihnachten?   What do you want for Christmas?

Note that a direct object reflexive pronoun changes to an indirect object pronoun if another direct object is present.

Ich wasche mich.   I'm having a wash.
mich = direct object reflexive pronoun

Ich wasche mir die Hände.   I am washing my hands.
mir = indirect object reflexive pronoun
die Hände = direct object

Some German verbs which are not usually reflexive can be made reflexive by adding a reflexive pronoun.

Soll ich es melden?   Should I report it?
Ich habe mich gemeldet.   I volunteered.

The imperative

Forming the present tense imperative

Most weak, strong and mixed verbs form the present tense imperative in the following way:

Pronoun	Form of Imperative	Verb Example	Meaning
du (*singular*)	verb stem (+ e)	hol(e)!	fetch!
ihr (*plural*)	verb stem + t	holt!	fetch!
Sie (*polite singular and plural*)	verb stem + en + Sie	holen Sie!	fetch!

Note that the -e of the du form is often dropped, but NOT where the verb stem ends, for example, in chn-, fn-, or tm-. In such cases, the -e is kept to make the imperative easier to pronounce.

> Hör zu! Listen!
> Hol es! Fetch it!

BUT: Öffne die Tür! Open the door!
> Atme richtig durch! Take a deep breath!
> Rechne nochmal nach! Do your sums again!

Any vowel change in the present tense of a strong verb also occurs in the du form of its imperative and the -e mentioned above is generally not added. However, if this vowel change in the present tense involves adding an umlaut, this umlaut is NOT added to the du form of the imperative.

Verb	Meaning	2nd Person Singular	Meaning	2nd Person Singular Imperative	Meaning
nehmen	to take	du nimmst	you take	nimm!	take!
helfen	to help	du hilfst	you help	hilf!	help!
laufen	to run	du läufst	you run	lauf(e)!	run!
stoßen	to push	du stößt	you push	stoß(e)!	push!

Word order with the imperative

An object pronoun is a word like **es** (meaning *it*), **mir** (meaning *me*) or **ihnen** (meaning *them/to them*) that is used instead of a noun as the object of a sentence. In the imperative, the object pronoun comes straight after the verb. However, you can have orders and instructions containing both <u>direct object</u> and <u>indirect object</u> pronouns. In these cases, the direct object pronoun always comes before the indirect object pronoun.

> **Hol mir das Buch!** Fetch me that book!
> **Hol es mir!** Fetch me it!
>
> **Holt mir das Buch!** Fetch me that book!
> **Holt es mir!** Fetch me it!
>
> **Holen Sie mir das Buch!** Fetch me that book!
> **Holen Sie es mir!** Fetch me it!

In the imperative form of a reflexive verb such as **sich waschen** (meaning *to wash oneself*) or **sich setzen** (meaning *to sit down*), the reflexive pronoun comes immediately after the verb.

Reflexive verb	Meaning	Imperative Forms	Meaning
sich setzen	to sit down	setz dich!	sit down!
		setzt euch!	sit down!
		setzen Sie sich!	do sit down!

In verbs which have separable prefixes, the prefix comes at the end of the imperative.

Verb with Separable Prefix	Meaning
zumachen	to close
aufhören	to stop

Mach die Tür zu!   Close the door!
Hör aber endlich auf!   Do stop it!

Verb prefixes in the present tense

In German, verb prefixes are put before the infinitive and joined to it:

zu (meaning *to*) + geben (meaning *to give*) = zugeben (meaning *to admit*)

an (meaning *on, to, by*) + ziehen (meaning *to pull*) = anziehen (meaning *to put on* or *to attract*)

Prefixes can be found in strong, weak and mixed verbs. Some prefixes are always joined to the verb and never separated from it – these are called inseparable prefixes. However, the majority are separated from the verb in certain tenses and forms, and come at the end of the sentence. They are called separable prefixes.

Inseparable prefixes

There are eight inseparable prefixes in German, highlighted in the table of common inseparable verbs below:

Inseparable verb	Meaning
beschreiben	to describe
empfangen	to receive
enttäuschen	to disappoint
erhalten	to preserve
gehören	to belong
misstrauen	to mistrust
verlieren	to lose
zerlegen	to dismantle

Du hast uns sehr enttäuscht.   You have really disappointed us.

Note that when you pronounce an inseparable verb, the stress is NEVER on the inseparable prefix:

er*hal*ten
ver*lie*ren
emp*fang*en
ver*gess*en

Das muss ich wirklich nicht vergessen.   I really mustn't forget that.

Separable prefixes

There are many separable prefixes in German and some of them are highlighted in the table below which shows a selection of the most common separable verbs:

Separable Verb	Meaning	Separable Verb	Meaning
<u>ab</u>fahren	to leave	<u>mit</u>machen	to join in
<u>an</u>kommen	to arrive	<u>nach</u>geben	to give way/in
<u>auf</u>stehen	to get up	<u>vor</u>ziehen	to prefer
<u>aus</u>gehen	to go out	<u>weg</u>laufen	to run away
<u>ein</u>steigen	to get on	<u>zu</u>schauen	to watch
<u>fest</u>stellen	to establish/see	<u>zurecht</u>kommen	to manage
<u>frei</u>halten	to keep free	<u>zurück</u>kehren	to return
<u>her</u>kommen	to come (here)	<u>zusammen</u>passen	to be well-suited;
<u>hin</u>legen	to put down		to go well together

Der Zug <u>fährt</u> in zehn Minuten <u>ab</u>.   The train is leaving in ten minutes.
Ich <u>stehe</u> jeden Morgen früh <u>auf</u>.   I get up early every morning.
Sie <u>gibt</u> niemals <u>nach</u>.   She'll never give in.

Word order with separable prefixes

In tenses consisting of one verb part only, for example the present and the imperfect, the separable prefix is placed at the end of the main clause.

> Der Bus kam immer spät <u>an</u>.   The bus was always late.

In subordinate clauses, the prefix is attached to the verb, which is then placed at the end of the subordinate clause.

> Weil der Bus spät <u>an</u>kam, verpasste sie den Zug.
> Because the bus arrived late, she missed the train.

In infinitive phrases using zu, the zu is inserted between the verb and its prefix to form one word.

> Um rechtzeitig auf<u>zu</u>stehen, muss ich den Wecker stellen.
> In order to get up on time I'll have to set the alarm.

The perfect tense

Forming the perfect tense

Unlike the present and imperfect tenses, the perfect tense has <u>TWO</u> parts to it:

- the <u>present</u> tense of the irregular weak verb haben (meaning *to have*) or the irregular strong verb sein (meaning *to be*). They are also known as auxiliary verbs.

- a part of the main verb called the *past participle*, like *given*, *finished* and *done* in English.

In other words, the perfect tense in German is like the form *I have done* in English.

Pronoun	Ending	Present Tense	Meanings
ich	-e	ich **habe**	I **have**
du	-st	du hast	you have
er	-t	er hat	he/she/it has
sie		sie hat	
es		es hat	
wir	-en	wir haben	we have
ihr	-t	ihr habt	you (*plural*) have
sie	-en	sie haben	they have
Sie		Sie haben	you (*polite*) have
ich	–	ich **bin**	I **am**
du	–	du bist	you are
er	–	er ist	he/she/it is
sie		sie ist	
es		es ist	
wir	–	wir sind	we are
ihr	–	ihr seid	you (*plural*) are
sie	–	sie sind	they are
Sie	–	Sie sind	you (*polite*) are

For further explanation of grammatical terms, please see 8-11.

Forming the past participle

To form the past participle of <u>weak</u> verbs, you add ge- to the beginning of the verb stem and -t to the end.

Infinitive	Take off -en	Add ge- and -t
holen (*to fetch*)	hol-	geholt
machen (*to do*)	mach-	gemacht

Sie hat es allein gemacht.   She did it by herself.

Note that one exception to this rule is weak verbs ending in -ieren, which omit the ge

studieren (*to study*)   studiert (*studied*)

To form the past participle of <u>strong</u> verbs, you add ge- to the beginning of the verb stem and -en to the end. The vowel in the stem may also change.

Infinitive	Take off -en	Add ge- and -en
laufen (*to run*)	lauf-	gelaufen
singen (*to sing*)	sing-	gesungen

Hast du die Melodie schon mal gesungen?
Have you ever sung this tune before?

To form the past participle of <u>mixed</u> verbs, you add ge- to the beginning of the verb stem and, like <u>weak</u> verbs, -t to the end. As with many strong verbs, the stem vowel may also change.

Infinitive	Take off -en	Add ge- and -t
bringen (*to bring*)	bring-	gebracht
denken (*to think*)	denk-	gedacht

Unsere Gäste haben uns einen schönen Blumenstrauß gebracht.
Our guests have brought us a lovely bunch of flowers.

The perfect tense of <u>separable</u> verbs is also formed in the above way, except that the separable prefix is joined on to the front of the ge-: ich habe die Flasche auf<u>ge</u>macht, du hast die Flasche auf<u>ge</u>macht and so on.

With <u>inseparable</u> verbs, the only difference is that past participles are formed without the ge-: ich habe Kaffee <u>bestellt</u>, du hast Kaffee <u>bestellt</u> and so on.

Verbs that form their perfect tense with haben

Most weak, strong and mixed verbs form their perfect tense with haben, for example machen:

Pronoun	haben	Past Participle	Meaning
ich	habe	gemacht	I did, I have done
du	hast	gemacht	you did, you have done
er sie es	hat	gemacht	he/she/it did, he/she/it has done
wir	haben	gemacht	we did, we have done
ihr	habt	gemacht	you (*plural familiar*) did, you have done
sie	haben	gemacht	they did, they have done
Sie	haben	gemacht	you (*singular/plural formal*) did, you have done

For further explanation of grammatical terms, please see 8-11.

Sie hat ihre Hausaufgaben schon gemacht.
She has already done her homework.
Haben Sie gut geschlafen?   Did you sleep well?
Er hat fleißig gearbeitet.   He has worked hard.

haben or sein?

MOST verbs form their perfect tense with haben.

Ich habe das schon gemacht.   I've already done that.
Wo haben Sie früher gearbeitet?   Where did you work before?

With reflexive verbs the reflexive pronoun comes immediately after haben.

Ich habe mich heute Morgen geduscht.   I had a shower this morning.
Sie hat sich nicht daran erinnert.   She didn't remember.

There are two main groups of verbs which form their perfect tense with sein
instead of haben, and most of them are strong verbs. One group are verbs which
take no direct object and are used mainly to talk about movement or a change
of some kind, such as:

gehen	to go
kommen	to come
ankommen	to arrive
abfahren	to leave
aussteigen	to get off
einsteigen	to get on
sterben	to die
sein	to be
werden	to become
bleiben	to remain
begegnen	to meet
gelingen	to succeed
aufstehen	to get up
fallen	to fall

Gestern <u>bin</u> ich ins Kino <u>gegangen</u>.   I went to the cinema yesterday.

Sie <u>ist</u> heute Morgen ganz früh <u>abgefahren</u>.
She left really early this morning.

An welcher Haltestelle <u>sind</u> Sie <u>ausgestiegen</u>?
Which stop did you get off at?

There are two verbs which mean to happen.

Was ist geschehen or passiert?   What happened?

Here are the perfect tense forms of a very common strong verb, gehen, in full:

Pronoun	sein	Past Participle	Meanings
ich	bin	gegangen	I went, I have gone
du	bist	gegangen	you went, you have gone
er sie es	ist	gegangen	he/she/it went, he/she/it has gone
wir	sind	gegangen	we went, we have gone
ihr	seid	gegangen	you (*plural familiar*) went, you have gone
sie	sind	gegangen	they went, they have gone
Sie	sind	gegangen	you (*singular/plural formal*) went, you have gone

Note that the perfect tense of the most important strong, weak and mixed verbs is shown in the **Verb Tables** at the back of the book.

The imperfect tense

Forming the imperfect tense of weak verbs

To form the imperfect tense of weak verbs, you use the same stem of the verb as for the present tense. Then you add the correct ending, depending on whether you are referring to ich, du, er, sie, es, wir, ihr, sie or Sie.

Pronoun	Ending	Add to Stem, e.g. spiel-	Meanings
ich	-te	ich spielte	I played I was playing
du	-test	du spieltest	you played you were playing
er sie es	-te	er spielte sie spielte es spielte	he/she/it played he/she/it played he/she/it were playing
wir	-ten	wir spielten	we played we were playing
ihr	-tet	ihr spieltet	you (*plural*) played you were playing
sie	-ten	sie spielten	they played they were playing
Sie		Sie spielten	you (*polite*) played you were playing

Sie hol<u>te</u> ihn jeden Tag von der Arbeit ab.
She picked him up from work every day.
Normalerweise mach<u>te</u> ich nach dem Abendessen meine Hausaufgaben.
I usually did my homework after dinner.

As with the present tense, some weak verbs change their spellings slightly when they are used in the imperfect tense.

If the stem ends in -d, -t, -m or -n an extra -e is added before the usual imperfect endings to make pronunciation easier.

Pronoun	Ending	Add to Stem, e.g. arbeit-	Meanings
ich	-ete	ich arbeitete	I worked I was working
du	-etest	du arbeitetest	you worked you were working
er sie es	-ete	er arbeitete sie arbeitete es arbeitete	he/she/it worked he/she/it was working
wir	-eten	wir arbeiteten	we worked we were working
ihr	-etet	ihr arbeitetet	you (*plural*) worked you were working
sie	-eten	sie arbeiteten	they worked they were working
Sie	-eten	Sie arbeiteten	you (*polite*) worked you (*polite*) were working

Sie arbeitete übers Wochenende.   She was working over the weekend.
Ihr arbeitetet ganz schön viel.   You worked a lot.

If the -m or -n has one of the consonants *l*, *r* or *h* in front of it, the -e is not added as shown in the du, er, sie and es, and ihr forms below.

Pronoun	Ending	Add to Stem, e.g. lern-	Meanings
du	-test	du lerntest	you learned you were learning
er sie es	-te	er lernte sie lernte es lernte	he/she/it learned he/she/it was learning
ihr	-tet	ihr lerntet	you (*plural*) learned you were learning

For further explanation of grammatical terms, please see 8-11.

Sie lernte alles ganz schnell.   She learned everything very quickly.

Forming the imperfect tense of strong verbs

The main difference between strong verbs and weak verbs in the imperfect
is that strong verbs have a vowel change and take a different set of endings.
For example, let's compare sagen and rufen:

	Infinitive	Meaning	Present	Imperfect
Weak	sagen	to say	er sagt	er sagte
Strong	rufen	to shout	er ruft	er rief

To form the imperfect tense of strong verbs you add the following endings to
the stem, which undergoes a vowel change.

Pronoun	Ending	Add to Stem, e.g. rief-	Meanings
ich	–	ich rief	I shouted I was shouting
du	-st	du riefst	you shouted you were shouting
er sie es	–	er rief sie rief es rief	he/she/it shouted he/she/it were shouting
wir	-en	wir riefen	we shouted we were shouting
ihr	-t	ihr rieft	you (*plural*) shouted you were shouting
sie	-en	sie riefen	they shouted they were shouting
Sie		Sie riefen	you (*polite*) shouted you were shouting

Sie rief mich immer freitags an.   She always called me on Friday.

Sie liefen die Straße entlang.   They ran along the street.

As in other tenses, the verb sein is a very irregular strong verb since the imperfect forms seem to have no relation to the infinitive form of the verb: ich war, du warst, er/sie/es war, wir waren, ihr wart, sie/Sie waren.

Forming the imperfect tense of mixed verbs

The imperfect tense of mixed verbs is formed by adding the weak verb endings to a stem whose vowel has been changed as for a strong verb.

Pronoun	Ending	Add to Stem, e.g. kann-	Meanings
ich	-te	ich kannte	I knew
du	-test	du kanntest	you knew
er	-te	er kannte	he/she/it knew
sie		sie kannte	
es		es kannte	
wir	-ten	wir kannten	we knew
ihr	-tet	ihr kanntet	you (*plural*) knew
sie	-ten	sie kannten	they knew
Sie		Sie kannten	you (*polite*) knew

Er kannte die Stadt nicht.   He didn't know the town.

bringen (meaning *to bring*) and denken (meaning *to think*) have a vowel AND a consonant change in their imperfect forms.

bringen *(to bring)*	denken *(to think)*
ich brachte	ich dachte
du brachtest	du dachtest
er/sie/es brachte	er/sie/es dachte
wir brachten	wir dachten
ihr brachtet	ihr dachtet
sie/Sie brachten	sie/Sie dachten

Meine Freunde brachten mich zum Flughafen.
My friends took me to the airport.

Note that the imperfect tense of the most important strong, weak and mixed verbs is shown in the **Verb Tables** at the back of the book.

The future tense

Forming the future tense

The future tense has TWO parts to it and is formed in the same way for all verbs, whether they are weak, strong or mixed.

The first part is the present tense of the strong verb werden (meaning *to become*), which acts as an auxiliary verb like haben and sein in the perfect tense.

Pronoun	Ending	Present Tense	Meanings
ich	-e	ich werde	I become
du	-st	du wirst	you become
er	–	er wird	he/she/it becomes
sie		sie wird	
es		es wird	
wir	-en	wir werden	we become
ihr	-t	ihr werdet	you (*plural*) become
sie	-en	sie werden	they become
Sie	-en	Sie werden	you (polite) become

The other part is the infinitive of the main verb, which normally goes at the end of the clause or sentence.

For further explanation of grammatical terms, please see 8-11.

Pronoun	Present Tense of werden	Infinitive of Main Verb	Meanings
ich	werde	holen	I will fetch
du	wirst	holen	you will fetch
er/sie/es	wird	holen	he/she/it will fetch
wir	werden	holen	we will fetch
ihr	werdet	holen	you (*plural*) will fetch
sie	werden	holen	they will fetch
Sie			you (*polite*) will fetch

Morgen <u>werde</u> ich mein Fahrrad <u>holen</u>.   I'll fetch my bike tomorrow.
Sie <u>wird</u> dir meine Adresse <u>geben</u>.   She'll give you my address.
Wir <u>werden</u> draußen <u>warten</u>.   We'll wait outside.

Note that in reflexive verbs, the reflexive pronoun comes after the present tense of werden.

Ich <u>werde</u> mich nächste Woche <u>vorbereiten</u>.   I'll prepare next week.

The conditional

Forming the conditional

The conditional has <u>two</u> parts to it and is formed in the same way for all verbs, whether they are weak, strong or mixed:

- the würde form or subjunctive of the verb werden (meaning *to become*).
- the infinitive of the main verb, which normally goes at the end of the clause.

Pronoun	Subjunctive of werden	Infinitive of Main Verb	Meanings
ich	würde	holen	I would fetch
du	würdest	holen	you would fetch
er sie es	würde	holen	he/she/it would fetch
wir	würden	holen	we would fetch
ihr	würdet	holen	you (*plural*) would fetch
sie	würden	holen	they would fetch
Sie			you (*polite*) would fetch

Das <u>würde</u> ich nie <u>machen</u>.   I would never do that.
<u>Würdest</u> du mir etwas Geld <u>leihen</u>?   Would you lend me some money?
<u>Würden</u> Sie jemals mit dem Rauchen <u>aufhören</u>?
Would you ever stop smoking?

Note that you have to be careful not to mix up the present tense of werden, used to form the future tense, and the subjunctive of werden, used to form the conditional. They look similar.

For further explanation of grammatical terms, please see 8-11.

Future use	Conditional use
ich werde	ich würde
du wirst	du würdest
er/sie/es wird	er/sie/es würde
wir werden	wir würden
ihr werdet	ihr würdet
sie/Sie werden	sie/Sie würden

Er wird es tun.   He will do it.

Er würde es nie tun.   He would never do it.

The pluperfect tense

Forming the pluperfect tense

Like the perfect tense, the pluperfect tense in German has <u>two</u> parts to it:

- the <u>imperfect</u> tense of the verb haben (meaning *to have*) or sein (meaning *to be*).
- the past participle.

If a verb takes haben in the perfect tense, then it will take haben in the pluperfect too. If a verb takes sein in the perfect, then it will take sein in the pluperfect.

Verbs taking haben

Here are the pluperfect tense forms of holen (meaning *to fetch*) in full.

Pronoun	haben	Past Participle	Meanings
ich	hatte	geholt	I had fetched
du	hattest	geholt	you had fetched
er sie es	hatte	geholt	he/she/it had fetched
wir	hatten	geholt	we had fetched
ihr	hattet	geholt	you (*plural*) had fetched
sie	hatten	geholt	they had fetched
Sie			you (*polite*) had fetched

Ich <u>hatte</u> Brot <u>geholt</u>.   I had fetched some bread.
Ich <u>hatte</u> schon mit ihm <u>gesprochen</u>.   I had already spoken to him.

Verbs taking sein

Here are the pluperfect tense forms of reisen (meaning *to travel*) in full.

Pronoun	sein	Past Participle	Meanings
ich	war	gereist	I had travelled
du	warst	gereist	you had travelled
er sie es	war	gereist	he/she/it had travelled
wir	waren	gereist	we had travelled
ihr	wart	gereist	you (*plural*) had travelled
sie	waren	gereist	they had travelled
Sie			you (*polite*) had travelled

Sie <u>war</u> sehr spät <u>angekommen</u>.   She had arrived very late.

The subjunctive

Forming the present subjunctive

Two of the three main forms of the subjunctive are the present subjunctive, and the pluperfect subjunctive.

The present subjunctive of weak, strong and mixed verbs has the same endings:

Pronoun	Present Subjunctive: Weak and Strong Verb Endings
ich	-e
du	-est
er/sie/es	-e
wir	-en
ihr	-et
sie/Sie	-en

holen (weak verb, meaning *to fetch*)

ich hole	I fetch
du holest	you fetch

fahren (strong verb, meaning *to drive, to go*)

ich fahre	I drive, I go
du fahrest	you drive, you go

denken (mixed verb, meaning *to think*)

ich denke	I think
du denkest	you think

For further explanation of grammatical terms, please see 8-11.

Forming the pluperfect subjunctive

The pluperfect subjunctive is formed from the imperfect subjunctive of haben or sein + the past participle. This subjunctive form is frequently used to translate the English structure 'If I had done something, ...'

Wenn ich Geld gehabt hätte, wäre ich gereist.
If I had had money, I would have travelled.

The pluperfect subjunctive of weak and mixed verbs is formed with the imperfect subjunctive of haben.

holen (weak verb, meaning to fetch)

Pronoun	Pluperfect Subjunctive	Meaning
ich	hätte geholt	I would have fetched
du	hättest geholt	you would have fetched
er/sie/es	hätte geholt	he/she/it would have fetched
wir	hätten geholt	we would have fetched
ihr	hättet geholt	you (plural) would have fetched
sie/Sie	hätten geholt	they/you (polite) would have fetched

Wenn ich mehr Zeit gehabt hätte, hätte ich Brot geholt.
If I'd had more time I would have fetched some bread.

The pluperfect subjunctive of strong verbs is usually formed with the imperfect subjunctive of sein fallen (strong verb, meaning *to fall*)

Pronoun	Pluperfect Subjunctive	Meaning
ich	wäre gefallen	I would have fallen
du	wär(e)st gefallen	you would have fallen
er/sie/es	wäre gefallen	he/she/it would have fallen
wir	wären gefallen	we would have fallen
ihr	wär(e)t gefallen	you (*plural*) would have fallen
sie/Sie	wären gefallen	they/you (*polite*) would have fallen

Sie <u>wäre</u> fast aus dem Fenster <u>gefallen</u>. She almost fell out of the window.

Modal verbs

Using modal verbs

In German, the modal verbs are dürfen, können, mögen, müssen, sollen and wollen.

Modal verbs are different from other verbs in their conjugation, which is shown in the **Verb Tables** at the back of the book. You can find out more about modal verbs in the *Easy Learning German Grammar*.

Here are the main uses of dürfen:

* Meaning *to be allowed to* or *may*
  Darfst du mit ins Kino kommen?
  Are you allowed to/can you come to the cinema with us?

* Meaning *must not* or *may not*
  Ich darf keine Schokolade essen.   I mustn't eat any chocolate.

Here are the main uses of können:

* Meaning *to be able to* or *can*
  Wir können es nicht schaffen.   We can't make it.

* As a more common, informal alternative to dürfen, with the meaning *to be allowed to* or *can*
  Kann ich/darf ich einen Kaffee haben?   Can I/may I have a coffee?

Here are the main uses of mögen:

* Meaning *to like*, when expressing likes and dislikes
  Magst du Schokolade?   Do you like chocolate?

* Meaning *would like to*, when expressing wishes and polite requests
  Möchten Sie etwas trinken?   Would you like something to drink?

Here are the main uses of müssen:

* Meaning *to have to* or *must* or *need to*
  Sie musste jeden Tag um sechs aufstehen.
  She had to get up at six o'clock every day.

* Certain common, informal uses
  Muss das sein?   Is that really necessary?

Here are the main uses of sollen:

* Meaning *ought to* or *should*
  Sie wusste nicht, was sie tun sollte.
  She didn't know what to do. (*what she should do*)

* Meaning *to be (supposed) to* where someone else has asked you to do something
  Du sollst deine Freundin anrufen.
  You are to/should phone your girlfriend. (*she has left a message asking you to ring*)

Here are the main uses of wollen:

* Meaning *to want* or *to want to*
  Sie will LKW-Fahrerin werden.   She wants to be a lorry driver.

* As a common, informal alternative to mögen, meaning *to want* or *wish*
  Willst du/möchtest du etwas trinken?
  Do you want/would you like something to drink?

* Meaning *to be willing to*
  Er will nichts sagen.   He refuses to say anything.

For further explanation of grammatical terms, please see 8-11.

- Expressing something you previously intended to do

    Ich <u>wollte</u> gerade anrufen.   I was just about to phone.

Modal verb forms

Modal verbs have unusual present tenses:

dürfen	_können_	_mögen_
ich darf	ich kann	ich mag
du darfst	du kannst	du magst
er/sie/es/man darf	er/sie/es/man kann	er/sie/es/man mag
wir dürfen	wir können	wir mögen
ihr dürft	ihr könnt	ihr mögt
sie/Sie dürfen	sie/Sie können	sie/Sie mögen
müssen	_sollen_	_wollen_
ich muss	ich soll	ich will
du musst	du sollst	du willst
er/sie/es/man muss	er/sie/es/man soll	er/sie/es/man will
wir müssen	wir sollen	wir wollen
ihr müsst	ihr sollt	ihr wollt
sie/Sie müssen	sie/Sie sollen	sie/Sie wollen

In tenses consisting of one verb part, the infinitive of the verb used with the modal comes at the end of the sentence or clause.

    Sie <u>kann</u> sehr gut <u>schwimmen</u>.   She is a very good swimmer.

The modal verbs are shown in full in the **Verb Tables** at the back of the book.

Verb combinations

Verbs followed by a noun or infinitive

Below you will see some other types of word which can be combined with verbs. These combinations are written as two separate words and behave like separable verbs:

Here are some common noun + verb combinations:

Ski fahren   to ski
Ich <u>fahre</u> gern <u>Ski</u>.   I like skiing

Schlittschuh laufen   to ice-skate
Im Winter kann man <u>Schlittschuh laufen</u>.   You can ice-skate in Winter.

Here are some common infinitive + verb combinations:

kennen lernen   to meet or to get to know
Meine Mutter möchte dich <u>kennen lernen</u>.   My mother wants to meet you.
Er <u>lernt</u> sie nie richtig <u>kennen</u>.   He'll never get to know her properly.

sitzen bleiben   to remain seated
<u>Bleiben</u> Sie bitte <u>sitzen</u>.   Please remain seated.

spazieren gehen   to go for a walk
Er <u>geht</u> jeden Tag <u>spazieren</u>.   He goes for a walk every day.

Verbs followed by a preposition + the accusative case

The following list contains the most common verbs followed by a preposition plus the accusative case:

sich amüsieren über   to laugh at, smile about
Sie haben sich über ihn amüsiert.   They laughed at him.

sich bewerben um   to apply for
Sie hat sich um die Stelle als Direktorin beworben.
She applied for the position of director.

bitten um   to ask for
Er bat sie um Hilfe.   He asked her for help.

denken an   to be thinking of
Daran habe ich gar nicht mehr gedacht.   I'd forgotten about that.

denken über   to think about, hold an opinion of
Wie denkt ihr darüber?   What do you think about it?

sich erinnern an   to remember
Erinnerst du dich noch an seinen Namen?
Can you still remember his name?

sich freuen auf   to look forward to
Wir freuen uns darauf, euch zu sehen.
We're looking forward to seeing you.

sich freuen über   to be pleased about
Ich freue mich sehr darüber, dass du gekommen bist.
I'm very glad you came.

sich gewöhnen an   to get used to
Ich muss mich erst an die neue Rechtschreibung gewöhnen.
I have to get used to the new spelling rules.

glauben an (etwas)   to believe in (something)
Glaubst du <u>an</u> ein Leben nach dem Tod?   Do you believe in life after death?

sich interessieren für   to be interested in
Sie interessiert sich sehr <u>für</u> Politik.   She's very interested in politics.

kämpfen um   to fight for
Sie kämpften <u>ums</u> Überleben.   They were fighting to survive.

klagen über   to complain about/of
Er klagt dauernd <u>über</u> seine Kinder.
He's constantly complaining about his children.

sich kümmern um   to take care of, see to
Kannst du dich <u>um</u> meine Pflanzen kümmern?   Can you see to my plants?

nachdenken über   to think about
Er hatte schon lange <u>darüber</u> nachgedacht.
He had been thinking about it for a long time.

sich unterhalten über   to talk about
Wir haben uns <u>über</u> dich unterhalten   We talked about you.

sich verlassen auf   to rely on, depend on
Kann sie sich <u>auf</u> ihn verlassen?   Can she rely on him?

warten auf   to wait for
Ich warte draußen <u>auf</u> euch.   I'll wait outside for you.

Verbs followed by a preposition + the dative case

The following list contains the most common verbs followed by a preposition plus the dative case:

abhängen von   to depend on
Das hängt <u>von</u> der Zeit ab, die uns noch bleibt.
That depends how much time we have left.

beitragen zu   to contribute to
Er trägt selten was <u>zum</u> Unterricht bei.
He seldom contributes anything to the lesson.

sich beschäftigen mit   to occupy oneself with
Sie beschäftigen sich im Moment <u>mit</u> dem neuen Haus.
They're busy with their new house at the moment.

bestehen aus   to consist of
Eine Fußballmannschaft besteht <u>aus</u> elf Spielern.
A football team consists of eleven players.

leiden an/unter   to suffer from
Sie hat lange <u>an</u> dieser Krankheit gelitten.
She suffered from this illness for a long time.

riechen nach   to smell of
Hier riecht es <u>nach</u> Benzin.   It smells of petrol here.

schmecken nach   to taste of
Es schmeckt <u>nach</u> Zimt.   It tastes of cinnamon.

sich sehnen nach   to long for
Er sehnte sich <u>nach</u> Schokolade.   He longed for chocolate.

sterben an   to die of
Sie ist <u>an</u> Krebs gestorben.   She died of cancer.

teilnehmen an   to take part in
Du solltest <u>am</u>Wettbewerb teilnehmen.
You should take part in the competition.

träumen von   to dream of
Ich habe <u>von</u> dir geträumt.   I dreamt about you.

sich verabschieden von   to say goodbye to
Ich habe mich noch nicht <u>von</u> ihm verabschiedet.
I haven't said goodbye to him yet.

sich verstehen mit   to get along with, get on with
Sie versteht sich ganz gut <u>mit</u> ihr.   She gets on really well with her.

VERB TABLES

Introduction

The **Verb Tables** in the following section contain 127 tables of German verbs (strong, weak and mixed) in alphabetical order. Each table shows you the following forms: **Present, Present Subjunctive, Perfect, Imperfect, Future, Conditional, Pluperfect, Pluperfect Subjunctive, Imperative** and the **Present** and **Past Participles**. For more information on these tenses and how they are formed you should look at the section on Verb Formation in the main text on pages 12–60. If you want to find out in more detail how verbs are used in different contexts, the *Easy Learning German Grammar* will give you additional information.

In order to help you use the verbs shown in Verb Tables correctly, there are also a number of example phrases at the bottom of each page to show the verb as it is used in context.

In German there are **weak** verbs (their forms follow regular patterns), **strong** verbs (their forms follow irregular patterns) and **mixed** verbs (their forms follow a mixture of regular and irregular patterns). Two of the weak verbs in these tables are **holen** (*to fetch*) and **machen** (*to do, to make*). All weak, strong and mixed verbs are shown in full.

The **Verb Index** at the end of this section contains over 1000 verbs, each of which is cross-referred to one of the verbs given in the Verb Tables. The table shows the patterns that the verb listed in the index follows.

annehmen (to accept) strong, separable, *formed with* haben

PRESENT		PRESENT SUBJUNCTIVE	
ich	**nehme an**	ich	**nehme an**
du	**nimmst an**	du	**nehmest an**
er/sie/es	**nimmt an**	er/sie/es	**nehme an**
wir	**nehmen an**	wir	**nehmen an**
ihr	**nehmt an**	ihr	**nehmet an**
sie/Sie	**nehmen an**	sie/Sie	**nehmen an**

PERFECT		IMPERFECT	
ich	**habe angenommen**	ich	**nahm an**
du	**hast angenommen**	du	**nahmst an**
er/sie/es	**hat angenommen**	er/sie/es	**nahm an**
wir	**haben angenommen**	wir	**nahmen an**
ihr	**habt angenommen**	ihr	**nahmt an**
sie/Sie	**haben angenommen**	sie/Sie	**nahmen an**

PRESENT PARTICIPLE	PAST PARTICIPLE
annehmend	angenommen

EXAMPLE PHRASES

Ich **nehme an**, dass er heute nicht mehr kommt. I assume that he isn't coming today.

Er sagt, er **nehme an**, ich sei einverstanden. He says he assumes I would agree.

Ich **habe** die neue Stelle **angenommen**. I have accepted the new job.

Wir **nahmen an**, dass die Beweise ausreichen würden. We assumed the evidence to be sufficient.

ich = I du = you er = he/it sie = she/it es = it/he/she wir = we ihr = you sie = they Sie = you (polite)

annehmen

FUTURE

ich	**werde annehmen**
du	**wirst annehmen**
er/sie/es	**wird annehmen**
wir	**werden annehmen**
ihr	**werdet annehmen**
sie/Sie	**werden annehmen**

CONDITIONAL

ich	**würde annehmen**
du	**würdest annehmen**
er/sie/es	**würde annehmen**
wir	**würden annehmen**
ihr	**würdet annehmen**
sie/Sie	**würden annehmen**

PLUPERFECT

ich	**hatte angenommen**
du	**hattest angenommen**
er/sie/es	**hatte angenommen**
wir	**hatten angenommen**
ihr	**hattet angenommen**
sie/Sie	**hatten angenommen**

PLUPERFECT SUBJUNCTIVE

ich	**hätte angenommen**
du	**hättest angenommen**
er/sie/es	**hätte angenommen**
wir	**hätten angenommen**
ihr	**hättet angenommen**
sie/Sie	**hätten angenommen**

IMPERATIVE

nimm an!/nehmen wir an!/nehmt an!/nehmen Sie an!

EXAMPLE PHRASES

Ihr **werdet annehmen**, dass ich verrückt bin. You will think that I am mad.

Ich **würde** Ihr Angebot gern **annehmen**. I would be pleased to accept your offer.

Sie **hatte angenommen**, dass sie zu der Party gehen darf. She had assumed that she was allowed to go to the party.

Ich **hätte angenommen**, dass in dieser Stadt mehr los ist. I would have thought there was more going on in this town.

ich = I **du** = you **er** = he/it **sie** = she/it **es** = it/he/she **wir** – we **ihr** = you **sie** – they **Sie** = you (polite)

arbeiten (to work)

weak, *formed with* haben

PRESENT

ich	arbeite
du	arbeitest
er/sie/es	arbeitet
wir	arbeiten
ihr	arbeitet
sie/Sie	arbeiten

PRESENT SUBJUNCTIVE

ich	arbeite
du	arbeitest
er/sie/es	arbeite
wir	arbeiten
ihr	arbeitet
sie/Sie	arbeiten

PERFECT

ich	habe gearbeitet
du	hast gearbeitet
er/sie/es	hat gearbeitet
wir	haben gearbeitet
ihr	habt gearbeitet
sie/Sie	haben gearbeitet

IMPERFECT

ich	arbeitete
du	arbeitetest
er/sie/es	arbeitete
wir	arbeiteten
ihr	arbeitetet
sie/Sie	arbeiteten

PRESENT PARTICIPLE

arbeitend

PAST PARTICIPLE

gearbeitet

EXAMPLE PHRASES

Er **arbeitet** seit einem Jahr bei der Computerfirma. He has been working for
the computer firm for a year.

Sie sagt, sie **arbeite** 50 Stunden in der Woche. She says she works 50 hours
a week.

Er **hat** früher als Elektriker **gearbeitet**. He used to work as an electrician.

Sie **arbeitete** wochenlang an dem Projekt. Sie worked for weeks on the project.

ich = I du = you er = he/it sie = she/it es = it/he/she wir = we ihr = you sie = they Sie = you (polite)

arbeiten

FUTURE

ich	**werde arbeiten**
du	**wirst arbeiten**
er/sie/es	**wird arbeiten**
wir	**werden arbeiten**
ihr	**werdet arbeiten**
sie/Sie	**werden arbeiten**

CONDITIONAL

ich	**würde arbeiten**
du	**würdest arbeiten**
er/sie/es	**würde arbeiten**
wir	**würden arbeiten**
ihr	**würdet arbeiten**
sie/Sie	**würden arbeiten**

PLUPERFECT

ich	**hatte gearbeitet**
du	**hattest gearbeitet**
er/sie/es	**hatte gearbeitet**
wir	**hatten gearbeitet**
ihr	**hattet gearbeitet**
sie/Sie	**hatten gearbeitet**

PLUPERFECT SUBJUNCTIVE

ich	**hätte gearbeitet**
du	**hättest gearbeitet**
er/sie/es	**hätte gearbeitet**
wir	**hätten gearbeitet**
ihr	**hättet gearbeitet**
sie/Sie	**hätten gearbeite**

IMPERATIVE
arbeite!/arbeiten wir!/arbeitet!/arbeiten Sie!

EXAMPLE PHRASES
Wie lange **wirst** du daran **arbeiten**? How long will you be working on it?
Ich **würde** nicht gern sonntags **arbeiten**. I wouldn't like to work on Sundays.
Wir **hatten** alle hart **gearbeitet**. We had all worked hard.
Ich **hätte** lieber in einer Kneipe **gearbeitet**. I would rather have worked in
    a pub.

---

ich = I   du = you   er = he/it   sie = she/it   es = it/he/she   wir = we   ihr = you   sie = they   Sie = you (polite)

atmen (to breathe)

weak, *formed with* **haben**

PRESENT

ich	**atme**
du	**atmest**
er/sie/es	**atmet**
wir	**atmen**
ihr	**atmet**
sie/Sie	**atmen**

PRESENT SUBJUNCTIVE

ich	**atme**
du	**atmest**
er/sie/es	**atme**
wir	**atmen**
ihr	**atmet**
sie/Sie	**atmen**

PERFECT

ich	**habe geatmet**
du	**hast geatmet**
er/sie/es	**hat geatmet**
wir	**haben geatmet**
ihr	**habt geatmet**
sie/Sie	**haben geatmet**

IMPERFECT

ich	**atmete**
du	**atmetest**
er/sie/es	**atmete**
wir	**atmeten**
ihr	**atmetet**
sie/Sie	**atmeten**

PRESENT PARTICIPLE
atmend

PAST PARTICIPLE
geatmet

EXAMPLE PHRASES

Sie **atmet** jetzt wieder etwas freier. She is now breathing a bit more freely again.

Er sagt, die Luft, die er **atme**, sei verschmutzt. He says the air he is breathing is polluted.

Er **hat** ganz normal **geatmet**. He breathed normally.

Wir **atmeten** tief ein und aus. We took deep breaths.

ich = I **du** = you **er** = he/it **sie** = she/it **es** = it/he/she **wir** = we **ihr** = you **sie** = they **Sie** = you (*polite*)

atmen

FUTURE

ich **werde atmen**
du **wirst atmen**
er/sie/es **wird atmen**
wir **werden atmen**
ihr **werdet atmen**
sie/Sie **werden atmen**

CONDITIONAL

ich **würde atmen**
du **würdest atmen**
er/sie/es **würde atmen**
wir **würden atmen**
ihr **würdet atmen**
sie/Sie **würden atmen**

PLUPERFECT

ich **hatte geatmet**
du **hattest geatmet**
er/sie/es **hatte geatmet**
wir **hatten geatmet**
ihr **hattet geatmet**
sie/Sie **hatten geatmet**

PLUPERFECT SUBJUNCTIVE

ich **hätte geatmet**
du **hättest geatmet**
er/sie/es **hätte geatmet**
wir **hätten geatmet**
ihr **hättet geatmet**
sie/Sie **hätten geatmet**

IMPERATIVE

atme!/atmen wir!/atmet!/atmen Sie!

EXAMPLE PHRASES

Dort **werden** wir frischere Luft **atmen**. We'll breathe fresher air there.

Mit einem Inhalator **würde** er besser **atmen**. An inhaler would improve his breathing.

Wir **hatten** seit Tagen keine Frischluft **geatmet**. We hadn't breathed fresh air for days.

Ich **hätte** lieber Landluft **geatmet**. I would have preferred to breathe country air.

ich = I **du** = you **er** = he/it **sie** = she/it **es** = it/he/she **wir** – we **ihr** = you **sie** – they **Sie** = you (polite)

ausreichen (to be enough)

weak, separable,
formed with haben

PRESENT

ich	**reiche aus**
du	**reichst aus**
er/sie/es	**reicht aus**
wir	**reichen aus**
ihr	**reicht aus**
sie/Sie	**reichen aus**

PRESENT SUBJUNCTIVE

ich	**reiche aus**
du	**reichest aus**
er/sie/es	**reiche aus**
wir	**reichen aus**
ihr	**reichet aus**
sie/Sie	**reichen aus**

PERFECT

ich	**habe ausgereicht**
du	**hast ausgereicht**
er/sie/es	**hat ausgereicht**
wir	**haben ausgereicht**
ihr	**habt ausgereicht**
sie/Sie	**haben ausgereicht**

IMPERFECT

ich	**reichte aus**
du	**reichtest aus**
er/sie/es	**reichte aus**
wir	**reichten aus**
ihr	**reichtet aus**
sie/Sie	**reichten aus**

PRESENT PARTICIPLE

ausreichend

PAST PARTICIPLE

ausgereicht

EXAMPLE PHRASES

Reicht dir das **aus**? Is that enough for you?
Er meint, das Geld **reiche** nicht **aus**. He thinks the money isn't enough.
Die Vorräte **haben** nicht **ausgereicht**. There weren't enough provisions.
Die Zeit **reichte** nie **aus**. There was never enough time.

ich = I **du** = you **er** = he/it **sie** = she/it **es** = it/he/she **wir** = we **ihr** = you **sie** = they **Sie** = you *(polite)*

ausreichen

FUTURE

ich	**werde ausreichen**
du	**wirst ausreichen**
er/sie/es	**wird ausreichen**
wir	**werden ausreichen**
ihr	**werdet ausreichen**
sie/Sie	**werden ausreichen**

CONDITIONAL

ich	**würde ausreichen**
du	**würdest ausreichen**
er/sie/es	**würde ausreichen**
wir	**würden ausreichen**
ihr	**würdet ausreichen**
sie/Sie	**würden ausreichen**

PLUPERFECT

ich	**hatte ausgereicht**
du	**hattest ausgereicht**
er/sie/es	**hatte ausgereicht**
wir	**hatten ausgereicht**
ihr	**hattet ausgereicht**
sie/Sie	**hatten ausgereicht**

PLUPERFECT SUBJUNCTIVE

ich	**hätte ausgereicht**
du	**hättest ausgereicht**
er/sie/es	**hätte ausgereicht**
wir	**hätten ausgereicht**
ihr	**hättet ausgereicht**
sie/Sie	**hätten ausgereicht**

IMPERATIVE
reiche(e) aus!/reichen wir aus!/reicht aus!/reichen Sie aus!

EXAMPLE PHRASES

Das **wird** uns nicht **ausreichen**. That won't be enough for us.

Es **würde** uns **ausreichen**, wenn Sie 50 Euro zahlen. It would be sufficient if you paid us 50 euros.

Eine halbe Stunde **hatte ausgereicht**. Half an hour had been sufficient.

Das Essen **hätte** für 60 Personen **ausgereicht**. The food would have been enough for 60 people.

ich = I du = you er = he/it sie = she/it es = it/he/she wir = we ihr = you sie = they Sie = you (polite)

befehlen (to command)

strong, inseparable,
formed with haben

PRESENT

ich	befehle
du	befiehlst
er/sie/es	befiehlt
wir	befehlen
ihr	befehlt
sie/Sie	befehlen

PRESENT SUBJUNCTIVE

ich	befehle
du	befehlest
er/sie/es	befehle
wir	befehlen
ihr	befehlet
sie/Sie	befehlen

PERFECT

ich	habe befohlen
du	hast befohlen
er/sie/es	hat befohlen
wir	haben befohlen
ihr	habt befohlen
sie/Sie	haben befohlen

IMPERFECT

ich	befahl
du	befahlst
er/sie/es	befahl
wir	befahlen
ihr	befahlt
sie/Sie	befahlen

PRESENT PARTICIPLE
befehlend

PAST PARTICIPLE
befohlen

EXAMPLE PHRASES

Er **befiehlt** gern. He likes giving orders.
Er sagt, er **befehle** ihm, hier zu bleiben. He says he is ordering him to stay.
Er **hat** uns Stillschweigen **befohlen**. He has ordered us to be silent.
Er **befahl**, den Mann zu erschießen. He ordered the man to be shot.

ich = I **du** = you **er** = he/it **sie** = she/it **es** = it/he/she **wir** = we **ihr** = you **sie** = they **Sie** = you (polite)

befehlen

FUTURE

ich **werde befehlen**
du **wirst befehlen**
er/sie/es **wird befehlen**
wir **werden befehlen**
ihr **werdet befehlen**
sie/Sie **werden befehlen**

CONDITIONAL

ich **würde befehlen**
du **würdest befehlen**
er/sie/es **würde befehlen**
wir **würden befehlen**
ihr **würdet befehlen**
sie/Sie **würden befehlen**

PLUPERFECT

ich **hatte befohlen**
du **hattest befohlen**
er/sie/es **hatte befohlen**
wir **hatten befohlen**
ihr **hattet befohlen**
sie/Sie **hatten befohlen**

PLUPERFECT SUBJUNCTIVE

ich **hätte befohlen**
du **hättest befohlen**
er/sie/es **hätte befohlen**
wir **hätten befohlen**
ihr **hättet befohlen**
sie/Sie **hätten befohlen**

IMPERATIVE
befiehl!/befehlen wir!/befehlt!/befehlen Sie!

EXAMPLE PHRASES

Ich **werde** ihn zu mir **befehlen**. I will summon him to me.
Sie **würde** gern allen Leuten **befehlen**. She would like to give orders to everybody.
Der General **hatte** den Rückzug **befohlen**. The general had ordered his troops
    to retreat.
Er blieb stehen, als **hätte** jemand es ihm **befohlen**. He stopped as if someone
    had ordered him to.

ich = I du = you er = he/it sie = she/it es = it/he/she wir = we ihr = you sie = they Sie = you (polite)

beginnen (to begin) strong, inseparable, *formed with* haben

PRESENT

ich	**beginne**
du	**beginnst**
er/sie/es	**beginnt**
wir	**beginnen**
ihr	**beginnt**
sie/Sie	**beginnen**

PRESENT SUBJUNCTIVE

ich	**beginne**
du	**beginnest**
er/sie/es	**beginne**
wir	**beginnen**
ihr	**beginnet**
sie/Sie	**beginnen**

PERFECT

ich	**habe begonnen**
du	**hast begonnenn**
er/sie/es	**hat begonnen**
wir	**haben begonnen**
ihr	**habt begonnen**
sie/Sie	**haben begonnen**

IMPERFECT

ich	**begann**
du	**begannst**
er/sie/es	**begann**
wir	**begannen**
ihr	**begannt**
sie/Sie	**begannen**

PRESENT PARTICIPLE
beginnend

PAST PARTICIPLE
begonnen

EXAMPLE PHRASES

Die Vorstellung **beginnt** gleich. The performance is about to begin.
Sie sagt, sie **beginne** jeden Tag mit einem Gebet. She says she starts each
   day with a prayer.
Er **hat** als Lehrling **begonnen**. He started off as an apprentice.
Sie **begann** mit der Arbeit. She started working.

ich = I **du** = you **er** = he/it **sie** = she/it **es** = it/he/she **wir** = we **ihr** = you **sie** = they **Sie** = you (*polite*)

beginnen

FUTURE

ich	**werde beginnen**
du	**wirst beginnen**
er/sie/es	**wird beginnen**
wir	**werden beginnen**
ihr	**werdet beginnen**
sie/Sie	**werden beginnen**

CONDITIONAL

ich	**würde beginnen**
du	**würdest beginnen**
er/sie/es	**würde beginnen**
wir	**würden beginnen**
ihr	**würdet beginnen**
sie/Sie	**würden beginnen**

PLUPERFECT

ich	**hatte begonnen**
du	**hattest begonnen**
er/sie/es	**hatte begonnen**
wir	**hatten begonnen**
ihr	**hattet begonnen**
sie/Sie	**hatten begonnen**

PLUPERFECT SUBJUNCTIVE

ich	**hätte begonnen**
du	**hättest begonnen**
er/sie/es	**hätte begonnen**
wir	**hätten begonnen**
ihr	**hättet begonnen**
sie/Sie	**hätten begonnen**

IMPERATIVE

beginn(e)!/beginnen wir!/beginnt!/beginnen Sie!

EXAMPLE PHRASES

Wann **werdet** ihr endlich damit **beginnen**? When will you get started on it?

Wir **würden** nicht ohne dich **beginnen**. We wouldn't start without you.

Wir **hatten** gerade **begonnen**, als er kam. We had just got started when he came.

Wenn du gestern **begonnen hättest**, wärest du jetzt fertig. If you had started yesterday, you would be finished now.

ich = I **du** = you **er** = he/it **sie** = she/it **es** = it/he/she **wir** = we **ihr** = you **sie** = they **Sie** = you (polite)

beißen (to bite)

strong, *formed with* haben

PRESENT

ich	**beiße**
du	**beißt**
er/sie/es	**beißt**
wir	**beißen**
ihr	**beißt**
sie/Sie	**beißen**

PRESENT SUBJUNCTIVE

ich	**beiße**
du	**beißest**
er/sie/es	**beiße**
wir	**beißen**
ihr	**beißet**
sie/Sie	**beißen**

PERFECT

ich	**habe gebissen**
du	**hast gebissen**
er/sie/es	**hat gebissen**
wir	**haben gebissen**
ihr	**habt gebissen**
sie/Sie	**haben gebissen**

IMPERFECT

ich	**biss**
du	**bissest**
er/sie/es	**biss**
wir	**bissen**
ihr	**bisst**
sie/Sie	**bissen**

PRESENT PARTICIPLE
beißend

PAST PARTICIPLE
gebissen

EXAMPLE PHRASES

Rosa **beißt** sich mit Orange. Pink clashes with orange.
Er versichert uns, sein Hund **beiße** nicht. He assures us his dog doesn't bite.
Der Hund **hat** mich **gebissen**. The dog bit me.
Sie **biss** in den Apfel. She bit into the apple.

---

ich = I   **du** = you   **er** = he/it   **sie** = she/it   **es** = it/he/she   **wir** = we   **ihr** = you   **sie** = they   **Sie** = you (*polite*)

beißen

FUTURE

ich	**werde beißen**
du	**wirst beißen**
er/sie/es	**wird beißen**
wir	**werden beißen**
ihr	**werdet beißen**
sie/Sie	**werden beißen**

CONDITIONAL

ich	**würde beißen**
du	**würdest beißen**
er/sie/es	**würde beißen**
wir	**würden beißen**
ihr	**würdet beißen**
sie/Sie	**würden beißen**

PLUPERFECT

ich	**hatte gebissen**
du	**hattest gebissen**
er/sie/es	**hatte gebissen**
wir	**hatten gebissen**
ihr	**hattet gebissen**
sie/Sie	**hatten gebissen**

PLUPERFECT SUBJUNCTIVE

ich	**hätte gebissen**
du	**hättest gebissen**
er/sie/es	**hätte gebissen**
wir	**hätten gebissen**
ihr	**hättet gebissen**
sie/Sie	**hätten gebissen**

IMPERATIVE

beiß(e)!/beißen wir!/beißt!/beißen Sie!

EXAMPLE PHRASES

Er **wird** dich schon nicht **beißen**! He won't bite you!

Ich wette, die Katze **würde** dich **beißen**. I bet the cat would bite you.

Der Hund **hatte** den Einbrecher **gebissen**. The dog had bitten the burglar.

Die Katze **hätte** mich fast **gebissen**. The cat almost bit me.

---

ich = I **du** = you **er** = he/it **sie** = she/it **es** = it/he/she **wir** = we **ihr** = you **sie** = they **Sie** = you (*polite*)

bestellen (to order)   weak, inseparable, *formed with* haben

PRESENT

ich	**bestelle**
du	**bestellst**
er/sie/es	**bestellt**
wir	**bestellen**
ihr	**bestellt**
sie/Sie	**bestellen**

PRESENT SUBJUNCTIVE

ich	**bestelle**
du	**bestellest**
er/sie/es	**bestelle**
wir	**bestellen**
ihr	**bestellet**
sie/Sie	**bestellen**

PERFECT

ich	**habe bestellt**
du	**hast bestellt**
er/sie/es	**hat bestellt**
wir	**haben bestellt**
ihr	**habt bestellt**
sie/Sie	**haben bestellt**

IMPERFECT

ich	**bestellte**
du	**bestelltest**
er/sie/es	**bestellte**
wir	**bestellten**
ihr	**bestelltet**
sie/Sie	**bestellten**

PRESENT PARTICIPLE

bestellend

PAST PARTICIPLE

bestellt

EXAMPLE PHRASES

Ich **bestelle** uns schon mal ein Bier. I'll go and order a beer for us.

Er sagt, er **bestelle** alles im Internet. He says he orders everything on the Internet.

Haben Sie schon **bestellt**? Have you ordered yet?

Wir **bestellten** einen Tisch für zwei. We reserved a table for two.

---

ich = I **du** = you **er** = he/it **sie** = she/it **es** = it/he/she **wir** = we **ihr** = you **sie** = they **Sie** = you *(polite)*

bestellen

FUTURE

ich	**werde bestellen**
du	**wirst bestellen**
er/sie/es	**wird bestellen**
wir	**werden bestellen**
ihr	**werdet bestellen**
sie/Sie	**werden bestellen**

CONDITIONAL

ich	**würde bestellen**
du	**würdest bestellen**
er/sie/es	**würde bestellen**
wir	**würden bestellen**
ihr	**würdet bestellen**
sie/Sie	**würden bestellen**

PLUPERFECT

ich	**hatte bestellt**
du	**hattest bestellt**
er/sie/es	**hatte bestellt**
wir	**hatten bestellt**
ihr	**hattet bestellt**
sie/Sie	**hatten bestellt**

PLUPERFECT SUBJUNCTIVE

ich	**hätte bestellt**
du	**hättest bestellt**
er/sie/es	**hätte bestellt**
wir	**hätten bestellt**
ihr	**hättet bestellt**
sie/Sie	**hätten bestellt**

IMPERATIVE
bestelle(e)!/bestellen wir!/bestellt!/bestellen Sie!

EXAMPLE PHRASES

Dort **werde** ich nicht mehr **bestellen**. I won't be ordering anything from there anymore.

Ich **würde** die Karten gern im Voraus **bestellen**. I'd like to book the tickets in advance.

Ich **hatte** das Essen für 12 Uhr **bestellt**. I had ordered the meal for 12 o'clock.

Wir **hätten** gern noch mehr **bestellt**. We would have liked to have ordered more.

ich = I **du** = you **er** = he/it **sie** = she/it **es** = it/he/she **wir** = we **ihr** = you **sie** = they **Sie** = you (polite)

biegen (to bend/to turn) strong, *formed with* haben/sein*

PRESENT

ich	**biege**
du	**biegst**
er/sie/es	**biegt**
wir	**biegen**
ihr	**biegt**
sie/Sie	**biegen**

PRESENT SUBJUNCTIVE

ich	**biege**
du	**biegest**
er/sie/es	**biege**
wir	**biegen**
ihr	**bieget**
sie/Sie	**biegen**

PERFECT

ich	**habe gebogen**
du	**hast gebogen**
er/sie/es	**hat gebogen**
wir	**haben gebogen**
ihr	**habt gebogen**
sie/Sie	**haben gebogen**

IMPERFECT

ich	**bog**
du	**bogst**
er/sie/es	**bog**
wir	**bogen**
ihr	**bogt**
sie/Sie	**bogen**

PRESENT PARTICIPLE

biegend

PAST PARTICIPLE

gebogen

When biegen is used with no direct object, it is formed with sein.

EXAMPLE PHRASES

Die Bäume **biegen** sich im Wind. The trees are bending in the wind.

Er sagt, er **biege** gleich in die Hauptstraße. He says he'll turn into the main road soon.

Er **hat** den Löffel **gebogen**. He bent the spoon.

Ein Auto **bog** um die Kurve. A car came round the corner.

ich = I **du** = you **er** = he/it **sie** = she/it **es** = it/he/she **wir** = we **ihr** = you **sie** = they **Sie** = you *(polite)*

biegen

FUTURE

ich	**werde biegen**
du	**wirst biegen**
er/sie/es	**wird biegen**
wir	**werden biegen**
ihr	**werdet biegen**
sie/Sie	**werden biegen**

CONDITIONAL

ich	**würde biegen**
du	**würdest biegen**
er/sie/es	**würde biegen**
wir	**würden biegen**
ihr	**würdet biegen**
sie/Sie	**würden biegen**

PLUPERFECT

ich	**hatte gebogen**
du	**hattest gebogen**
er/sie/es	**hatte gebogen**
wir	**hatten gebogen**
ihr	**hattet gebogen**
sie/Sie	**hatten gebogen**

PLUPERFECT SUBJUNCTIVE

ich	**hätte gebogen**
du	**hättest gebogen**
er/sie/es	**hätte gebogen**
wir	**hätten gebogen**
ihr	**hättet gebogen**
sie/Sie	**hätten gebogen**

IMPERATIVE
bieg(e)!/biegen wir!/biegt!/biegen Sie!

EXAMPLE PHRASES

Ich **werde** die Sache gerade **biegen**. I'll sort the matter out.

Ich **würde** nicht in diese Straße **biegen**. I wouldn't turn into that street.

Wir **hatten** uns vor Lachen **gebogen**. We had doubled up with laughter.

Er **wäre** in die Seitenstraße **gebogen**. He would have turned into the side street.

ich = I   **du** = you   **er** = he/it   **sie** = she/it   **es** = it/he/she   **wir** = we   **ihr** = you   **sie** = they   **Sie** = you (polite)

bieten (to offer)

strong, *formed* with haben

PRESENT

ich	**biete**
du	**bietest**
er/sie/es	**bietet**
wir	**bieten**
ihr	**bietet**
sie/Sie	**bieten**

PRESENT SUBJUNCTIVE

ich	**biete**
du	**bietest**
er/sie/es	**biete**
wir	**bieten**
ihr	**bietet**
sie/Sie	**bieten**

PERFECT

ich	**habe geboten**
du	**hast geboten**
er/sie/es	**hat geboten**
wir	**haben geboten**
ihr	**habt geboten**
sie/Sie	**haben geboten**

IMPERFECT

ich	**bot**
du	**bot(e)st**
er/sie/es	**bot**
wir	**boten**
ihr	**botet**
sie/Sie	**boten**

PRESENT PARTICIPLE

bietend

PAST PARTICIPLE

geboten

EXAMPLE PHRASES

Diese Stadt **bietet** mir nichts. This town has nothing to offer me.

Er sagt, er **biete** mir 5000 Euro für mein Auto. He says he's offering me 5000 euros for my car.

Für das Bild **haben** sie 2000 Euro **geboten**. They have made a bid of 2000 euros for the painting.

Er **bot** ihm die Hand. He held out his hand to him.

---

ich = I **du** = you **er** = he/it **sie** = she/it **es** = it/he/she **wir** = we **ihr** = you **sie** = they **Sie** = you (*polite*)

bieten

FUTURE

ich	**werde bieten**
du	**wirst bieten**
er/sie/es	**wird bieten**
wir	**werden bieten**
ihr	**werdet bieten**
sie/Sie	**werden bieten**

CONDITIONAL

ich	**würde bieten**
du	**würdest bieten**
er/sie/es	**würde bieten**
wir	**würden bieten**
ihr	**würdet bieten**
sie/Sie	**würden bieten**

PLUPERFECT

ich	**hatte geboten**
du	**hattest geboten**
er/sie/es	**hatte geboten**
wir	**hatten geboten**
ihr	**hattet geboten**
sie/Sie	**hatten geboten**

PLUPERFECT SUBJUNCTIVE

ich	**hätte geboten**
du	**hättest geboten**
er/sie/es	**hätte geboten**
wir	**hätten geboten**
ihr	**hättet geboten**
sie/Sie	**hätten geboten**

IMPERATIVE
biet(e)!/bieten wir!/bietet!/bieten Sie!

EXAMPLE PHRASES

Was **werden** sie uns **bieten**? What will they offer us?

Wir **würden** ihm gern mehr **bieten**. We would like to offer him more.

Sie **hatten** ihr eine Million für das Haus **geboten**. They had offered her one million for the house.

Ich **hätte** ihr gern noch mehr **geboten**. I would have liked to offer her even more.

ich = I du = you er = he/it sie = she/it es = it/he/she wir = we ihr = you sie = they Sie = you (polite)

binden (to tie)

strong, *formed with* **haben**

PRESENT

ich	**binde**
du	**bindest**
er/sie/es	**bindet**
wir	**binden**
ihr	**bindet**
sie/Sie	**binden**

PRESENT SUBJUNCTIVE

ich	**binde**
du	**bindest**
er/sie/es	**binde**
wir	**binden**
ihr	**bindet**
sie/Sie	**binden**

PERFECT

ich	**habe gebunden**
du	**hast gebunden**
er/sie/es	**hat gebunden**
wir	**haben gebunden**
ihr	**habt gebunden**
sie/Sie	**haben gebunden**

IMPERFECT

ich	**band**
du	**band(e)st**
er/sie/es	**band**
wir	**banden**
ihr	**bandet**
sie/Sie	**banden**

PRESENT PARTICIPLE
bindend

PAST PARTICIPLE
gebunden

EXAMPLE PHRASES

Er **bindet** sich die Schuhe. He is tying his shoelaces.

Sie sagt, sie **binde** sich nicht gern. She says she doesn't like getting involved.

Sie **hat** die Haare zu einem Pferdeschwanz **gebunden**. She has tied her hair back into a ponytail.

Sie **band** ihm die Hände auf den Rücken. She tied his hands behind his back.

---

ich = I **du** = you **er** = he/it **sie** = she/it **es** = it/he/she **wir** = we **ihr** = you **sie** = they **Sie** = you (*polite*)

binden

FUTURE

ich	**werde binden**
du	**wirst binden**
er/sie/es	**wird binden**
wir	**werden binden**
ihr	**werdet binden**
sie/Sie	**werden binden**

CONDITIONAL

ich	**würde binden**
du	**würdest binden**
er/sie/es	**würde binden**
wir	**würden binden**
ihr	**würdet binden**
sie/Sie	**würden binden**

PLUPERFECT

ich	**hatte gebunden**
du	**hattest gebunden**
er/sie/es	**hatte gebunden**
wir	**hatten gebunden**
ihr	**hattet gebunden**
sie/Sie	**hatten gebunden**

PLUPERFECT SUBJUNCTIVE

ich	**hätte gebunden**
du	**hättest gebunden**
er/sie/es	**hätte gebunden**
wir	**hätten gebunden**
ihr	**hättet gebunden**
sie/Sie	**hätten gebunden**

IMPERATIVE

bind(e)!/binden wir!/bindet!/binden Sie!

EXAMPLE PHRASES

Ich **werde** diese Blumen zu einem Strauß **binden**. I'll make these flowers into a bunch.

Ich **würde** sie nie an mich **binden**. I would never want to tie her to me.

Mich **hatte** nichts an diese Stadt **gebunden**. I had no special ties to keep me in this town.

Wenn ich sie geheiratet hätte, **hätte** ich mich zu früh **gebunden**. If I had married her, I would have committed myself too early.

ich = I du = you er = he/it sie = she/it es = it/he/she wir = we ihr = you sie = they Sie = you (polite)

bitten (to request)

strong, *formed with* **haben**

PRESENT

ich	**bitte**
du	**bittest**
er/sie/es	**bittet**
wir	**bitten**
ihr	**bittet**
sie/Sie	**bitten**

PRESENT SUBJUNCTIVE

ich	**bitte**
du	**bittest**
er/sie/es	**bitte**
wir	**bitten**
ihr	**bittet**
sie/Sie	**bitten**

PERFECT

ich	**habe gebeten**
du	**hast gebeten**
er/sie/es	**hat gebeten**
wir	**haben gebeten**
ihr	**habt gebeten**
sie/Sie	**haben gebeten**

IMPERFECT

ich	**bat**
du	**bat(e)st**
er/sie/es	**bat**
wir	**baten**
ihr	**batet**
sie/Sie	**baten**

PRESENT PARTICIPLE
bittend

PAST PARTICIPLE
gebeten

EXAMPLE PHRASES

Ich **bitte** Sie, uns in Ruhe zu lassen. I'm asking you to leave us alone.

Er sagt, er **bitte** uns darum, seinem Plan zuzustimmen. He says he's asking us to agree to his plan.

Man **hat** die Bevölkerung um Mithilfe **gebeten**. The public was asked for assistance.

Sie **bat** ihn um Hilfe. She asked him for help.

ich = I **du** = you **er** = he/it **sie** = she/it **es** = it/he/she **wir** = we **ihr** = you **sie** = they **Sie** = you (polite)

bitten

FUTURE

ich	**werde bitten**
du	**wirst bitten**
er/sie/es	**wird bitten**
wir	**werden bitten**
ihr	**werdet bitten**
sie/Sie	**werden bitten**

CONDITIONAL

ich	**würde bitten**
du	**würdest bitten**
er/sie/es	**würde bitten**
wir	**würden bitten**
ihr	**würdet bitten**
sie/Sie	**würden bitten**

PLUPERFECT

ich	**hatte gebeten**
du	**hattest gebeten**
er/sie/es	**hatte gebeten**
wir	**hatten gebeten**
ihr	**hattet gebeten**
sie/Sie	**hatten gebeten**

PLUPERFECT SUBJUNCTIVE

ich	**hätte gebeten**
du	**hättest gebeten**
er/sie/es	**hätte gebeten**
wir	**hätten gebeten**
ihr	**hättet gebeten**
sie/Sie	**hätten gebeten**

IMPERATIVE
bitt(e)!/bitten wir!/bittet!/bitten Sie!

EXAMPLE PHRASES

Wir **werden** ihn nicht länger darum **bitten**. We won't ask him for it any longer.
Ich **würde** Sie **bitten**, still zu sein. I would ask you to keep quiet.
Ihr **hattet** uns **gebeten**, euch zu besuchen. You had asked us to visit you.
Sie selbst **hätte** niemals um Hilfe **gebeten**. She would never have asked for help herself.

ich = I du = you er = he/it sie = she/it es = it/he/she wir - we ihr = you sie = they Sie = you (polite)

bleiben (to remain)

strong, *formed with* sein

PRESENT

ich	bleibe
du	bleibst
er/sie/es	bleibt
wir	bleiben
ihr	bleibt
sie/Sie	bleiben

PRESENT SUBJUNCTIVE

ich	bleibe
du	bleibest
er/sie/es	bleibe
wir	bleiben
ihr	bleibet
sie/Sie	bleiben

PERFECT

ich	bin geblieben
du	bist geblieben
er/sie/es	ist geblieben
wir	sind geblieben
ihr	seid geblieben
sie/Sie	sind geblieben

IMPERFECT

ich	blieb
du	bliebst
er/sie/es	blieb
wir	blieben
ihr	bliebt
sie/Sie	blieben

PRESENT PARTICIPLE

bleibend

PAST PARTICIPLE

geblieben

EXAMPLE PHRASES

Hoffentlich **bleibt** das Wetter schön. I hope the weather stays fine.

Er meint, er **bleibe** bei seiner Meinung. He thinks he will stick to his opinion.

Vom Kuchen **ist** nur noch ein Stück **geblieben**. There's only one piece of cake left.

Dieses Erlebnis **blieb** in meiner Erinnerung. This experience stayed with me.

ich = I du = you er = he/it sie = she/it es = it/he/she wir = we ihr = you sie = they Sie = you (polite)

bleiben

FUTURE

ich	**werde bleiben**
du	**wirst bleiben**
er/sie/es	**wird bleiben**
wir	**werden bleiben**
ihr	**werdet bleiben**
sie/Sie	**werden bleiben**

CONDITIONAL

ich	**würde bleiben**
du	**würdest bleiben**
er/sie/es	**würde bleiben**
wir	**würden bleiben**
ihr	**würdet bleiben**
sie/Sie	**würden bleiben**

PLUPERFECT

ich	**war geblieben**
du	**warst geblieben**
er/sie/es	**war geblieben**
wir	**waren geblieben**
ihr	**wart geblieben**
sie/Sie	**waren geblieben**

PLUPERFECT SUBJUNCTIVE

ich	**wäre geblieben**
du	**wär(e)st geblieben**
er/sie/es	**wäre geblieben**
wir	**wären geblieben**
ihr	**wär(e)t geblieben**
sie/Sie	**wären geblieben**

IMPERATIVE
bleib(e)!/bleiben wir!/bleibt!/bleiben Sie!

EXAMPLE PHRASES

Wir **werden** nicht länger als eine Stunde **bleiben**. We won't stay longer than an hour.

Ich **würde** gern noch in der Stadt **bleiben**. I would like to stay in town.

Das Verbrechen **war** unbestraft **geblieben**. The crime had remained unpunished.

Wir **wären** gern Freunde **geblieben**. We would have liked to stay friends.

ich = I du = you er = he/it sie = she/it es = it/he/she wir = we ihr = you sie = they Sie = you (polite)

brechen (to break)

strong, *formed with* **haben/sein***

PRESENT

ich	**breche**
du	**brichst**
er/sie/es	**bricht**
wir	**brechen**
ihr	**brecht**
sie/Sie	**brechen**

PRESENT SUBJUNCTIVE

ich	**breche**
du	**brechest**
er/sie/es	**breche**
wir	**brechen**
ihr	**brechet**
sie/Sie	**brechen**

PERFECT

ich	**habe gebrochen**
du	**hast gebrochen**
er/sie/es	**hat gebrochen**
wir	**haben gebrochen**
ihr	**habt gebrochen**
sie/Sie	**haben gebrochen**

IMPERFECT

ich	**brach**
du	**brachst**
er/sie/es	**brach**
wir	**brachen**
ihr	**bracht**
sie/Sie	**brachen**

PRESENT PARTICIPLE
brechend

PAST PARTICIPLE
gebrochen

**When brechen is used with no direct object, it is formed with sein.*

EXAMPLE PHRASES

Mir **bricht** das Herz. It's breaking my heart.
Sie sagt, das **breche** die Abmachung. She says it meant breaking the
    agreement.
Sie **hat** ihr Versprechen **gebrochen**. She broke her promise.
Der Sturz **brach** ihm fast den Arm. The fall almost broke his arm.

ich = I du = you **er** = he/it **sie** = she/it **es** = it/he/she **wir** = we **ihr** = you **sie** = they **Sie** = you (polite)

brechen

FUTURE

ich	**werde brechen**
du	**wirst brechen**
er/sie/es	**wird brechen**
wir	**werden brechen**
ihr	**werdet brechen**
sie/Sie	**werden brechen**

CONDITIONAL

ich	**würde brechen**
du	**würdest brechen**
er/sie/es	**würde brechen**
wir	**würden brechen**
ihr	**würdet brechen**
sie/Sie	**würden brechen**

PLUPERFECT

ich	**hatte gebrochen**
du	**hattest gebrochen**
er/sie/es	**hatte gebrochen**
wir	**hatten gebrochen**
ihr	**hattet gebrochen**
sie/Sie	**hatten gebrochen**

PLUPERFECT SUBJUNCTIVE

ich	**hätte gebrochen**
du	**hättest gebrochen**
er/sie/es	**hätte gebrochen**
wir	**hätten gebrochen**
ihr	**hättet gebrochen**
sie/Sie	**hätten gebrochen**

IMPERATIVE
brich!/brechen wir!/brecht!/brechen Sie!

EXAMPLE PHRASES

Wir **werden** ihren Widerstand **brechen**. We will break their resistance.
Ich **würde** ihm nie die Treue **brechen**. I would never break his trust.
Wir **hatten** mit der Tradition **gebrochen**. We had broken with tradition.
Er **hätte** diesen Rekord gern **gebrochen**. He would have liked to break that record.

---

ich = I du = you er = he/it sie = she/it es = it/he/she wir = we ihr = you sie = they Sie = you (polite)

brennen (to burn)

mixed, *formed* with **haben**

PRESENT

ich	**brenne**
du	**brennst**
er/sie/es	**brennt**
wir	**brennen**
ihr	**brennt**
sie/Sie	**brennen**

PRESENT SUBJUNCTIVE

ich	**brenne**
du	**brennest**
er/sie/es	**brenne**
wir	**brennen**
ihr	**brennet**
sie/Sie	**brennen**

PERFECT

ich	**habe gebrannt**
du	**hast gebrannt**
er/sie/es	**hat gebrannt**
wir	**haben gebrannt**
ihr	**habt gebrannt**
sie/Sie	**haben gebrannt**

IMPERFECT

ich	**brannte**
du	**branntest**
er/sie/es	**brannte**
wir	**brannten**
ihr	**branntet**
sie/Sie	**brannten**

PRESENT PARTICIPLE
brennend

PAST PARTICIPLE
gebrannt

EXAMPLE PHRASES

Das Streichholz **brennt** nicht. The match won't light.

Sie sagt, das Problem **brenne** ihr auf der Seele. She says the problem is preying on her mind.

Im Zimmer **hat** noch Licht **gebrannt**. The light was still on in the room.

Das ganze Haus **brannte**. The entire house was on fire.

brennen

FUTURE

ich	**werde brennen**
du	**wirst brennen**
er/sie/es	**wird brennen**
wir	**werden brennen**
ihr	**werdet brennen**
sie/Sie	**werden brennen**

CONDITIONAL

ich	**würde brennen**
du	**würdest brennen**
er/sie/es	**würde brennen**
wir	**würden brennen**
ihr	**würdet brennen**
sie/Sie	**würden brennen**

PLUPERFECT

ich	**hatte gebrannt**
du	**hattest gebrannt**
er/sie/es	**hatte gebrannt**
wir	**hatten gebrannt**
ihr	**hattet gebrannt**
sie/Sie	**hatten gebrannt**

PLUPERFECT SUBJUNCTIVE

ich	**hätte gebrannt**
du	**hättest gebrannt**
er/sie/es	**hätte gebrannt**
wir	**hätten gebrannt**
ihr	**hättet gebrannt**
sie/Sie	**hätten gebrannt**

IMPERATIVE
brenn(e)!/brennen wir!/brennet!/brennen Sie!

EXAMPLE PHRASES

Wir **werden** diese CD zuerst **brennen**. We'll burn this CD first.

Er **würde** darauf **brennen**, das zu tun. He would be dying to do it.

Die Zigarette **hatte** ein Loch in ihr Kleid **gebrannt**. The cigarette had burned a hole in her dress.

Fast **hätte** die ganze Stadt **gebrannt**. The whole town had almost been on fire.

ich = I **du** = you **er** = he/it **sie** = she/it **es** = it/he/she **wir** = we **ihr** = you **sie** = they **Sie** = you (polite)

bringen (to bring)

mixed, *formed with* haben

PRESENT

ich	**bringe**
du	**bringst**
er/sie/es	**bringt**
wir	**bringen**
ihr	**bringt**
sie/Sie	**bringen**

PRESENT SUBJUNCTIVE

ich	**bringe**
du	**bringest**
er/sie/es	**bringe**
wir	**bringen**
ihr	**bringet**
sie/Sie	**bringen**

PERFECT

ich	**habe gebracht**
du	**hast gebracht**
er/sie/es	**hat gebracht**
wir	**haben gebracht**
ihr	**habt gebracht**
sie/Sie	**haben gebracht**

IMPERFECT

ich	**brachte**
du	**brachtest**
er/sie/es	**brachte**
wir	**brachten**
ihr	**brachtet**
sie/Sie	**brachten**

PRESENT PARTICIPLE
bringend

PAST PARTICIPLE
gebracht

EXAMPLE PHRASES

Bringst du mich zum Flughafen? Can you take me to the airport?

Sie beschwert sich, er **bringe** ihr nie Geschenke. She is complaining he never brings her presents.

Max **hat** mir Blumen **gebracht**. Max brought me flowers.

Das **brachte** mich auf eine Idee. It gave me an idea.

ich = I du = you er = he/it sie = she/it es = it/he/she wir = we ihr = you sie = they Sie = you (polite)

bringen

FUTURE

ich	**werde bringen**
du	**wirst bringen**
er/sie/es	**wird bringen**
wir	**werden bringen**
ihr	**werdet bringen**
sie/Sie	**werden bringen**

CONDITIONAL

ich	**würde bringen**
du	**würdest bringen**
er/sie/es	**würde bringen**
wir	**würden bringen**
ihr	**würdet bringen**
sie/Sie	**würden bringen**

PLUPERFECT

ich	**hatte gebracht**
du	**hattest gebracht**
er/sie/es	**hatte gebracht**
wir	**hatten gebracht**
ihr	**hattet gebracht**
sie/Sie	**hatten gebracht**

PLUPERFECT SUBJUNCTIVE

ich	**hätte gebracht**
du	**hättest gebracht**
er/sie/es	**hätte gebracht**
wir	**hätten gebracht**
ihr	**hättet gebracht**
sie/Sie	**hätten gebracht**

IMPERATIVE
bring(e)!/bringen wir!/bringt!/bringen Sie!

EXAMPLE PHRASES

Das **wird** dich noch ins Gefängnis **bringen**. You'll end up in prison if you do that.

Ich **würde** die Kinder gern ins Bett **bringen**. I would like to put the children to bed.

Er **hatte** sie fast zum Weinen **gebracht**. He had almost made her cry.

Ich **hätte** das gern hinter mich **gebracht**. I would like to get it over and done with.

ich = I **du** = you **er** = he/it **sie** = she/it **es** = it/he/she **wir** = we **ihr** = you **sie** = they **Sie** = you (polite)

denken (to think)

mixed, *formed with* haben

PRESENT

ich	**denke**
du	**denkst**
er/sie/es	**denkt**
wir	**denken**
ihr	**denkt**
sie/Sie	**denken**

PRESENT SUBJUNCTIVE

ich	**denke**
du	**denkest**
er/sie/es	**denke**
wir	**denken**
ihr	**denket**
sie/Sie	**denken**

PERFECT

ich	**habe gedacht**
du	**hast gedacht**
er/sie/es	**hat gedacht**
wir	**haben gedacht**
ihr	**habt gedacht**
sie/Sie	**haben gedacht**

IMPERFECT

ich	**dachte**
du	**dachtest**
er/sie/es	**dachte**
wir	**dachten**
ihr	**dachtet**
sie/Sie	**dachten**

PRESENT PARTICIPLE
denkend

PAST PARTICIPLE
gedacht

EXAMPLE PHRASES

Wie **denken** Sie darüber? What do you think about it?

Er sagt, er **denke** nicht daran, das zu tun. He says there is no way he will do it.

Er **hat** an sie **gedacht**. He thought of her.

Es war das Erste, woran ich **dachte**. It was the first thing I thought of.

ich = I **du** = you **er** = he/it **sie** = she/it **es** = it/he/she **wir** = we **ihr** = you **sie** = they **Sie** = you (*polite*)

denken

FUTURE

ich	**werde denken**
du	**wirst denken**
er/sie/es	**wirde denken**
wir	**werden denken**
ihr	**werdet denken**
sie/Sie	**werden denken**

CONDITIONAL

ich	**würde denken**
du	**würdest denken**
er/sie/es	**würde denken**
wir	**würden denken**
ihr	**würdet denken**
sie/Sie	**würden denken**

PLUPERFECT

ich	**hatte gedacht**
du	**hattest gedacht**
er/sie/es	**hatte gedacht**
wir	**hatten gedacht**
ihr	**hattet gedacht**
sie/Sie	**hatten gedacht**

PLUPERFECT SUBJUNCTIVE

ich	**hätte gedacht**
du	**hättest gedacht**
er/sie/es	**hätte gedacht**
wir	**hätten gedacht**
ihr	**hättet gedacht**
sie/Sie	**hätten gedacht**

IMPERATIVE

denk(e)!/denken wir!/denkt!/denken Sie!

EXAMPLE PHRASES

Ich **werde** versuchen, nicht daran zu **denken**. I'll try not to think of it.

Ich **würde** nie schlecht von ihm **denken**. I would never think badly of him.

So **hatte** ich mir das nicht **gedacht**. That's not what I had thought of.

Ich **hätte** nicht **gedacht**, dass er kommt. I wouldn't have thought that he'd come.

ich = I **du** = you **er** = he/it **sie** = she/it **es** = it/he/she **wir** - we **ihr** = you **sie** - they **Sie** = you (polite)

durchsetzen (to enforce)

weak, separable,
formed with haben

PRESENT

ich	**setze durch**
du	**setzt durch**
er/sie/es	**setzt durch**
wir	**setzen durch**
ihr	**setzt durch**
sie/Sie	**setzen durch**

PRESENT SUBJUNCTIVE

ich	**setze durch**
du	**setzest durch**
er/sie/es	**setze durch**
wir	**setzen durch**
ihr	**setzet durch**
sie/Sie	**setzen durch**

PERFECT

ich	**habe durchgesetzt**
du	**hast durchgesetzt**
er/sie/es	**hat durchgesetzt**
wir	**haben durchgesetzt**
ihr	**habt durchgesetzt**
sie/Sie	**haben durchgesetzt**

IMPERFECT

ich	**setzte durch**
du	**setztest durch**
er/sie/es	**setzte durch**
wir	**setzten durch**
ihr	**setztet durch**
sie/Sie	**setzten durch**

PRESENT PARTICIPLE

durchsetzend

PAST PARTICIPLE

durchgesetzt

EXAMPLE PHRASES

Sie **setzt** immer ihren Willen **durch**. She always gets her own way.

Er meint, er **setze** sich damit nicht durch. He thinks he won't be successful with it.

Ich **habe** mich mit meinem Vorschlag **durchgesetzt**. They accepted my suggestion.

Er **setzte** sich mit seinem Plan **durch**. He was successful with his plan.

ich = I du = you er = he/it sie = she/it es = it/he/she wir = we ihr = you sie = they Sie = you *(polite)*

durchsetzen

FUTURE

ich	**werde durchsetzen**
du	**wirst durchsetzen**
er/sie/es	**wird durchsetzen**
wir	**werden durchsetzen**
ihr	**werdet durchsetzen**
sie/Sie	**werden durchsetzen**

CONDITIONAL

ich	**würde durchsetzen**
du	**würdest durchsetzen**
er/sie/es	**würde durchsetzen**
wir	**würden durchsetzen**
ihr	**würdet durchsetzen**
sie/Sie	**würden durchsetzen**

PLUPERFECT

ich	**hatte durchgesetzt**
du	**hattest durchgesetzt**
er/sie/es	**hatte durchgesetzt**
wir	**hatten durchgesetzt**
ihr	**hattet durchgesetzt**
sie/Sie	**hatten durchgesetzt**

PLUPERFECT SUBJUNCTIVE

ich	**hätte durchgesetzt**
du	**hättest durchgesetzt**
er/sie/es	**hätte durchgesetzt**
wir	**hätten durchgesetzt**
ihr	**hättet durchgesetzt**
sie/Sie	**hätten durchgesetztt**

IMPERATIVE

setz(e) durch!/setzen wir durch!/setzt durch!/setzen Sie durch!

EXAMPLE PHRASES

Ich **werde** mich gegen ihn **durchsetzen**. I will assert myself against him.

Ich **würde** dieses Ziel gern bald **durchsetzen**. I would like to achieve this aim soon.

Er **hatte** sich im Leben **durchgesetzt**. He had made his way in life.

Diese Idee **hätte** sich früher nicht **durchgesetzt**. This idea wouldn't have been accepted in the past.

ich = I **du** = you **er** = he/it **sie** = she/it **es** = it/he/she **wir** = we **ihr** - you **sie** = they **Sie** = you (polite)

dürfen (to be allowed to)

modal, *formed with* **haben**

PRESENT

ich	**darf**
du	**darfst**
er/sie/es	**darf**
wir	**dürfen**
ihr	**dürft**
sie/Sie	**dürfen**

PRESENT SUBJUNCTIVE

ich	**dürfe**
du	**dürfest**
er/sie/es	**dürfe**
wir	**dürfen**
ihr	**dürfet**
sie/Sie	**dürfen**

PERFECT

ich	**habe gedurft/dürfen**
du	**hast gedurft/dürfen**
er/sie/es	**hat gedurft/dürfen?**
wir	**haben gedurft/dürfen**
ihr	**habt gedurft/dürfen**
sie/Sie	**haben gedurft/dürfen**

IMPERFECT

ich	**durfte**
du	**durftest**
er/sie/es	**durfte**
wir	**durften**
ihr	**durftet**
sie/Sie	**durften**

PRESENT PARTICIPLE

dürfend

PAST PARTICIPLE

gedurft/dürfen*

*This form is used when combined with another infinitive.

EXAMPLE PHRASES

Darf ich ins Kino? Can I go to the cinema?
Er meint, er **dürfe** das nicht. He thinks he isn't allowed to.
Er **hat** nicht **gedurft**. I wasn't allowed to.
Wir **durften** nicht ausgehen. We weren't allowed to go out.

dürfen

FUTURE

ich	**werde dürfen**
du	**wirst dürfen**
er/sie/es	**wird dürfen**
wir	**werden dürfen**
ihr	**werdet dürfen**
sie/Sie	**werden dürfen**

CONDITIONAL

ich	**würde dürfen**
du	**würdest dürfen**
er/sie/es	**würde dürfen**
wir	**würden dürfen**
ihr	**würdet dürfen**
sie/Sie	**würden dürfen**

PLUPERFECT

ich	**hatte gedurft/dürfen**
du	**hattest gedurft/dürfen**
er/sie/es	**hatte gedurft/dürfen**
wir	**hatten gedurft/dürfen**
ihr	**hattet gedurft/dürfen**
sie/Sie	**hatten gedurft/dürfen**

PLUPERFECT SUBJUNCTIVE

ich	**hätte gedurft/dürfen**
du	**hättest gedurft/dürfen**
er/sie/es	**hätte gedurft/dürfen**
wir	**hätten gedurft/dürfen**
ihr	**hättet gedurft/dürfen**
sie/Sie	**hätten gedurft/dürfen**

EXAMPLE PHRASES

Dort **werden** wir nicht rauchen **dürfen**. We won't be allowed to smoke there.

Das **würde** ich zu Hause nicht **dürfen**. I wouldn't be allowed to do that at home.

Die Katze **hatte** nie ins Haus **gedurft**. The cat had never been allowed in the house.

Das **hätte** ich als Kind nicht **gedurft**. I wouldn't have been allowed to do that as a child.

ich = I **du** = you **er** = he/it **sie** = she/it **es** = it/he/she **wir** = we **ihr** = you **sie** = they **Sie** = you (polite)

empfehlen (to recommend)

strong, inseparable,
formed with **haben**

PRESENT	**PRESENT SUBJUNCTIVE**
ich **empfehle**	ich **empfehle**
du **empfiehlst**	du **empfehlest**
er/sie/es **empfiehlt**	er/sie/es **empfehle**
wir **empfehlen**	wir **empfehlen**
ihr **empfehlt**	ihr **empfehlet**
sie/Sie **empfehlen**	sie/Sie **empfehlen**

PERFECT	**IMPERFECT**
ich **habe empfohlen**	ich **empfahl**
du **hast empfohlen**	du **empfahlst**
er/sie/es **hat empfohlen**	er/sie/es **empfahl**
wir **haben empfohlen**	wir **empfahlen**
ihr **habt empfohlen**	ihr **empfahlt**
sie/Sie **haben empfohlen**	sie/Sie **empfahlen**

PRESENT PARTICIPLE	**PAST PARTICIPLE**
empfehlend	empfohlen

EXAMPLE PHRASES

Was **empfiehlst** du mir zu tun? What would you recommend I do?

Er meint, er **empfehle** mir Vorsicht. He says he would recommend caution.

Man **hat** uns **empfohlen**, nach Ägypten zu reisen. They recommended we travel to Egypt.

Sie **empfahl** uns, eine Diät zu machen. She recommended that we go on a diet.

ich = I **du** = you **er** = he/it **sie** = she/it **es** = it/he/she **wir** = we **ihr** = you **sie** = they **Sie** = you (*polite*)

empfehlen

FUTURE

ich	werde empfehlen
du	wirst empfehlen
er/sie/es	wird empfehlen
wir	werden empfehlen
ihr	werdet empfehlen
sie/Sie	werden empfehlen

CONDITIONAL

ich	würde empfehlen
du	würdest empfehlen
er/sie/es	würde empfehlen
wir	würden empfehlen
ihr	würdet empfehlen
sie/Sie	würden empfehlen

PLUPERFECT

ich	hatte empfohlen
du	hattest empfohlen
er/sie/es	hatte empfohlen
wir	hatten empfohlen
ihr	hattet empfohlen
sie/Sie	hatten empfohlen

PLUPERFECT SUBJUNCTIVE

ich	hätte empfohlen
du	hättest empfohlen
er/sie/es	hätte empfohlen
wir	hätten empfohlen
ihr	hättet empfohlen
sie/Sie	hätten empfohlen

IMPERATIVE
empfiehl!/empfehlen wir!/empfehlt!/empfehlen Sie!

EXAMPLE PHRASES

Ich **werde** ihm **empfehlen**, das Land zu verlassen. I will recommend that
he leaves the country.
Ich **würde** Ihnen **empfehlen**, zu gehen. I would advise you to go.
Sie **hatten** uns dieses Restaurant **empfohlen**. They had recommended this
restaurant to us.
Ich **hätte** Ihnen mehr Geduld **empfohlen**. I would have recommended you
to be more patient.

ich = I du = you er = he/it sie = she/it es = it/he/she wir = we ihr = you sie = they Sie = you (polite)

entdecken (to discover)

weak, inseparable,
formed with **haben**

PRESENT

ich	**entdecke**
du	**entdeckst**
er/sie/es	**entdeckt**
wir	**entdecken**
ihr	**entdeckt**
sie/Sie	**entdecken**

PRESENT SUBJUNCTIVE

ich	**entdecke**
du	**entdeckest**
er/sie/es	**entdecke**
wir	**entdecken**
ihr	**entdecket**
sie/Sie	**entdecken**

PERFECT

ich	**habe entdeckt**
du	**hast entdeckt**
er/sie/es	**hat entdeckt**
wir	**haben entdeckt**
ihr	**habt entdeckt**
sie/Sie	**haben entdeckt**

IMPERFECT

ich	**entdeckte**
du	**entdecktest**
er/sie/es	**entdeckte**
wir	**entdeckten**
ihr	**entdecktet**
sie/Sie	**entdeckten**

PRESENT PARTICIPLE
entdeckend

PAST PARTICIPLE
entdeckt

EXAMPLE PHRASES

Ich **entdecke** im Park oft neue Insekten. I often discover new insects in the park.

Sie sagt, sie **entdecke** ihr Interesse an Musik. She says she's discovering an interest in music.

Kolumbus **hat** Amerika **entdeckt**. Columbus discovered America.

Er **entdeckte** sie in der Menge. He spotted her in the crowd.

ich = I **du** = you **er** = he/it **sie** = she/it **es** = it/he/she **wir** = we **ihr** = you **sie** = they **Sie** = you *(polite)*

entdecken

FUTURE

ich	werde entdecken
du	wirst entdecken
er/sie/es	wird entdecken
wir	werden entdecken
ihr	werdet entdecken
sie/Sie	werden entdecken

CONDITIONAL

ich	würde entdecken
du	würdest entdecken
er/sie/es	würde entdecken
wir	würden entdecken
ihr	würdet entdecken
sie/Sie	würden entdecken

PLUPERFECT

ich	hatte entdeckt
du	hattest entdeckt
er/sie/es	hatte entdeckt
wir	hatten entdeckt
ihr	hattet entdeckt
sie/Sie	hatten entdeckt

PLUPERFECT SUBJUNCTIVE

ich	hätte entdeckt
du	hättest entdeckt
er/sie/es	hätte entdeckt
wir	hätten entdeckt
ihr	hättet entdeckt
sie/Sie	hätten entdeckt

IMPERATIVE
entdeck(e)!/entdecken wir!/entdeckt!/entdecken Sie!

EXAMPLE PHRASES

Ich hoffe, er **wird** meine Fehler nicht **entdecken**. I hope he won't spot my mistakes.

Ich **würde** gern die spanische Küche **entdecken**. I'd like to discover Spanish cooking.

Die Raumfahrer **hatten** einen neuen Planeten **entdeckt**. The astronauts had discovered a new planet.

Fast **hätte** sie uns **entdeckt**. She almost spotted us.

ich = I du = you er = he/it sie = she/it es = it/he/she wir = we ihr = you sie = they Sie = you (polite)

erschrecken* (to be startled)
strong, inseparable, formed with sein

PRESENT

ich	erschrecke
du	erschrickst
er/sie/es	erschrickt
wir	erschrecken
ihr	erschreckt
sie/Sie	erschrecken

PRESENT SUBJUNCTIVE

ich	erschrecke
du	erschreckest
er/sie/es	erschrecke
wir	erschrecken
ihr	erschrecket
sie/Sie	erschrecken

PERFECT

ich	bin erschrocken
du	bist erschrocken
er/sie/es	ist erschrocken
wir	sind erschrocken
ihr	seid erschrocken
sie/Sie	sind erschrocken

IMPERFECT

ich	erschrak
du	erschrakst
er/sie/es	erschrak
wir	erschraken
ihr	erschrakt
sie/Sie	erschraken

PRESENT PARTICIPLE
erschreckend

PAST PARTICIPLE
erschrocken

Weak when means to frighten.

EXAMPLE PHRASES

Diese Vorstellung **erschreckt** mich. This prospect scares me.
Sie sagt, sie **erschrecke** leicht. She says she's easily frightened.
Ich **bin** schon bei dem Gedanken **erschrocken**. The mere thought frightened me.
Ich **erschrak**, wie schlecht er aussah. It gave me a shock to see how bad he
  looked.

---

ich = I du = you er = he/it sie = she/it es = it/he/she wir = we ihr = you sie = they Sie = you (polite)

erschrecken

FUTURE

ich	**werde erschrecken**
du	**wirst erschrecken**
er/sie/es	**wird erschrecken**
wir	**werden erschrecken**
ihr	**werdet erschrecken**
sie/Sie	**werden erschrecken**

CONDITIONAL

ich	**würde erschrecken**
du	**würdest erschrecken**
er/sie/es	**würde erschrecken**
wir	**würden erschrecken**
ihr	**würdet erschrecken**
sie/Sie	**würden erschrecken**

PLUPERFECT

ich	**war erschrocken**
du	**warst erschrocken**
er/sie/es	**war erschrocken**
wir	**waren erschrocken**
ihr	**wart erschrocken**
sie/Sie	**waren erschrocken**

PLUPERFECT SUBJUNCTIVE

ich	**wäre erschrocken**
du	**wär(e)st erschrocken**
er/sie/es	**wäre erschrocken**
wir	**wären erschrocken**
ihr	**wär(e)t erschrocken**
sie/Sie	**wären erschrocken**

IMPERATIVE
erschrick!/erschrecken wir!/erschreckt!/erschrecken Sie!

EXAMPLE PHRASES

Du **wirst erschrecken**, wenn ich dir das Ergebnis sage. You'll get a shock when I tell you the result.

Er **würde erschrecken**, wenn er das wüsste. He would get a shock if he knew.

Sie **war** bei dem Knall **erschrocken**. The bang had startled her.

Sie **wären** sicher **erschrocken**, wenn sie uns so gesehen hätten. They would certainly have got a shock if they had seen us like this.

ich = I **du** = you **er** = he/it **sie** = she/it **es** = it/he/she **wir** = we **ihr** = you **sie** = they **Sie** = you (polite)

erzählen (to tell)

weak, inseparable, *formed with* haben

PRESENT

ich	erzähle
du	erzählst
er/sie/es	erzählt
wir	erzählen
ihr	erzählt
sie/Sie	erzählen

PRESENT SUBJUNCTIVE

ich	erzähle
du	erzählest
er/sie/es	erzähle
wir	erzählen
ihr	erzählet
sie/Sie	erzählen

PERFECT

ich	habe erzählt
du	hast erzählt
er/sie/es	hat erzählt
wir	haben erzählt
ihr	habt erzählt
sie/Sie	haben erzählt

IMPERFECT

ich	erzählte
du	erzähltest
er/sie/es	erzählte
wir	erzählten
ihr	erzähltet
sie/Sie	erzählten

PRESENT PARTICIPLE

erzählend

PAST PARTICIPLE

erzählt

EXAMPLE PHRASES

Man **erzählt** sich, dass er Millionär ist. People say that he is a millionaire.

Er denkt, sie **erzähle** nur Lügen. He thinks all she tells is lies.

Er **hat** mir **erzählt**, dass er schon oft in dieser Pizzeria war. He told me that he has often been to this pizzeria.

Sie **erzählte** uns ihren Traum. She told us about her dream.

---

ich = I du = you er = he/it sie = she/it es = it/he/she wir = we ihr = you sie = they Sie = you (*polite*)

erzählen

FUTURE

ich	**werde erzählen**
du	**wirst erzählen**
er/sie/es	**wird erzählen**
wir	**werden erzählen**
ihr	**werdet erzählen**
sie/Sie	**werden erzählen**

CONDITIONAL

ich	**würde erzählen**
du	**würdest erzählen**
er/sie/es	**würde erzählen**
wir	**würden erzählen**
ihr	**würdet erzählen**
sie/Sie	**würden erzählen**

PLUPERFECT

ich	**hatte erzählt**
du	**hattest erzählt**
er/sie/es	**hatte erzählt**
wir	**hatten erzählt**
ihr	**hattet erzählt**
sie/Sie	**hatten erzählt**

PLUPERFECT SUBJUNCTIVE

ich	**hätte erzählt**
du	**hättest erzählt**
er/sie/es	**hätte erzählt**
wir	**hätten erzählt**
ihr	**hättet erzählt**
sie/Sie	**hätten erzählt**

IMPERATIVE

erzähl(et)!/erzählen wir!/erzählt!/erzählen Sie!

EXAMPLE PHRASES

Ihm **werde** ich was **erzählen**! I'll give him a piece of my mind!

Er **würde** mir immer alles **erzählen**. He would always tell me everything.

Sie **hatte** uns die ganze Geschichte **erzählt**. She had told us the whole story.

Es wäre besser, wenn wir es ihm **erzählt hätten**. It would have been better
   if we had told him.

essen (to eat)

strong, *formed with* haben

PRESENT

ich	**esse**
du	**isst**
er/sie/es	**isst**
wir	**essen**
ihr	**esst**
sie/Sie	**essen**

PRESENT SUBJUNCTIVE

ich	**esse**
du	**essest**
er/sie/es	**esse**
wir	**essen**
ihr	**esset**
sie/Sie	**essen**

PERFECT

ich	**habe gegessen**
du	**hast gegessen**
er/sie/es	**hat gegessen**
wir	**haben gegessen**
ihr	**habt gegessen**
sie/Sie	**haben gegessen**

IMPERFECT

ich	**aß**
du	**aßest**
er/sie/es	**aß**
wir	**aßen**
ihr	**aßt**
sie/Sie	**aßen**

PRESENT PARTICIPLE
essend

PAST PARTICIPLE
gegessen

EXAMPLE PHRASES

Ich **esse** kein Fleisch. I don't eat meat.
Er sagt, er **esse** kein Fleisch. He says he doesn't eat meat.
Wir **haben** nichts **gegessen**. We haven't had anything to eat.
Ich **aß** den ganzen Kuchen. I ate the whole cake.

---

ich = I du = you er = he/it sie = she/it es = it/he/she wir = we ihr = you sie = they Sie = you (polite)

essen

FUTURE

ich **werde essen**
du **wirst essen**
er/sie/es **wird essen**
wir **werden essen**
ihr **werdet essen**
sie/Sie **werden essen**

CONDITIONAL

ich **würde essen**
du **würdest essen**
er/sie/es **würde essen**
wir **würden essen**
ihr **würdet essen**
sie/Sie **würden essen**

PLUPERFECT

ich **hatte gegessen**
du **hattest gegessen**
er/sie/es **hatte gegessen**
wir **hatten gegessen**
ihr **hattet gegessen**
sie/Sie **hatten gegessen**

PLUPERFECT SUBJUNCTIVE

ich **hätte gegessen**
du **hättest gegessen**
er/sie/es **hätte gegessen**
wir **hätten gegessen**
ihr **hättet gegessen**
sie/Sie **hätten gegessen**

IMPERATIVE

iss!/essen wir!/esst!/essen Sie!

EXAMPLE PHRASES

Wirst du deinen Teller leer **essen**? Will you clear your plate?
Das **würde** nicht mal mein Hund **essen**. Not even my dog would eat that.
Wir **hatten** gerade **gegessen**, als sie kam. We had just finished our meal
   when she came.
Wenn ich das gewusst hätte, **hätten** wir früher **gegessen**. If I had known that,
   we would have eaten earlier.

fahren (to drive/to go)

strong, *formed with* haben/sein*

PRESENT

ich	**fahre**
du	**fährst**
er/sie/es	**fährt**
wir	**fahren**
ihr	**fahrt**
sie/Sie	**fahren**

PRESENT SUBJUNCTIVE

ich	**fahre**
du	**fahrest**
er/sie/es	**fahre**
wir	**fahren**
ihr	**fahret**
sie/Sie	**fahren**

PERFECT

ich	**bin gefahren**
du	**bist gefahren**
er/sie/es	**ist gefahren**
wir	**sind gefahren**
ihr	**seid gefahren**
sie/Sie	**sind gefahren**

IMPERFECT

ich	**fuhr**
du	**fuhrst**
er/sie/es	**fuhr**
wir	**fuhren**
ihr	**fuhrt**
sie/Sie	**fuhren**

PRESENT PARTICIPLE

fahrend

PAST PARTICIPLE

gefahren

When fahren is used with a direct object, it is formed with haben.

EXAMPLE PHRASES

In Deutschland **fährt** man rechts. In Germany they drive on the right.

Er sagt, er **fahre** nicht gern nach England. He says he doesn't like going to England.

Ich **bin** mit der Familie nach Spanien **gefahren**. I went to Spain with my family.

Sie **fuhren** mit dem Bus in die Schule. They went to school by bus.

---

ich = I **du** = you **er** = he/it **sie** = she/it **es** = it/he/she **wir** = we **ihr** = you **sie** = they **Sie** = you (polite)

fahren

FUTURE

ich	**werde fahren**
du	**wirst fahren**
er/sie/es	**wird fahren**
wir	**werden fahren**
ihr	**werdet fahren**
sie/Sie	**werden fahren**

CONDITIONAL

ich	**würde fahren**
du	**würdest fahren**
er/sie/es	**würde fahren**
wir	**würden fahren**
ihr	**würdet fahren**
sie/Sie	**würden fahren**

PLUPERFECT

ich	**war gefahren**
du	**warst gefahren**
er/sie/es	**war gefahren**
wir	**waren gefahren**
ihr	**wart gefahren**
sie/Sie	**waren gefahren**

PLUPERFECT SUBJUNCTIVE

ich	**wäre gefahren**
du	**wär(e)st gefahren**
er/sie/es	**wäre gefahren**
wir	**wären gefahren**
ihr	**wär(e)t gefahren**
sie/Sie	**wären gefahren**

IMPERATIVE

fahr(e)!/fahren wir!/fahrt!/fahren Sie!

EXAMPLE PHRASES

Ihr **werdet** morgen nach Köln **fahren**. You'll be going to Cologne tomorrow.
Wir **würden** gern in die Berge **fahren**. We would like to go to the mountains.
Wir **waren** fünf Stunden lang **gefahren**. We had been driving for five hours.
Sie **wäre** lieber mit ihm **gefahren**. She would have preferred to go with him.

ich = I **du** = you **er** = he/it **sie** = she/it **es** = it/he/she **wir** = we **ihr** = you **sie** = they **Sie** = you (polite)

fallen (to fall)

strong, *formed with* **sein**

PRESENT

ich	**falle**
du	**fällst**
er/sie/es	**fällt**
wir	**fallen**
ihr	**fallt**
sie/Sie	**fallen**

PRESENT SUBJUNCTIVE

ich	**falle**
du	**fallest**
er/sie/es	**falle**
wir	**fallen**
ihr	**fallet**
sie/Sie	**fallen**

PERFECT

ich	**bin gefallen**
du	**bist gefallen**
er/sie/es	**ist gefallen**
wir	**sind gefallen**
ihr	**seid gefallen**
sie/Sie	**sind gefallen**

IMPERFECT

ich	**fiel**
du	**fielst**
er/sie/es	**fiel**
wir	**fielen**
ihr	**fielt**
sie/Sie	**fielen**

PRESENT PARTICIPLE

fallend

PAST PARTICIPLE

gefallen

EXAMPLE PHRASES

Die Aktien **fallen** im Kurs. Share prices are falling.
Er meint, der Euro **falle** im Wert. He thinks the euro is going down in value.
Ich **bin** durch die Prüfung **gefallen**. I failed my exam.
Er **fiel** vom Fahrrad. He fell off his bike.

ich = I **du** = you **er** = he/it **sie** = she/it **es** = it/he/she **wir** = we **ihr** = you **sie** = they **Sie** = you *(polite)*

fallen

FUTURE

ich	**werde fallen**
du	**wirst fallen**
er/sie/es	**wird fallen**
wir	**werden fallen**
ihr	**werdet fallen**
sie/Sie	**werden fallen**

CONDITIONAL

ich	**würde fallen**
du	**würdest fallen**
er/sie/es	**würde fallen**
wir	**würden fallen**
ihr	**würdet fallen**
sie/Sie	**würden fallen**

PLUPERFECT

ich	**war gefallen**
du	**warst gefallen**
er/sie/es	**war gefallen**
wir	**waren gefallen**
ihr	**wart gefallen**
sie/Sie	**waren gefallen**

PLUPERFECT SUBJUNCTIVE

ich	**wäre gefallen**
du	**wär(e)st gefallen**
er/sie/es	**wäre gefallen**
wir	**wären gefallen**
ihr	**wär(e)t gefallen**
sie/Sie	**wären gefallen**

IMPERATIVE

fall(e)!/fallen wir!/fallt!/fallen Sie!

EXAMPLE PHRASES

Ihr **werdet** noch **fallen** und euch wehtun. You'll end up falling and hurting yourselves.

Ich **würde** Ihnen nicht gern ins Wort **fallen**. I wouldn't like to interrupt you.

Die Entscheidung **war** gestern **gefallen**. The decision had been made yesterday.

Sie **wäre** fast aus dem Fenster **gefallen**. She almost fell out of the window.

ich = I **du** = you **er** = he/it **sie** = she/it **es** = it/he/she **wir** = we **ihr** = you **sie** = they **Sie** = you (polite)

fangen (to catch)

strong, *formed* with **haben**

PRESENT

ich	**fange**
du	**fängst**
er/sie/es	**fängt**
wir	**fangen**
ihr	**fangt**
sie/Sie	**fangen**

PRESENT SUBJUNCTIVE

ich	**fange**
du	**fangest**
er/sie/es	**fange**
wir	**fangen**
ihr	**fanget**
sie/Sie	**fangen**

PERFECT

ich	**habe gefangen**
du	**hast gefangen**
er/sie/es	**hat gefangen**
wir	**haben gefangen**
ihr	**habt gefangen**
sie/Sie	**haben gefangen**

IMPERFECT

ich	**fing**
du	**fingst**
er/sie/es	**fing**
wir	**fingen**
ihr	**fingt**
sie/Sie	**fingen**

PRESENT PARTICIPLE

fangend

PAST PARTICIPLE

gefangen

EXAMPLE PHRASES

Die Katze **fängt** die Maus. The cat catches the mouse.

Er sagt, seine Katze **fange** keine Mäuse. He says his cat doesn't catch mice.

Die Polizei **hat** die Verbrecher **gefangen**. The police caught the criminals.

Ich **fing** den Ball. I caught the ball.

fangen

FUTURE

ich	**werde fangen**
du	**wirst fangen**
er/sie/es	**wird fangen**
wir	**werden fangen**
ihr	**werdet fangen**
sie/Sie	**werden fangen**

CONDITIONAL

ich	**würde fangen**
du	**würdest fangen**
er/sie/es	**würde fangen**
wir	**würden fangen**
ihr	**würdet fangen**
sie/Sie	**würden fangen**

PLUPERFECT

ich	**hatte gefangen**
du	**hattest gefangen**
er/sie/es	**hatte gefangen**
wir	**hatten gefangen**
ihr	**hattet gefangen**
sie/Sie	**hatten gefangen**

PLUPERFECT SUBJUNCTIVE

ich	**hätte gefangen**
du	**hättest gefangen**
er/sie/es	**hätte gefangen**
wir	**hätten gefangen**
ihr	**hättet gefangen**
sie/Sie	**hätten gefangen**

IMPERATIVE
fang(e)!/fangen wir!/fangt!/fangen Sie!

EXAMPLE PHRASES

In diesem Fluss **werden** wir nichts **fangen**. We won't catch anything in
this river.
Ich **würde** gern Fische **fangen**. I would like to catch fish.
Er **hatte** sich wieder **gefangen**. He had managed to steady himself.
Hättest du den Fisch **gefangen**? Would you have caught the fish?

ich = I **du** = you **er** = he/it **sie** = she/it **es** = it/he/she **wir** = we **ihr** = you **sie** = they **Sie** = you (polite)

finden (to find)

strong, *formed with* haben

PRESENT

ich	finde
du	findest
er/sie/es	findet
wir	finden
ihr	findet
sie/Sie	finden

PRESENT SUBJUNCTIVE

ich	finde
du	findest
er/sie/es	finde
wir	finden
ihr	findet
sie/Sie	finden

PERFECT

ich	habe gefunden
du	hast gefunden
er/sie/es	hat gefunden
wir	haben gefunden
ihr	habt gefunden
sie/Sie	haben gefunden

IMPERFECT

ich	fand
du	fand(e)st
er/sie/es	fand
wir	fanden
ihr	fandet
sie/Sie	fanden

PRESENT PARTICIPLE

findend

PAST PARTICIPLE

gefunden

EXAMPLE PHRASES

Ich **finde**, sie ist eine gute Lehrerin. I think she's a good teacher.
Sie sagt, sie **finde** ihn attraktiv. She says she finds him attractive.
Hast du deine Brieftasche **gefunden**? Have you found your wallet?
Er **fand** den Mut, sie zu fragen. He found the courage to ask her.

---

ich = I du = you er = he/it sie = she/it es = it/he/she wir = we ihr = you sie = they Sie = you (polite)

finden

FUTURE

ich	**werde** finden
du	**wirst** finden
er/sie/es	**wird** finden
wir	**werden** finden
ihr	**werdet** finden
sie/Sie	**werden** finden

CONDITIONAL

ich	**würde** finden
du	**würdest** finden
er/sie/es	**würde** finden
wir	**würden** finden
ihr	**würdet** finden
sie/Sie	**würden** finden

PLUPERFECT

ich	**hatte** gefunden
du	**hattest** gefunden
er/sie/es	**hatte** gefunden
wir	**hatten** gefunden
ihr	**hattet** gefunden
sie/Sie	**hatten** gefunden

PLUPERFECT SUBJUNCTIVE

ich	**hätte** gefunden
du	**hättest** gefunden
er/sie/es	**hätte** gefunden
wir	**hätten** gefunden
ihr	**hättet** gefunden
sie/Sie	**hätten** gefunden

IMPERATIVE
find(e)!/finden wir!/findet!/finden Sie!

EXAMPLE PHRASES

Wir **werden** dieses Dorf nie **finden**. We'll never find that village.

6000 Euro **würde** ich zu teuer **finden**. I would find 6000 euros too expensive.

Wir **hatten** nicht nach Hause **gefunden**. We hadn't been able to find our way home.

Dazu **hätte** ich nicht den Mut **gefunden**. I wouldn't have had the courage for it.

ich = I **du** = you **er** = he/it **sie** = she/it **es** = it/he/she **wir** = we **ihr** = you **sie** = they **Sie** = you (polite)

fliegen (to fly)

strong, *formed with* **haben/sein***

PRESENT

ich	**fliege**
du	**fliegst**
er/sie/es	**fliegen**
wir	**fliegen**
ihr	**fliegt**
sie/Sie	**fliegen**

PRESENT SUBJUNCTIVE

ich	**fliege**
du	**fliegest**
er/sie/es	**fliege**
wir	**fliegen**
ihr	**flieget**
sie/Sie	**fliegen**

PERFECT

ich	**habe geflogen**
du	**hast geflogen**
er/sie/es	**hat geflogen**
wir	**haben geflogen**
ihr	**habt geflogen**
sie/Sie	**haben geflogen**

IMPERFECT

ich	**flog**
du	**flogst**
er/sie/es	**flog**
wir	**flogen**
ihr	**flogt**
sie/Sie	**flogen**

PRESENT PARTICIPLE

fliegend

PAST PARTICIPLE

geflogen

*When fliegen is used with no direct object, it is formed with sein.

EXAMPLE PHRASES

Die Zeit **fliegt**. Time flies.

Sie sagt, sie **fliege** nicht gern. She says she doesn't like flying.

Hast du das Flugzeug selbst **geflogen**? Did you fly the plane yourself?

Wir **flogen** zusammen nach Spanien. We flew to Spain together.

fliegen

FUTURE

ich	**werde fliegen**
du	**wirst fliegen**
er/sie/es	**wird fliegen**
wir	**werden fliegen**
ihr	**werdet fliegen**
sie/Sie	**werden fliegen**

CONDITIONAL

ich	**würde fliegen**
du	**würdest fliegen**
er/sie/es	**würde fliegen**
wir	**würden fliegen**
ihr	**würdet fliegen**
sie/Sie	**würden fliegen**

PLUPERFECT

ich	**hatte geflogen**
du	**hattest geflogen**
er/sie/es	**hatte geflogen**
wir	**hatten geflogen**
ihr	**hattet geflogen**
sie/Sie	**hatten geflogen**

PLUPERFECT SUBJUNCTIVE

ich	**hätte geflogen**
du	**hättest geflogen**
er/sie/es	**hätte geflogen**
wir	**hätten geflogen**
ihr	**hättet geflogen**
sie/Sie	**hätten geflogen**

IMPERATIVE

flieg(e)!/fliegen wir!/fliegt!/fliegen Sie!

EXAMPLE PHRASES

Wir **werden** morgen in Urlaub **fliegen**. We'll fly on holiday tomorrow.

Es war, als **würde** ich **fliegen**. It was as if I was flying.

Wir **waren** drei Stunden lang **geflogen**. We had been flying for three hours.

Ich **wäre** lieber nach Teneriffa **geflogen**. I would have preferred to fly to Tenerife.

fliehen (to flee)

strong, *formed with* **haben/sein***

PRESENT

ich	**fliehe**
du	**fliehst**
er/sie/es	**flieht**
wir	**fliehen**
ihr	**flieht**
sie/Sie	**fliehen**

PRESENT SUBJUNCTIVE

ich	**fliehe**
du	**fliehest**
er/sie/es	**fliehe**
wir	**fliehen**
ihr	**fliehet**
sie/Sie	**fliehen**

PERFECT

ich	**bin geflohen**
du	**bist geflohen**
er/sie/es	**ist geflohen**
wir	**sind geflohen**
ihr	**seid geflohen**
sie/Sie	**sind geflohen**

IMPERFECT

ich	**floh**
du	**flohst**
er/sie/es	**floh**
wir	**flohen**
ihr	**floht**
sie/Sie	**flohen**

PRESENT PARTICIPLE
fliehend

PAST PARTICIPLE
geflohen

*When fliehen is used with a direct object, it is formed with haben.

EXAMPLE PHRASES

Warum **fliehst** du vor mir? Why are you running away from me?
Er glaubt, sie **fliehe** seine Gesellschaft. He thinks she is shunning his company.
Sie **sind** aus Afghanistan **geflohen**. They are refugees from Afghanistan.
Sie **floh** vor der Polizei. She fled from the police.

fliehen

FUTURE

ich	**werde fliehen**
du	**wirst fliehen**
er/sie/es	**wird fliehen**
wir	**werden fliehen**
ihr	**werdet fliehen**
sie/Sie	**werden fliehen**

CONDITIONAL

ich	**würde fliehen**
du	**würdest fliehen**
er/sie/es	**würde fliehen**
wir	**würden fliehen**
ihr	**würdet fliehen**
sie/Sie	**würden fliehen**

PLUPERFECT

ich	**war geflohen**
du	**warst geflohen**
er/sie/es	**war geflohen**
wir	**waren geflohen**
ihr	**wart geflohen**
sie/Sie	**waren geflohen**

PLUPERFECT SUBJUNCTIVE

ich	**wäre geflohen**
du	**wär(e)st geflohen**
er/sie/es	**wäre geflohen**
wir	**wären geflohen**
ihr	**wär(e)t geflohen**
sie/Sie	**wären geflohen**

IMPERATIVE
flieh(e)!/fliehen wir!/flieht!/fliehen Sie!

EXAMPLE PHRASES

Wenn die Gefahr zu groß wird, **wird** sie **fliehen**. If the danger becomes too great she will flee.

Wenn er könnte, **würde** er aus dem Gefängnis **fliehen**. If he could he would escape from prison.

Sie **waren** vor dem Krieg **geflohen**. They had fled from the war.

Wenn er **geflohen wäre**, würde er noch leben. If he had escaped he would still be alive.

ich = I du = you er = he/it sie = she/it es = it/he/she wir = we ihr = you sie = they Sie = you (polite)

fließen (to flow)

strong, *formed with* sein

PRESENT		PRESENT SUBJUNCTIVE	
ich	**fließe**	ich	**fließe**
du	**fließt**	du	**fließest**
er/sie/es	**fließt**	er/sie/es	**fließe**
wir	**fließen**	wir	**fließen**
ihr	**fließt**	ihr	**fließet**
sie/Sie	**fließen**	sie/Sie	**fließen**

PERFECT		IMPERFECT	
ich	**bin geflossen**	ich	**floss**
du	**bist geflossen**	du	**flossest**
er/sie/es	**ist geflossen**	er/sie/es	**floss**
wir	**sind geflossen**	wir	**flossen**
ihr	**seid geflossen**	ihr	**flosst**
sie/Sie	**sind geflossen**	sie/Sie	**flossen**

PRESENT PARTICIPLE	PAST PARTICIPLE
fließend	**geflossen**

EXAMPLE PHRASES

Welcher Fluss **fließt** durch Hamburg? Which river flows through Hamburg?

Er meint, das Wasser **fließe** zu langsam. He thinks the water is flowing too slowly.

Es **ist** genug Blut **geflossen**. Enough blood has been spilled.

Die Tränen **flossen** in Strömen. There were floods of tears.

---

ich = I du = you er = he/it sie = she/it es = it/he/she wir = we ihr = you sie = they Sie = you (*polite*)

fließen

FUTURE

ich	**werde fließen**
du	**wirst fließen**
er/sie/es	**wird fließen**
wir	**werden fließen**
ihr	**werdet fließen**
sie/Sie	**werden fließen**

CONDITIONAL

ich	**würde fließen**
du	**würdest fließen**
er/sie/es	**würde fließen**
wir	**würden fließen**
ihr	**würdet fließen**
sie/Sie	**würden fließen**

PLUPERFECT

ich	**war geflossen**
du	**warst geflossen**
er/sie/es	**war geflossen**
wir	**waren geflossen**
ihr	**wart geflossen**
sie/Sie	**waren geflossen**

PLUPERFECT SUBJUNCTIVE

ich	**wäre geflossen**
du	**wär(e)st geflossen**
er/sie/es	**wäre geflossen**
wir	**wären geflossen**
ihr	**wär(e)t geflossen**
sie/Sie	**wären geflossen**

IMPERATIVE

fließ(e)!/fließen wir!/fließt!/fließen Sie!

EXAMPLE PHRASES

Wohin **wird** dieses Geld **fließen**? Where will this money go?

Wenn sie wegginge, **würden** viele Tränen **fließen**. If she left there would
be many tears.

Der Schweiß **war** ihm von der Stirn **geflossen**. Sweat had been pouring off
his forehead.

Wenn er das gesagt hätte, **wäre** Blut **geflossen**. If he had said that there
would have been bloodshed.

frieren (to freeze)

strong, *formed with* haben/sein*

PRESENT

ich	**friere**
du	**frierst**
er/sie/es	**friert**
wir	**frieren**
ihr	**friert**
sie/Sie	**frieren**

PRESENT SUBJUNCTIVE

ich	**friere**
du	**frierest**
er/sie/es	**friere**
wir	**frieren**
ihr	**frieret**
sie/Sie	**frieren**

PERFECT

ich	**habe gefroren**
du	**hast gefroren**
er/sie/es	**hat gefroren**
wir	**haben gefroren**
ihr	**habt gefroren**
sie/Sie	**haben gefroren**

IMPERFECT

ich	**fror**
du	**frorst**
er/sie/es	**fror**
wir	**froren**
ihr	**frort**
sie/Sie	**froren**

PRESENT PARTICIPLE
frierend

PAST PARTICIPLE
gefroren

*When the meaning is to freeze over, frieren is formed with sein.

EXAMPLE PHRASES

Ich **friere**. I'm freezing.
Sie sagt, es **friere** sie. She says she's cold.
Letzte Nacht **hat** es **gefroren**. It was frosty last night.
Er **fror** stark. He was very cold.

ich = I du = you er = he/it sie = she/it es = it/he/she wir = we ihr = you sie = they Sie = you (polite)

frieren

FUTURE

ich	**werde frieren**
du	**wirst frieren**
er/sie/es	**wird frieren**
wir	**werden frieren**
ihr	**werdet frieren**
sie/Sie	**werden frieren**

CONDITIONAL

ich	**würde frieren**
du	**würdest frieren**
er/sie/es	**würde frieren**
wir	**würden frieren**
ihr	**würdet frieren**
sie/Sie	**würden frieren**

PLUPERFECT

ich	**hatte gefroren**
du	**hattest gefroren**
er/sie/es	**hatte gefroren**
wir	**hatten gefroren**
ihr	**hattet gefroren**
sie/Sie	**hatten gefroren**

PLUPERFECT SUBJUNCTIVE

ich	**hätte gefroren**
du	**hättest gefroren**
er/sie/es	**hätte gefroren**
wir	**hätten gefroren**
ihr	**hättet gefroren**
sie/Sie	**hätten gefroren**

IMPERATIVE
frier(e)!/frieren wir!/friert!/frieren Sie!

EXAMPLE PHRASES

Heute Nacht **wird** es bestimmt **frieren**. I'm sure temperatures will be below freezing tonight.

Ohne meinen Wintermantel **würde** ich **frieren**. I would be cold without my winter coat.

Ohne seinen Pullover **hatte** er sehr **gefroren**. He had been very cold without his jumper.

Bei minus zehn Grad **wäre** der ganze See **gefroren**. At minus ten degrees the whole lake would have frozen over.

ich = I **du** = you **er** = he/it **sie** = she/it **es** = it/he/she **wir** = we **ihr** = you **sie** = they **Sie** = you (polite)

geben (to give)

strong, *formed with* haben

PRESENT

ich	**gebe**
du	**gibst**
er/sie/es	**gibt**
wir	**geben**
ihr	**gebt**
sie/Sie	**geben**

PRESENT SUBJUNCTIVE

ich	**gebe**
du	**gebest**
er/sie/es	**gebe**
wir	**geben**
ihr	**gebet**
sie/Sie	**geben**

PERFECT

ich	**habe gegeben**
du	**hast gegeben**
er/sie/es	**hat gegeben**
wir	**haben gegeben**
ihr	**habt gegeben**
sie/Sie	**haben gegeben**

IMPERFECT

ich	**gab**
du	**gabst**
er/sie/es	**gab**
wir	**gaben**
ihr	**gabt**
sie/Sie	**gaben**

PRESENT PARTICIPLE
gebend

PAST PARTICIPLE
gegeben

EXAMPLE PHRASES

Was **gibt** es im Kino? What's on at the cinema?

Er sagt, er **gebe** Bettlern kein Geld. He says he won't give money to beggars.

Das **hat** mir wieder Selbstvertrauen **gegeben**. This has given me new
self-confidence.

Er **gab** mir das Geld für die Bücher. He gave me the money for the books.

---

ich = I du = you er = he/it sie = she/it es = it/he/she wir = we ihr = you sie = they Sie = you (polite)

geben

FUTURE

ich	**werde geben**
du	**wirst geben**
er/sie/es	**wird geben**
wir	**werden geben**
ihr	**werdet geben**
sie/Sie	**werden geben**

CONDITIONAL

ich	**würde geben**
du	**würdest geben**
er/sie/es	**würde geben**
wir	**würden geben**
ihr	**würdet geben**
sie/Sie	**würden geben**

PLUPERFECT

ich	**hatte gegeben**
du	**hattest gegeben**
er/sie/es	**hatte gegeben**
wir	**hatten gegeben**
ihr	**hattet gegeben**
sie/Sie	**hatten gegeben**

PLUPERFECT SUBJUNCTIVE

ich	**hätte gegeben**
du	**hättest gegeben**
er/sie/es	**hätte gegeben**
wir	**hätten gegeben**
ihr	**hättet gegeben**
sie/Sie	**hätten gegeben**

IMPERATIVE
gib!/geben wir!/gebt!/geben Sie!

EXAMPLE PHRASES

Das **wird** sich schon **geben**. That'll sort itself out.

Wir **würden** alles darum **geben**, ins Finale zu kommen. We would give anything to reach the finals.

Ich **hatte** das Buch seiner Mutter **gegeben**. I had given the book to his mother.

Wir **hätten** alles darum **gegeben**, ihn wiederzusehen. We would have given anything to see him again.

---

ich = I **du** = you **er** = he/it **sie** = she/it **es** = it/he/she **wir** = we **ihr** = you **sie** = they **Sie** = you (polite)

gehen (to go)

strong, *formed* with sein

PRESENT

ich	**gehe**
du	**gehst**
er/sie/es	**geht**
wir	**gehen**
ihr	**geht**
sie/Sie	**gehen**

PRESENT SUBJUNCTIVE

ich	**gehe**
du	**gehest**
er/sie/es	**gehe**
wir	**gehen**
ihr	**gehet**
sie/Sie	**gehen**

PERFECT

ich	**bin gegangen**
du	**bist gegangen**
er/sie/es	**ist gegangen**
wir	**sind gegangen**
ihr	**seid gegangen**
sie/Sie	**sind gegangen**

IMPERFECT

ich	**ging**
du	**gingst**
er/sie/es	**ging**
wir	**gingen**
ihr	**gingt**
sie/Sie	**gingen**

PRESENT PARTICIPLE

gehend

PAST PARTICIPLE

gegangen

EXAMPLE PHRASES

Wie **geht** es dir? How are you?
Er meint, das **ginge** zu weit. He thinks that would go too far.
Wir **sind** gestern schwimmen **gegangen**. We went swimming yesterday.
Die Kinder **gingen** ins Haus. The children went into the house.

ich = I du = you er = he/it sie = she/it es = it/he/she wir = we ihr = you sie = they Sie = you (*polite*)

gehen

FUTURE

ich	**werde gehen**
du	**wirst gehen**
er/sie/es	**wird gehen**
wir	**werden gehen**
ihr	**werdet gehen**
sie/Sie	**wwerden gehen**

CONDITIONAL

ich	**würde gehen**
du	**würdest gehen**
er/sie/es	**würde gehen**
wir	**würden gehen**
ihr	**würdet gehen**
sie/Sie	**würden gehen**

PLUPERFECT

ich	**war gegangen**
du	**warst gegangen**
er/sie/es	**war gegangen**
wir	**waren gegangen**
ihr	**wart gegangen**
sie/Sie	**waren gegangen**

PLUPERFECT SUBJUNCTIVE

ich	**wäre gegangen**
du	**wär(e)st gegangen**
er/sie/es	**wäre gegangen**
wir	**wären gegangen**
ihr	**wär(e)t gegangen**
sie/Sie	**wären gegangen**

IMPERATIVE
geh(e)!/gehen wir!/geht!/gehen Sie!

EXAMPLE PHRASES

Dabei **wird** es um sehr viel Geld **gehen**. A lot of money will be at stake here.

In diesen Kleidern **würde** ich nicht ins Theater **gehen**. I wouldn't go to the theatre in these clothes.

Wir **waren** durch den Wald **gegangen**. We had gone through the wood.

Ohne Schirm **wäre** ich nicht aus dem Haus **gegangen**. I wouldn't have left the house without an umbrella.

ich = I **du** = you **er** = he/it **sie** = she/it **es** = it/he/she **wir** = we **ihr** = you **sie** = they **Sie** = you (polite)

gehorchen (to obey) weak, inseparable, *formed with* haben

PRESENT		PRESENT SUBJUNCTIVE	
ich	gehorche	ich	gehorche
du	gehorchst	du	gehorchest
er/sie/es	gehorcht	er/sie/es	gehorche
wir	gehorchen	wir	gehorchen
ihr	gehorcht	ihr	gehorchet
sie/Sie	gehorchen	sie/Sie	gehorchen

PERFECT		IMPERFECT	
ich	habe gehorcht	ich	gehorchte
du	hast gehorcht	du	gehorchtest
er/sie/es	hat gehorcht	er/sie/es	gehorchte
wir	haben gehorcht	wir	gehorchten
ihr	habt gehorcht	ihr	gehorchtet
sie/Sie	haben gehorcht	sie/Sie	gehorchten

PRESENT PARTICIPLE
gehorchend

PAST PARTICIPLE
gehorcht

EXAMPLE PHRASES

Der Hund **gehorcht** mir nicht. That dog is disobedient.

Er sagt, sein Sohn **gehorche** ihm nicht. He says his son is disobedient.

Meine Schwester **hat** meinen Eltern überhaupt nicht **gehorcht**. My sister didn't obey my parents at all.

Er **gehorchte** seiner Mutter. He obeyed his mother.

ich = I **du** = you **er** = he/it **sie** = she/it **es** = it/he/she **wir** = we **ihr** = you **sie** = they **Sie** = you (*polite*)

gehorchen

FUTURE

ich	**werde gehorchen**
du	**wirst gehorchen**
er/sie/es	**wird gehorchen**
wir	**werden gehorchen**
ihr	**werdet gehorchen**
sie/Sie	**werden gehorchen**

CONDITIONAL

ich	**würde gehorchen**
du	**würdest gehorchen**
er/sie/es	**würde gehorchen**
wir	**würden gehorchen**
ihr	**würdet gehorchen**
sie/Sie	**würden gehorchen**

PLUPERFECT

ich	**hatte gehorcht**
du	**hattest gehorcht**
er/sie/es	**hatte gehorcht**
wir	**hatten gehorcht**
ihr	**hattet gehorcht**
sie/Sie	**hatten gehorcht**

PLUPERFECT SUBJUNCTIVE

ich	**hätte gehorcht**
du	**hättest gehorcht**
er/sie/es	**hätte gehorcht**
wir	**hätten gehorcht**
ihr	**hättet gehorcht**
sie/Sie	**hätten gehorcht**

IMPERATIVE
gehorch(e)!/gehorchen wir!/gehorcht!/gehorchen Sie!

EXAMPLE PHRASES

Ich hoffe, das Auto **wird** mir heute **gehorchen**. I hope the car will behave today.

Wenn ich strenger mit ihm wäre, **würde** er mir besser **gehorchen**. If I was stricter with him he would be more obedient.

Ich **hatte** meinem Vater immer **gehorcht**. I had always obeyed my father.

Ich **hätte** meinem Chef in dieser Frage nicht **gehorcht**. I would have gone against my boss in this matter.

ich = I **du** = you **er** = he/it **sie** = she/it **es** = it/he/she **wir** = we **ihr** = you **sie** = they **Sie** = you (*polite*)

genießen (to enjoy) strong, inseparable, *formed with* haben

PRESENT

ich	genieße
du	genießt
er/sie/es	genießt
wir	genießen
ihr	genießt
sie/Sie	genießen

PRESENT SUBJUNCTIVE

ich	genieße
du	genießest
er/sie/es	genieße
wir	genießen
ihr	genießet
sie/Sie	genießen

PERFECT

ich	habe genossen
du	hast genossen
er/sie/es	hat genossen
wir	haben genossen
ihr	habt genossen
sie/Sie	haben genossen

IMPERFECT

ich	genoss
du	genossest
er/sie/es	genoss
wir	genossen
ihr	genosst
sie/Sie	genossen

PRESENT PARTICIPLE
genießend

PAST PARTICIPLE
genossen

EXAMPLE PHRASES

Ich **genieße** meine Freizeit. I'm enjoying my spare time.

Sie sagt, sie **genieße** das Leben. She says she's enjoying life.

Wir **haben** die Ferien **genossen**. We enjoyed our holidays.

Er **genoss** ein Glas Wein. He enjoyed a glass of wine.

---

ich = I **du** = you **er** = he/it **sie** = she/it **es** = it/he/she **wir** = we **ihr** = you **sie** = they **Sie** = you (*polite*)

genießen

FUTURE

ich	**werde genießen**
du	**wirst genießen**
er/sie/es	**wird genießen**
wir	**werden genießen**
ihr	**werdet genießen**
sie/Sie	**werden genießen**

CONDITIONAL

ich	**würde genießen**
du	**würdest genießen**
er/sie/es	**würde genießen**
wir	**würden genießen**
ihr	**würdet genießen**
sie/Sie	**würden genießen**

PLUPERFECT

ich	**hatte genossen**
du	**hattest genossen**
er/sie/es	**hatte genossen**
wir	**hatten genossen**
ihr	**hattet genossen**
sie/Sie	**hatten genossen**

PLUPERFECT SUBJUNCTIVE

ich	**hätte genossen**
du	**hättest genossen**
er/sie/es	**hätte genossen**
wir	**hätten genossen**
ihr	**hättet genossen**
sie/Sie	**hätten genossen**

IMPERATIVE

genieß(e)!/genießen wir!/genießt!/genießen Sie!

EXAMPLE PHRASES

Diese Prüfung **werde** ich nicht **genießen**. I won't enjoy this test.

Ich **würde** mein Leben gern **genießen**. I'd like to enjoy my life.

Ich **hatte** das Wochenende in Paris **genossen**. I had enjoyed the weekend in Paris.

Ich **hätte** den Urlaub besser **genossen**, wenn du dabei gewesen wärst. I would have enjoyed the holiday more if you had been with me.

ich = I **du** = you **er** = he/it **sie** = she/it **es** = it/he/she **wir** = we **ihr** = you **sie** = they **Sie** = you (polite)

gewinnen (to win) strong, inseparable, *formed with* haben

PRESENT

ich **gewinne**
du **gewinnst**
er/sie/es **gewinnt**
wir **gewinnen**
ihr **gewinnt**
sie/Sie **gewinnen**

PRESENT SUBJUNCTIVE

ich **gewinne**
du **gewinnest**
er/sie/es **gewinne**
wir **gewinnen**
ihr **gewinnet**
sie/Sie **gewinnen**

PERFECT

ich **habe gewonnen**
du **hast gewonnen**
er/sie/es **hat gewonnen**
wir **haben gewonnen**
ihr **habt gewonnen**
sie/Sie **haben gewonnen**

IMPERFECT

ich **gewann**
du **gewannst**
er/sie/es **gewann**
wir **gewannen**
ihr **gewannt**
sie/Sie **gewannen**

PRESENT PARTICIPLE
gewinnend

PAST PARTICIPLE
gewonnen

EXAMPLE PHRASES

Er **gewinnt** immer beim Kartenspielen. He always wins at cards.
Er sagt, seine Mannschaft **gewinne** alle Spiele. He says his team wins all
    the matches.
Er **hat** den ersten Preis **gewonnen**. He won first prize.
Das Flugzeug **gewann** an Höhe. The plane gained in altitude.

---

ich = I **du** = you **er** = he/it **sie** = she/it **es** = it/he/she **wir** = we **ihr** = you **sie** = they **Sie** = you (polite)

gewinnen

FUTURE

ich	**werde gewinnen**
du	**wirst gewinnen**
er/sie/es	**wird gewinnen**
wir	**werden gewinnen**
ihr	**werdet gewinnen**
sie/Sie	**werden gewinnen**

CONDITIONAL

ich	**würde gewinnen**
du	**würdest gewinnen**
er/sie/es	**würde gewinnen**
wir	**würden gewinnen**
ihr	**würdet gewinnen**
sie/Sie	**würden gewinnen**

PLUPERFECT

ich	**hatte gewonnen**
du	**hattest gewonnen**
er/sie/es	**hatte gewonnen**
wir	**hatten gewonnen**
ihr	**hattet gewonnen**
sie/Sie	**hatten gewonnen**

PLUPERFECT SUBJUNCTIVE

ich	**hätte gewonnen**
du	**hättest gewonnen**
er/sie/es	**hätte gewonnen**
wir	**hätten gewonnen**
ihr	**hättet gewonnen**
sie/Sie	**hätten gewonnen**

IMPERATIVE

gewinn(e)!/gewinnen wir!/gewinnt!/gewinnen Sie!

EXAMPLE PHRASES

Gegen ihn **werden** wir niemals **gewinnen**. We'll never win against him.

Am liebsten **würde** ich im Lotto **gewinnen**. What I'd love most is to win the lottery.

Ich **hatte** ihn zum Freund **gewonnen**. I had won him as a friend.

Hättest du **gewonnen**, wärest du jetzt reich. If you had won you would be rich now.

ich = I du = you er = he/it sie = she/it es = it/he/she wir = we ihr = you sie = they Sie = you (polite)

gießen (to pour)

strong, *formed with* haben

PRESENT

ich	**gieße**
du	**gießt**
er/sie/es	**gießt**
wir	**gießen**
ihr	**gießt**
sie/Sie	**gießen**

PRESENT SUBJUNCTIVE

ich	**gieße**
du	**gießest**
er/sie/es	**gieße**
wir	**gießen**
ihr	**gießet**
sie/Sie	**gießen**

PERFECT

ich	**habe gegossen**
du	**hast gegossen**
er/sie/es	**hat gegossen**
wir	**haben gegossen**
ihr	**habt gegossen**
sie/Sie	**haben gegossen**

IMPERFECT

ich	**goss**
du	**gossest**
er/sie/es	**goss**
wir	**gossen**
ihr	**gosst**
sie/Sie	**gossen**

PRESENT PARTICIPLE
gießend

PAST PARTICIPLE
gegossen

EXAMPLE PHRASES

Sie **gießt** den Garten. She is watering the garden.
Sie sagt, es **gieße** draußen. She says it's pouring outside.
Ich **habe** das Glas voll **gegossen**. I filled the glass up.
Er **goss** mir Wasser über den Kopf. He poured water over my head.

---

ich = I du = you er = he/it sie = she/it es = it/he/she wir = we ihr = you sie = they Sie = you (polite)

gießen

FUTURE

ich	**werde gießen**
du	**wirst gießen**
er/sie/es	**wird gießen**
wir	**werden gießen**
ihr	**werdet gießen**
sie/Sie	**werden gießen**

CONDITIONAL

ich	**würde gießen**
du	**würdest gießen**
er/sie/es	**würde gießen**
wir	**würden gießen**
ihr	**würdet gießen**
sie/Sie	**würden gießen**

PLUPERFECT

ich	**hatte gegossen**
du	**hattest gegossen**
er/sie/es	**hatte gegossen**
wir	**hatten gegossen**
ihr	**hattet gegossen**
sie/Sie	**hatten gegossen**

PLUPERFECT SUBJUNCTIVE

ich	**hätte gegossen**
du	**hättest gegossen**
er/sie/es	**hätte gegossen**
wir	**hätten gegossen**
ihr	**hättet gegossen**
sie/Sie	**hätten gegossen**

IMPERATIVE
gieß(e)!/gießen wir!/gießt!/gießen Sie!

EXAMPLE PHRASES

Ich **werde** gleich die Rosen **gießen**. I'll water the roses in a moment.

An deiner Stelle **würde** ich die Blumen nicht so oft **gießen**. If I were you I wouldn't water the flowers so often.

Dienstag **hatte** es in Strömen **gegossen**. On Tuesday it had been bucketing down.

Ich **hätte** besser die Pflanzen **gegossen**. I should have watered the plants.

ich = I **du** = you **er** = he/it **sie** = she/it **es** = it/he/she **wir** = we **ihr** = you **sie** = they **Sie** = you (polite)

graben (to dig)

strong, *formed with* haben

PRESENT

ich	grabe
du	gräbst
er/sie/es	gräbt
wir	graben
ihr	grabt
sie/Sie	graben

PRESENT SUBJUNCTIVE

ich	grabe
du	grabest
er/sie/es	grabe
wir	graben
ihr	grabet
sie/Sie	graben

PERFECT

ich	habe gegraben
du	hast gegraben
er/sie/es	hat gegraben
wir	haben gegraben
ihr	habt gegraben
sie/Sie	haben gegraben

IMPERFECT

ich	grub
du	grubst
er/sie/es	grub
wir	gruben
ihr	grubt
sie/Sie	gruben

PRESENT PARTICIPLE

grabend

PAST PARTICIPLE

gegraben

EXAMPLE PHRASES

Er **gräbt** ein Loch. He is digging a hole.

Er sagt, er **grabe** in Alaska nach Gold. He says he digs for gold in Alaska.

Der Fluss **hat** sich in den Fels **gegraben**. The river has eaten its way into the rock.

Der Archäologe **grub** nach antiken Schätzen. The archaeologist was digging for antique treasures.

---

ich = I du = you er = he/it sie = she/it es = it/he/she wir = we ihr = you sie = they Sie = you *(polite)*

graben

FUTURE

ich	werde graben
du	wirst graben
er/sie/es	wird graben
wir	werden graben
ihr	werdet graben
sie/Sie	werden graben

CONDITIONAL

ich	würde graben
du	würdest graben
er/sie/es	würde graben
wir	würden graben
ihr	würdet graben
sie/Sie	würden graben

PLUPERFECT

ich	hatte gegraben
du	hattest gegraben
er/sie/es	hatte gegraben
wir	hatten gegraben
ihr	hattet gegraben
sie/Sie	hatten gegraben

PLUPERFECT SUBJUNCTIVE

ich	hätte gegraben
du	hättest gegraben
er/sie/es	hätte gegraben
wir	hätten gegraben
ihr	hättet gegraben
sie/Sie	hätten gegraben

IMPERATIVE

grab(e)!/graben wir!/grabt!/graben Sie!

EXAMPLE PHRASES

Wir **werden** uns durch diese Probleme **graben**. We'll work our way through these problems.

Ich **würde** nicht in seiner Vergangenheit **graben**. I wouldn't dig around in his past.

Das **hatte** sich mir ins Gedächtnis **gegraben**. It had imprinted itself on my memory.

Wir **hätten** gern ein tieferes Loch **gegraben**. We would have liked to dig a deeper hole.

ich = I **du** = you **er** = he/it **sie** = she/it **es** = it/he/she **wir** = we **ihr** = you **sie** = they **Sie** = you (polite)

greifen (to take hold of, seize) strong, *formed* with haben

PRESENT

ich	greife
du	greifst
er/sie/es	greift
wir	greifen
ihr	greift
sie/Sie	greifen

PRESENT SUBJUNCTIVE

ich	greife
du	greifest
er/sie/es	greife
wir	greifen
ihr	greifet
sie/Sie	greifen

PERFECT

ich	habe gegriffen
du	hast gegriffen
er/sie/es	hat gegriffen
wir	haben gegriffen
ihr	habt gegriffen
sie/Sie	haben gegriffen

IMPERFECT

ich	griff
du	griffst
er/sie/es	griff
wir	griffen
ihr	grifft
sie/Sie	griffen

PRESENT PARTICIPLE

griefend

PAST PARTICIPLE

gegriffen

EXAMPLE PHRASES

Die Geschichte **greift** ans Herz. The story pulls at one's heartstrings.

Sie sagt, sie **greife** nicht gern zu diesen Mitteln. She says she doesn't like to resort to these measures.

Er **hat** zum Äußersten **gegriffen**. He has resorted to extremes.

Er **griff** das Buch. He grabbed the book.

---

ich = I du = you er = he/it sie = she/it es = it/he/she wir = we ihr = you sie = they Sie = you (polite)

greifen

FUTURE

ich	**werde greifen**
du	**wirst greifen**
er/sie/es	**wird greifen**
wir	**werden greifen**
ihr	**werdet greifen**
sie/Sie	**werden greifen**

CONDITIONAL

ich	**würde greifen**
du	**würdest greifen**
er/sie/es	**würde greifen**
wir	**würden greifen**
ihr	**würdet greifen**
sie/Sie	**würden greifen**

PLUPERFECT

ich	**hatte gegriffen**
du	**hattest gegriffen**
er/sie/es	**hatte gegriffen**
wir	**hatten gegriffen**
ihr	**hattet gegriffen**
sie/Sie	**hatten gegriffen**

PLUPERFECT SUBJUNCTIVE

ich	**hätte gegriffen**
du	**hättest gegriffen**
er/sie/es	**hätte gegriffen**
wir	**hätten gegriffen**
ihr	**hättet gegriffen**
sie/Sie	**hätten gegriffen**

IMPERATIVE
greif(e)!/greifen wir!/greift!/greifen Sie!

EXAMPLE PHRASES

Der Staat **wird** uns tief in die Tasche **greifen**. The state will be asking us to dig deep.

Wenn ich könnte, **würde** ich nach den Sternen **greifen**. If I could I would reach for the stars.

Er **hatte** wieder zur Flasche **gegriffen**. He had taken to the bottle again.

In dieser Situation **hätte** ich zur Pistole **gegriffen**. In that situation I would have reached for my gun.

ich = I **du** = you **er** = he/it **sie** = she/it **es** = it/he/she **wir** = we **ihr** = you **sie** = they **Sie** = you (polite)

grüßen (to greet)

weak, *formed with* haben

PRESENT

ich	grüße
du	grüßt
er/sie/es	grüßt
wir	grüßen
ihr	grüßt
sie/Sie	grüßen

PRESENT SUBJUNCTIVE

ich	grüße
du	grüßest
er/sie/es	grüße
wir	grüßen
ihr	grüßet
sie/Sie	grüßen

PERFECT

ich	habe gegrüßt
du	hast gegrüßt
er/sie/es	hat gegrüßt
wir	haben gegrüßt
ihr	habt gegrüßt
sie/Sie	haben gegrüßt

IMPERFECT

ich	grüßte
du	grüßtest
er/sie/es	grüßte
wir	grüßten
ihr	grüßtet
sie/Sie	grüßten

PRESENT PARTICIPLE

grüßend

PAST PARTICIPLE

gegrüßt

EXAMPLE PHRASES

Unsere Nachbarin **grüßt** uns jeden Morgen. Our neighbour greets us every morning.

Er sagt, er **grüße** sie nicht einmal. He says he doesn't even say hello to her.

Er **hat** mich nicht **gegrüßt**. He didn't say hello to me.

Sie **grüßte** mich mit einem Lächeln. She greeted me with a smile.

ich = I   du = you   er = he/it   sie = she/it   es = it/he/she   wir = we   ihr = you   sie = they   Sie = you (polite)

grüßen

FUTURE

ich	**werde grüßen**
du	**wirst grüßen**
er/sie/es	**wird grüßen**
wir	**werden grüßen**
ihr	**werdet grüßen**
sie/Sie	**werden grüßen**

CONDITIONAL

ich	**würde grüßen**
du	**würdest grüßen**
er/sie/es	**würde grüßen**
wir	**würden grüßen**
ihr	**würdet grüßen**
sie/Sie	**würden grüßen**

PLUPERFECT

ich	**hatte gegrüßt**
du	**hattest gegrüßt**
er/sie/es	**hatte gegrüßt**
wir	**hatten gegrüßt**
ihr	**hattet gegrüßt**
sie/Sie	**hatten gegrüßt**

PLUPERFECT SUBJUNCTIVE

ich	**hätte gegrüßt**
du	**hättest gegrüßt**
er/sie/es	**hätte gegrüßt**
wir	**hätten gegrüßt**
ihr	**hättet gegrüßt**
sie/Sie	**hätten gegrüßt**

IMPERATIVE

grüß(e)!/grüßen wir!/grüßt!/grüßen Sie!

EXAMPLE PHRASES

In Österreich **werden** uns die Berge **grüßen**. In Austria we will be greeted by the mountains.

Solche Nachbarn **würde** ich nicht **grüßen**. I wouldn't say hello to neighbours like that.

Er **hatte** mich auf der Straße **gegrüßt**. He had greeted me in the street.

Sie **hätte** dich gegrüßt, wenn sie dich erkannt hätte. She would have said hello if she had recognized you.

ich = I du = you er = he/it sie = she/it es = it/he/she wir = we ihr = you sie = they Sie = you (politc)

haben (to have)

strong, *formed with* haben

PRESENT

ich	habe
du	hast
er/sie/es	hat
wir	haben
ihr	habt
sie/Sie	haben

PRESENT SUBJUNCTIVE

ich	habe
du	habest
er/sie/es	habe
wir	haben
ihr	habet
sie/Sie	haben

PERFECT

ich	habe gehabt
du	hast gehabt
er/sie/es	hat gehabt
wir	haben gehabt
ihr	habt gehabt
sie/Sie	haben gehabt

IMPERFECT

ich	hatte
du	hattest
er/sie/es	hatte
wir	hatten
ihr	hattet
sie/Sie	hatten

PRESENT PARTICIPLE

habend

PAST PARTICIPLE

gehabt

EXAMPLE PHRASES

Hast du eine Schwester? Have you got a sister?

Er sagt, er **habe** keine Zeit. He says he has no time

Sie **hat** letzte Woche Geburtstag **gehabt**. Her birthday was last week.

Er **hatte** Hunger. He was hungry.

---

ich = I du = you er = he/it sie = she/it es = it/he/she wir = we ihr = you sie = they Sie = you (polite)

haben

FUTURE

ich	**werde haben**
du	**wirst haben**
er/sie/es	**wird haben**
wir	**werden haben**
ihr	**werdet haben**
sie/Sie	**werden haben**

CONDITIONAL

ich	**würde haben**
du	**würdest haben**
er/sie/es	**würde haben**
wir	**würden haben**
ihr	**würdet haben**
sie/Sie	**würden haben**

PLUPERFECT

ich	**hatte gehabt**
du	**hattest gehabt**
er/sie/es	**hatte gehabt**
wir	**hatten gehabt**
ihr	**hattet gehabt**
sie/Sie	**hatten gehabt**

PLUPERFECT SUBJUNCTIVE

ich	**hätte gehabt**
du	**hättest gehabt**
er/sie/es	**hätte gehabt**
wir	**hätten gehabt**
ihr	**hättet gehabt**
sie/Sie	**hätten gehabt**

IMPERATIVE
hab(e)!/haben wir!/habt!/haben Sie!

EXAMPLE PHRASES

Diese Gelegenheit **werden** wir nie wieder **haben**. We'll never have this opportunity again.

Ich **würde** gern viel Geld **haben**. I'd like to have a lot of money.

Davor **hatten** wir immer Angst **gehabt**. We had always been afraid of that.

Er **hätte** sie gern zur Freundin **gehabt**. He would have liked her to be his girlfriend.

ich = I du = you er = he/it sie = she/it es = it/he/she wir = we ihr = you sie = they Sie = you (polite)

halten (to hold)

strong, *formed with* haben

PRESENT

ich	halte
du	hältst
er/sie/es	hält
wir	halten
ihr	haltet
sie/Sie	halten

PRESENT SUBJUNCTIVE

ich	halte
du	haltest
er/sie/es	halte
wir	halten
ihr	haltet
sie/Sie	halten

PERFECT

ich	habe gehalten
du	hast gehalten
er/sie/es	hat gehalten
wir	haben gehalten
ihr	habt gehalten
sie/Sie	haben gehalten

IMPERFECT

ich	hielt
du	hielt(e)st
er/sie/es	hielt
wir	hielten
ihr	hieltet
sie/Sie	hielten

PRESENT PARTICIPLE

haltend

PAST PARTICIPLE

gehalten

EXAMPLE PHRASES

Hältst du das mal für mich? Can you hold that for me?

Sie sagt, sie **halte** nicht viel von diesem Vorschlag. She says she doesn't think much of this suggestion.

Ich **habe** sie für deine Mutter **gehalten**. I took her for your mother.

Der Bus **hielt** vor dem Rathaus. The bus stopped in front of the town hall.

---

ich = I du = you er = he/it sie = she/it es = it/he/she wir = we ihr = you sie = they Sie = you (polite)

halten

FUTURE

ich	**werde halten**
du	**wirst halten**
er/sie/es	**wird halten**
wir	**werden halten**
ihr	**werdet halten**
sie/Sie	**werden halten**

CONDITIONAL

ich	**würde halten**
du	**würdest halten**
er/sie/es	**würde halten**
wir	**würden halten**
ihr	**würdet halten**
sie/Sie	**würden halten**

PLUPERFECT

ich	**hatte gehalten**
du	**hattest gehalten**
er/sie/es	**hatte gehalten**
wir	**hatten gehalten**
ihr	**hattet gehalten**
sie/Sie	**hatten gehalten**

PLUPERFECT SUBJUNCTIVE

ich	**hätte gehalten**
du	**hättest gehalten**
er/sie/es	**hätte gehalten**
wir	**hätten gehalten**
ihr	**hättet gehalten**
sie/Sie	**hätten gehalten**

IMPERATIVE

halt(e)!/halten wir!/haltet!/halten Sie!

EXAMPLE PHRASES

Sie **werden** das Land besetzt **halten**. They will keep the country under occupation.

Ich **würde** mich an diese Methode **halten**. I would stick with that method.

Ich **hatte** ihn für ehrlicher **gehalten**. I had thought him to be more honest.

Das **hätte** ich nie für möglich **gehalten**. I would never have thought it possible.

ich = I du = you er = he/it sie = she/it es = it/he/she wir = we ihr = you sie = they Sie = you (polite)

handeln (to trade; to act)   weak, *formed with* haben

PRESENT
ich	handle
du	handelst
er/sie/es	handelt
wir	handeln
ihr	handelt
sie/Sie	handeln

PRESENT SUBJUNCTIVE
ich	handle
du	handlest
er/sie/es	handle
wir	handlen
ihr	handlet
sie/Sie	handlen

PERFECT
ich	habe gehandelt
du	hast gehandelt
er/sie/es	hat gehandelt
wir	haben gehandelt
ihr	habt gehandelt
sie/Sie	haben gehandelt

IMPERFECT
ich	handelte
du	handeltest
er/sie/es	handelte
wir	handelten
ihr	handeltet
sie/Sie	handelten

PRESENT PARTICIPLE
handelnd

PAST PARTICIPLE
gehandelt

EXAMPLE PHRASES

Die Geschichte **handelt** von einem alten Mann. The story is about an old man.

Er sagt, der Roman **handle** von einem Bankraub. He says the novel is about a bank robbery.

Er **hat** früher in Gebrauchtwagen **gehandelt**. He used to deal in used cars.

Die Polizei **handelte** schnell. The police acted quickly.

---

ich = I **du** = you **er** = he/it **sie** = she/it **es** = it/he/she **wir** = we **ihr** = you **sie** = they **Sie** = you (*polite*)

handeln

FUTURE

ich	**werde handeln**
du	**wirst handeln**
er/sie/es	**wird handeln**
wir	**werden handeln**
ihr	**werdet handeln**
sie/Sie	**werden handeln**

CONDITIONAL

ich	**würde handeln**
du	**würdest handeln**
er/sie/es	**würde handeln**
wir	**würden handeln**
ihr	**würdet handeln**
sie/Sie	**würden handeln**

PLUPERFECT

ich	**hatte gehandelt**
du	**hattest gehandelt**
er/sie/es	**hatte gehandelt**
wir	**hatten gehandelt**
ihr	**hattet gehandelt**
sie/Sie	**hatten gehandelt**

PLUPERFECT SUBJUNCTIVE

ich	**hätte gehandelt**
du	**hättest gehandelt**
er/sie/es	**hätte gehandelt**
wir	**hätten gehandelt**
ihr	**hättet gehandelt**
sie/Sie	**hätten gehandelt**

IMPERATIVE

handle!/handeln wir!/handelt!/handeln Sie!

EXAMPLE PHRASES

Wir **werden** sofort **handeln**. We will act at once.
Er **würde** nie mit Drogen **handeln**. He would never deal in drugs.
Es **hatte** sich ums Überleben **gehandelt**. It had been a question of survival.
Ich **hätte** gern mit ihm über den Preis **gehandelt**. I would have liked to
   bargain with him over the price.

ich = I du = you er = he/it sie = she/it es = it/he/she wir = we ihr = you sie = they Sie = you (*polite*)

hängen* (to hang)

strong, *formed with* **haben**

PRESENT

ich	**hänge**
du	**hängst**
er/sie/es	**hängt**
wir	**hängen**
ihr	**hängt**
sie/Sie	**hängen**

PRESENT SUBJUNCTIVE

ich	**hänge**
du	**hängest**
er/sie/es	**hänge**
wir	**hängen**
ihr	**hänget**
sie/Sie	**hängen**

PERFECT

ich	**habe gehangen**
du	**hast gehangen**
er/sie/es	**hat gehangen**
wir	**haben gehangen**
ihr	**habt gehangen**
sie/Sie	**haben gehangen**

IMPERFECT

ich	**hing**
du	**hingst**
er/sie/es	**hing**
wir	**hingen**
ihr	**hingt**
sie/Sie	**hingen**

PRESENT PARTICIPLE

hängend

PAST PARTICIPLE

gehangen

Conjugated as a weak verb when it has a direct object.

EXAMPLE PHRASES

Er **hängt** an seinem Beruf. He loves his job.

Sie sagt, sie **hänge** sehr an ihm. She says she's very attached to him.

Sie **hat** schon immer an ihrem Vater **gehangen**. She has always been attached to her father.

Das Bild **hing** an der Wand. The picture was hanging on the wall.

hängen

FUTURE

ich	**werde hängen**
du	**wirst hängen**
er/sie/es	**wird hängen**
wir	**werden hängen**
ihr	**werdet hängen**
sie/Sie	**werden hängen**

CONDITIONAL

ich	**würde hängen**
du	**würdest hängen**
er/sie/es	**würde hängen**
wir	**würden hängen**
ihr	**würdet hängen**
sie/Sie	**würden hängen**

PLUPERFECT

ich	**hatte gehangen**
du	**hattest gehangen**
er/sie/es	**hatte gehangen**
wir	**hatten gehangen**
ihr	**hattet gehangen**
sie/Sie	**hatten gehangen**

PLUPERFECT SUBJUNCTIVE

ich	**hätte gehangen**
du	**hättest gehangen**
er/sie/es	**hätte gehangen**
wir	**hätten gehangen**
ihr	**hättet gehange**
sie/Sie	**hätten gehangen**

IMPERATIVE
häng(e)!/hängen wir!/hängt!/hängen Sie!

EXAMPLE PHRASES

Wir **werden** die Wäsche auf die Leine **hängen**. We'll hang the washing on the line.

Daran **würde** viel Arbeit **hängen**. A lot of work would be involved in it.

Ihre Blicke **hatten** an ihm **gehangen**. Her eyes had been fixed on him.

Wenn das Bild dort **gehangen hätte**, hätte ich es gesehen. If the picture had been hanging there, I would have seen it.

ich = I **du** = you **er** = he/it **sie** = she/it **es** = it/he/she **wir** = we **ihr** = you **sie** = they **Sie** = you *(polite)*

heben (to lift)

strong, *formed with* haben

PRESENT

ich	**hebe**
du	**hebst**
er/sie/es	**hebt**
wir	**heben**
ihr	**hebt**
sie/Sie	**heben**

PRESENT SUBJUNCTIVE

ich	**hebe**
du	**hebest**
er/sie/es	**hebe**
wir	**heben**
ihr	**hebet**
sie/Sie	**heben**

PERFECT

ich	**habe gehoben**
du	**hast gehoben**
er/sie/es	**hat gehoben**
wir	**haben gehoben**
ihr	**habt gehoben**
sie/Sie	**haben gehoben**

IMPERFECT

ich	**hob**
du	**hobst**
er/sie/es	**hob**
wir	**hoben**
ihr	**hobt**
sie/Sie	**hoben**

PRESENT PARTICIPLE

hebend

PAST PARTICIPLE

gehoben

EXAMPLE PHRASES

Ich **hebe** die Hand. I raise my hand.

Sie sagt, das **hebe** ihre Stimmung. She says it cheers her up.

Wir **haben** diesen Schatz zusammen **gehoben**. We raised the treasure together.

Er **hob** das Kind auf die Mauer. He lifted the child onto the wall.

ich = I **du** = you **er** = he/it **sie** = she/it **es** = it/he/she **wir** = we **ihr** = you **sie** = they **Sie** = you *(polite)*

heben

FUTURE

ich	**werde heben**
du	**wirst heben**
er/sie/es	**wird heben**
wir	**werden heben**
ihr	**werdet heben**
sie/Sie	**werden heben**

CONDITIONAL

ich	**würde heben**
du	**würdest heben**
er/sie/es	**würde heben**
wir	**würden heben**
ihr	**würdet heben**
sie/Sie	**würden heben**

PLUPERFECT

ich	**hatte gehoben**
du	**hattest gehoben**
er/sie/es	**hatte gehoben**
wir	**hatten gehoben**
ihr	**hattet gehoben**
sie/Sie	**hatten gehoben**

PLUPERFECT SUBJUNCTIVE

ich	**hätte gehoben**
du	**hättest gehoben**
er/sie/es	**hätte gehoben**
wir	**hätten gehoben**
ihr	**hättet gehoben**
sie/Sie	**hätten gehoben**

IMPERATIVE
heb(e)!/heben wir!/hebt!/heben Sie!

EXAMPLE PHRASES

Wirst du endlich die Füße **heben**? Will you pick up your feet?
Das **würde** meinen Mut **heben**. It would boost my morale.
Er **hatte** den Ball ins Tor **gehoben**. He had lobbed the ball into the goal.
Das **hätte** unseren Wohlstand **gehoben**. It would have improved our
  prosperity.

ich = I du = you er = he/it sie = she/it es = it/he/she wir = we ihr = you sie = they Sie = you (polite)

heizen (to heat)

weak, *formed with* haben

PRESENT

ich	**heize**
du	**heizt**
er/sie/es	**heizt**
wir	**heizen**
ihr	**heizt**
sie/Sie	**heizen**

PRESENT SUBJUNCTIVE

ich	**heize**
du	**heizest**
er/sie/es	**heize**
wir	**heizen**
ihr	**heizet**
sie/Sie	**heizen**

PERFECT

ich	**habe geheizt**
du	**hast geheizt**
er/sie/es	**hat geheizt**
wir	**haben geheizt**
ihr	**habt geheizt**
sie/Sie	**haben geheizt**

IMPERFECT

ich	**heizte**
du	**heiztest**
er/sie/es	**heizte**
wir	**heizten**
ihr	**heiztet**
sie/Sie	**heizten**

PRESENT PARTICIPLE

heizend

PAST PARTICIPLE

geheizt

EXAMPLE PHRASES

Der Ofen **heizt** gut. The stove gives off a good heat.

Er sagt, er **heize** am liebsten mit Strom. He says he prefers electric heating.

Wir **haben** mit Holz geheizt. We used wood for heating.

Das Zimmer **heizte** sich nur schlecht. The room was hard to heat.

ich = I **du** = you **er** = he/it **sie** = she/it **es** = it/he/she **wir** = we **ihr** = you **sie** = they **Sie** = you (polite)

heizen

FUTURE

ich	**werde heizen**
du	**wirst heizen**
er/sie/es	**wird heizen**
wir	**werden heizen**
ihr	**werdet heizen**
sie/Sie	**werden heizen**

CONDITIONAL

ich	**würde heizen**
du	**würdest heizen**
er/sie/es	**würde heizen**
wir	**würden heizen**
ihr	**würdet heizen**
sie/Sie	**würden heizen**

PLUPERFECT

ich	**hatte geheizt**
du	**hattest geheizt**
er/sie/es	**hatte geheizt**
wir	**hatten geheizt**
ihr	**hattet geheizt**
sie/Sie	**hatten geheizt**

PLUPERFECT SUBJUNCTIVE

ich	**hätte geheizt**
du	**hättest geheizt**
er/sie/es	**hätte geheizt**
wir	**hätten geheizt**
ihr	**hättet geheizt**
sie/Sie	**hätten geheizt**

IMPERATIVE
heiz(e)!/heizen wir!/heizt!/heizen Sie!

EXAMPLE PHRASES

Ab Oktober **werden** wir **heizen**. We'll put the heating on in October.

An Ihrer Stelle **würde** ich das Haus besser **heizen**. If I were you, I would heat the house better.

Er **hatte** den Backofen **geheizt**. He had heated the oven.

Ein Gasofen **hätte** den Raum besser **geheizt**. A gas fire would have heated the room better.

ich = I du = you er = he/it sie = she/it es = it/he/she wir = we ihr = you sie = they Sie = you (polite)

helfen (to help)

strong, + dative, *formed with* haben

PRESENT

ich	**helfe**
du	**hilfst**
er/sie/es	**hilft**
wir	**helfen**
ihr	**helft**
sie/Sie	**helfen**

PRESENT SUBJUNCTIVE

ich	**helfe**
du	**helfest**
er/sie/es	**helfe**
wir	**helfen**
ihr	**helfet**
sie/Sie	**helfen**

PERFECT

ich	**habe geholfen**
du	**hast geholfen**
er/sie/es	**hat geholfen**
wir	**haben geholfen**
ihr	**habt geholfen**
sie/Sie	**haben geholfen**

IMPERFECT

ich	**half**
du	**halfst**
er/sie/es	**half**
wir	**halfen**
ihr	**halft**
sie/Sie	**halfen**

PRESENT PARTICIPLE
helfend

PAST PARTICIPLE
geholfen

EXAMPLE PHRASES

Diese Arznei **hilft** gegen Kopfschmerzen. This medicine is good for headaches.

Sie sagt, sie **helfe** gern anderen. She says she likes to help others.

Er **hat** mir dabei **geholfen**. He helped me with it.

Sein Vorschlag **half** mir wenig. His suggestion was not much help to me.

---

ich = I du = you er = he/it sie = she/it es = it/he/she wir = we ihr = you sie = they Sie = you (*polite*)

helfen

FUTURE
ich	**werde helfen**
du	**wirst helfen**
er/sie/es	**wird helfen**
wir	**werden helfen**
ihr	**werdet helfen**
sie/Sie	**werden helfen**

CONDITIONAL
ich	**würde helfen**
du	**würdest helfen**
er/sie/es	**würde helfen**
wir	**würden helfen**
ihr	**würdet helfen**
sie/Sie	**würden helfen**

PLUPERFECT
ich	**hatte geholfen**
du	**hattest geholfen**
er/sie/es	**hatte geholfen**
wir	**hatten geholfen**
ihr	**hattet geholfen**
sie/Sie	**hatten geholfen**

PLUPERFECT SUBJUNCTIVE
ich	**hätte geholfen**
du	**hättest geholfen**
er/sie/es	**hätte geholfen**
wir	**hätten geholfen**
ihr	**hättet geholfen**
sie/Sie	**hätten geholfen**

IMPERATIVE
hilf!/helfen wir!/helft!/helfen Sie!

EXAMPLE PHRASES
Er **wird** mir **helfen**, den Aufsatz zu schreiben. He will help me write the essay.

Ich weiß, das Sie mir gern **helfen würden**. I know you would like to help me.

Sie **hatte** mir aus einer schwierigen Lage **geholfen**. She had helped me out of a difficult situation.

Das Geld **hätte** ihm auch nicht **geholfen**. The money wouldn't have helped him either.

holen (to fetch)

weak, *formed with* **haben**

PRESENT

ich	**hole**
du	**holst**
er/sie/es	**holt**
wir	**holen**
ihr	**holt**
sie/Sie	**holen**

PRESENT SUBJUNCTIVE

ich	**hole**
du	**holest**
er/sie/es	**hole**
wir	**holen**
ihr	**holet**
sie/Sie	**holen**

PERFECT

ich	**habe geholt**
du	**hast geholt**
er/sie/es	**hat geholt**
wir	**haben geholt**
ihr	**habt geholt**
sie/Sie	**haben geholt**

IMPERFECT

ich	**holte**
du	**holtest**
er/sie/es	**holte**
wir	**holten**
ihr	**holtet**
sie/Sie	**holten**

PRESENT PARTICIPLE

holend

PAST PARTICIPLE

geholt

EXAMPLE PHRASES

Er **holt** jeden Tag frische Milch vom Supermarkt. He gets fresh milk from the supermarket every day.

Er sagt, er **hole** gleich die Polizei. He says he was about to call the police.

Ich **habe** mir eine Erkältung **geholt**. I caught a cold.

Ich **holte** ihn ans Telefon. I got him to come to the phone.

---

ich = I **du** = you **er** = he/it **sie** = she/it **es** = it/he/she **wir** = we **ihr** = you **sie** = they **Sie** = you (*polite*)

holen

FUTURE

ich	**werde holen**
du	**wirst holen**
er/sie/es	**wird holen**
wir	**werden holen**
ihr	**werdet holen**
sie/Sie	**werden holen**

CONDITIONAL

ich	**würde holen**
du	**würdest holen**
er/sie/es	**würde holen**
wir	**würden holen**
ihr	**würdet holen**
sie/Sie	**würden holen**

PLUPERFECT

ich	**hatte geholt**
du	**hattest geholt**
er/sie/es	**hatte geholt**
wir	**hatten geholt**
ihr	**hattet geholt**
sie/Sie	**hatten geholt**

PLUPERFECT SUBJUNCTIVE

ich	**hätte geholt**
du	**hättest geholt**
er/sie/es	**hätte geholt**
wir	**hätten geholt**
ihr	**hättet geholt**
sie/Sie	**hätten gehol**

IMPERATIVE

hol(e)!/holen wir!/holt!/holen Sie!

EXAMPLE PHRASES

Du **wirst** dir da draußen noch den Tod **holen**. You'll end up catching your
   death out there!

Ich **würde** mir gern die neue CD **holen**. I'd like to go and get the new CD.

Er **hatte** ihn aus dem Bett **geholt**. He had got him out of bed.

Wenn ich nicht gekommen wäre, **hätte** sie Hilfe **geholt**. If I hadn't come she
   would have called for help.

ich = I du = you er = he/it sie = she/it es = it/he/she wir = we ihr = you sie = they Sie = you (polite)

kennen (to know) *(be acquainted with)* mixed, *formed with* haben

PRESENT

ich	**kenne**
du	**kennst**
er/sie/es	**kennt**
wir	**kennen**
ihr	**kennt**
sie/Sie	**kennen**

PRESENT SUBJUNCTIVE

ich	**kenne**
du	**kennest**
er/sie/es	**kenne**
wir	**kennen**
ihr	**kennet**
sie/Sie	**kennen**

PERFECT

ich	**habe gekannt**
du	**hast gekannt**
er/sie/es	**hat gekannt**
wir	**haben gekannt**
ihr	**habt gekannt**
sie/Sie	**haben gekannt**

IMPERFECT

ich	**kannte**
du	**kanntest**
er/sie/es	**kannte**
wir	**kannten**
ihr	**kanntet**
sie/Sie	**kannten**

PRESENT PARTICIPLE
kennend

PAST PARTICIPLE
gekannt

EXAMPLE PHRASES

Ich **kenne** ihn nicht. I don't know him.

Er sagt, er **kenne** diese Sängerin nicht. He says he doesn't know this singer.

Er **hat** kein Erbarmen **gekannt**. He knew no mercy.

Kanntest du mich noch? Did you remember me?

---

ich = I **du** = you **er** = he/it **sie** = she/it **es** = it/he/she **wir** = we **ihr** = you **sie** = they **Sie** = you *(polite)*

kennen

FUTURE

ich	**werde kennen**
du	**wirst kennen**
er/sie/es	**wird kennen**
wir	**werden kennen**
ihr	**werdet kennen**
sie/Sie	**werden kennen**

CONDITIONAL

ich	**würde kennen**
du	**würdest kennen**
er/sie/es	**würde kennen**
wir	**würden kennen**
ihr	**würdet kennen**
sie/Sie	**würden kennen**

PLUPERFECT

ich	**hatte gekannt**
du	**hattest gekannt**
er/sie/es	**hatte gekannt**
wir	**hatten gekannt**
ihr	**hattet gekannt**
sie/Sie	**hatten gekannt**

PLUPERFECT SUBJUNCTIVE

ich	**hätte gekannt**
du	**hättest gekannt**
er/sie/es	**hätte gekannt**
wir	**hätten gekannt**
ihr	**hättet gekannt**
sie/Sie	**hätten gekannt**

IMPERATIVE
kenn(e)!/kennen wir!/kennt!/kennen Sie!

EXAMPLE PHRASES

Wenn du älter bist, **wirst** du den Unterschied **kennen**. When you're older
    you'll know the difference.

Er sprach von ihr, als **würde** er sie **kennen**. He spoke of her as if he knew her.

Damals **hatte** ich ihn noch nicht **gekannt**. I hadn't known him then.

Ich **hätte** mich vor Wut nicht mehr **gekannt**. I would have been beside myself
    with anger.

ich = I **du** = you **er** = he/it **sie** = she/it **es** = it/he/she **wir** = we **ihr** = you **sie** = they **Sie** = you (polite)

klingen (to sound)

strong, *formed with* haben

PRESENT

ich	**klinge**
du	**klingst**
er/sie/es	**klingt**
wir	**klingen**
ihr	**klingt**
sie/Sie	**klingen**

PRESENT SUBJUNCTIVE

ich	**klinge**
du	**klingest**
er/sie/es	**klinge**
wir	**klingen**
ihr	**klinget**
sie/Sie	**klingen**

PERFECT

ich	**habe geklungen**
du	**hast geklungen**
er/sie/es	**hat geklungen**
wir	**haben geklungen**
ihr	**habt geklungen**
sie/Sie	**haben geklungen**

IMPERFECT

ich	**klang**
du	**klangst**
er/sie/es	**klang**
wir	**klangen**
ihr	**klangt**
sie/Sie	**klangen**

PRESENT PARTICIPLE

klingend

PAST PARTICIPLE

geklungen

EXAMPLE PHRASES

Du **klingst** deprimiert. You sound depressed.

Sie meinte, das **klinge** nach Neid. She thinks this sounds like envy.

Die Glocke **hat** hell **geklungen**. The bell had a clear ring.

Das Klavier **klang** verstimmt. The piano sounded out of tune.

---

ich = I du = you er = he/it sie = she/it es = it/he/she wir = we ihr = you sie = they Sie = you (*polite*)

klingen

FUTURE		CONDITIONAL	
ich	**werde klingen**	ich	**würde klingen**
du	**wirst klingen**	du	**würdest klingen**
er/sie/es	**wird klingen**	er/sie/es	**würde klingen**
wir	**werden klingen**	wir	**würden klingen**
ihr	**werdet klingen**	ihr	**würdet klingen**
sie/Sie	**werden klingen**	sie/Sie	**würden klingen**

PLUPERFECT		PLUPERFECT SUBJUNCTIVE	
ich	**hatte geklungen**	ich	**hätte geklungen**
du	**hattest geklungen**	du	**hättest geklungen**
er/sie/es	**hatte geklungen**	er/sie/es	**hätte geklungen**
wir	**hatten geklungen**	wir	**hätten geklungen**
ihr	**hattet geklungen**	ihr	**hättet geklungen**
sie/Sie	**hatten geklungen**	sie/Sie	**hätten geklungen**

IMPERATIVE
kling(e)!/klingen wir!/klingt!/klingen Sie!

EXAMPLE PHRASES

Morgen **werden** bei uns die Gläser **klingen**. Tomorrow we'll hear the sound of clinking glasses.

Das **würde** nicht richtig **klingen**. It wouldn't sound right.

Es **hatte** mir wie Musik in den Ohren **geklungen**. It had been music to my ears.

Das **hätte** so **geklungen**, als ob ich ihn beleidigen wollte. It would have sounded as if I wanted to insult him.

ich = I **du** = you **er** = he/it **sie** = she/it **es** = it/he/she **wir** = we **ihr** = you **sie** = they **Sie** = you (polite)

kommen (to come)

strong, *formed with* **sein**

PRESENT

ich	**komme**
du	**kommst**
er/sie/es	**kommt**
wir	**kommen**
ihr	**kommt**
sie/Sie	**kommen**

PRESENT SUBJUNCTIVE

ich	**komme**
du	**kommest**
er/sie/es	**komme**
wir	**kommen**
ihr	**kommet**
sie/Sie	**kommen**

PERFECT

ich	**bin gekommen**
du	**bist gekommen**
er/sie/es	**ist gekommen**
wir	**sind gekommen**
ihr	**seid gekommen**
sie/Sie	**sind gekommen**

IMPERFECT

ich	**kam**
du	**kamst**
er/sie/es	**kam**
wir	**kamen**
ihr	**kamt**
sie/Sie	**kamen**

PRESENT PARTICIPLE

kommend

PAST PARTICIPLE

gekommen

EXAMPLE PHRASES

Ich **komme** zu deiner Party. I'm coming to your party.

Sie meint, das **komme** nicht in Frage. She thinks it's out of the question.

Aus welcher Richtung **bist** du **gekommen**? Which direction did you come from?

Er **kam** die Straße entlang. He was coming along the street.

---

ich = I du = you er = he/it sie = she/it es = it/he/she wir = we ihr = you sie = they Sie = you (polite)

kommen

FUTURE

ich	**werde kommen**
du	**wirst kommen**
er/sie/es	**wird kommen**
wir	**werden kommen**
ihr	**werdet kommen**
sie/Sie	**werden kommen**

CONDITIONAL

ich	**würde kommen**
du	**würdest kommen**
er/sie/es	**würde kommen**
wir	**würden kommen**
ihr	**würdet kommen**
sie/Sie	**würden kommen**

PLUPERFECT

ich	**war gekommen**
du	**warst gekommen**
er/sie/es	**war gekommen**
wir	**waren gekommen**
ihr	**wart gekommen**
sie/Sie	**waren gekommen**

PLUPERFECT SUBJUNCTIVE

ich	**wäre gekommen**
du	**wär(e)st gekommen**
er/sie/es	**wäre gekommen**
wir	**wären gekommen**
ihr	**wär(e)t gekommen**
sie/Sie	**wären gekommen**

IMPERATIVE
komm(e)!/kommen wir!/kommt!/kommen Sie!

EXAMPLE PHRASES

Gleich **wird** die Grenze **kommen**. We'll soon be at the border.
Ich **würde** lieber etwas später **kommen**. I'd prefer to come a bit later.
Sie **war** zuerst an die Reihe **gekommen**. It had been her turn first.
Er **wäre** fast ums Leben **gekommen**. He would almost have lost his life.

ich = I **du** = you **er** = he/it **sie** = she/it **es** = it/he/she **wir** = we **ihr** = you **sie** = they **Sie** = you (*polite*)

können (to be able to)

modal, *formed with* **haben**

PRESENT

ich	**kann**
du	**kannst**
er/sie/es	**kann**
wir	**können**
ihr	**könnt**
sie/Sie	**können**

PRESENT SUBJUNCTIVE

ich	**könne**
du	**könnest**
er/sie/es	**könne**
wir	**können**
ihr	**könnet**
sie/Sie	**können**

PERFECT

ich	**habe gekonnt/können**
du	**hast gekonnt/können**
er/sie/es	**hat gekonnt/können**
wir	**haben gekonnt/können**
ihr	**habt gekonnt/können**
sie/Sie	**haben gekonnt/können**

IMPERFECT

ich	**konnte**
du	**konntest**
er/sie/es	**konnte**
wir	**konnten**
ihr	**konntet**
sie/Sie	**konnten**

PRESENT PARTICIPLE
könnend

PAST PARTICIPLE
gekonnt/können°

°*This form is used when combined with another infinitive.*

EXAMPLE PHRASES

Er **kann** gut schwimmen. He can swim well.

Sie sagt, ich **könne** jetzt noch nicht gehen. She says I can't leave yet.

Damals **habe** ich noch kein Deutsch **gekonnt**. I couldn't speak German then.

Sie **konnte** kein Wort Englisch. She couldn't speak a word of English.

ich = I   **du** = you   **er** = he/it   **sie** = she/it   **es** = it/he/she   **wir** = we   **ihr** = you   **sie** = they   **Sie** = you (*polite*)

können

FUTURE

ich	werde können
du	wirst können
er/sie/es	wird können
wir	werden können
ihr	werdet können
sie/Sie	werden können

CONDITIONAL

ich	würde können
du	würdest können
er/sie/es	würde können
wir	würden können
ihr	würdet können
sie/Sie	würden können

PLUPERFECT

ich	hatte gekonnt/können
du	hattest gekonnt/können
er/sie/es	hatte gekonnt/können
wir	hatten gekonnt/können
ihr	hattet gekonnt/können
sie/Sie	hatten gekonnt/können

PLUPERFECT SUBJUNCTIVE

ich	hätte gekonnt/können
du	hättest gekonnt/können
er/sie/es	hätte gekonnt/können
wir	hätten gekonnt/können
ihr	hättet gekonnt/können
sie/Sie	hätten gekonnt/können

EXAMPLE PHRASES

Morgen **werde** ich nicht kommen **können**. I won't be able to come tomorrow.

Ohne dich **würde** ich das nicht **können**. I wouldn't be able to do it without you.

Ich **habe** diese Übung nicht **gekonnt**. I wasn't able to do this exercise.

Das **hätte** ich dir gleich sagen **können**. I could have told you that straight away.

ich = I **du** = you **er** = he/it **sie** = she/it **es** = it/he/she **wir** = we **ihr** = you **sie** = they **Sie** = you (polite)

laden (to load; to invite)

strong, *formed with* **haben**

PRESENT

ich	**lade**
du	**lädst**
er/sie/es	**lädt**
wir	**laden**
ihr	**ladet**
sie/Sie	**laden**

PRESENT SUBJUNCTIVE

ich	**lade**
du	**ladest**
er/sie/es	**lade**
wir	**laden**
ihr	**ladet**
sie/Sie	**laden**

PERFECT

ich	**habe geladen**
du	**hast geladen**
er/sie/es	**hat geladen**
wir	**haben geladen**
ihr	**habt geladen**
sie/Sie	**haben geladen**

IMPERFECT

ich	**lud**
du	**lud(e)st**
er/sie/es	**lud**
wir	**luden**
ihr	**ludet**
sie/Sie	**luden**

PRESENT PARTICIPLE
ladend

PAST PARTICIPLE
geladen

EXAMPLE PHRASES

Der Computer **lädt** das Programm. The computer is loading the program.
Er sagt, er **lade** gerade den Lastwagen. He says he is loading the truck.
Das Schiff **hat** Autos **geladen**. The ship has a cargo of cars.
Er **lud** die Waffe. He loaded the weapon.

laden

FUTURE

ich	**werde laden**
du	**wirst laden**
er/sie/es	**wird laden**
wir	**werden laden**
ihr	**werdet laden**
sie/Sie	**werden laden**

CONDITIONAL

ich	**würde laden**
du	**würdest laden**
er/sie/es	**würde laden**
wir	**würden laden**
ihr	**würdet laden**
sie/Sie	**würden laden**

PLUPERFECT

ich	**hatte geladen**
du	**hattest geladen**
er/sie/es	**hatte geladen**
wir	**hatten geladen**
ihr	**hattet geladen**
sie/Sie	**hatten geladen**

PLUPERFECT SUBJUNCTIVE

ich	**hätte geladen**
du	**hättest geladen**
er/sie/es	**hätte geladen**
wir	**hätten geladen**
ihr	**hättet geladen**
sie/Sie	**hätten geladen**

IMPERATIVE
lad(e)!/laden wir!/ladet!/laden Sie!

EXAMPLE PHRASES

Dieses Problem **werde** ich nicht auf mich **laden**. I won't take that problem on.

Damit **würdest** du Schuld auf dich **laden**. You would take on a burden of guilt.

Wir **hatten** das Gepäck ins Auto **geladen**. We had loaded the luggage into the car.

Ich **hätte** gern noch mehr Gäste **geladen**. I would have liked to invite more guests.

ich = I du = you er = he/it sie = she/it es = it/he/she wir = we ihr = you sie = they Sie = you (polite)

lassen (to leave; to allow)

strong, *formed with* haben

PRESENT		PRESENT SUBJUNCTIVE	
ich	lasse	ich	lasse
du	lässt	du	lassest
er/sie/es	lässt	er/sie/es	lasse
wir	lassen	wir	lassen
ihr	lasst	ihr	lasset
sie/Sie	lassen	sie/Sie	lassen

PERFECT		IMPERFECT	
ich	habe gelassen	ich	ließ
du	hast gelassen	du	ließest
er/sie/es	hat gelassen	er/sie/es	ließ
wir	haben gelassen	wir	ließen
ihr	habt gelassen	ihr	ließt
sie/Sie	haben gelassen	sie/Sie	ließen

PRESENT PARTICIPLE
lassend

PAST PARTICIPLE
gelassen/lassen

EXAMPLE PHRASES

Ich **lasse** den Hund nicht auf das Sofa. I won't let the dog on the sofa.

Er sagt, er **lasse** sich das nicht bieten. He says he won't stand for it.

Sie **haben** ihn allein im Auto **gelassen**. They left him alone in the car.

Sie **ließ** uns warten. She kept us waiting.

---

ich = I du = you er = he/it sie = she/it es = it/he/she wir = we ihr = you sie = they Sie = you (*polite*)

lassen

FUTURE

ich	werde lasssen
du	wirst lassen
er/sie/es	wird lassen
wir	werden lassen
ihr	werdet lassen
sie/Sie	werden lassen

CONDITIONAL

ich	würde lassen
du	würdest lassen
er/sie/es	würde lassen
wir	würden lassen
ihr	würdet lassen
sie/Sie	würden lassen

PLUPERFECT

ich	hatte gelassen
du	hattest gelassen
er/sie/es	hatte gelassen
wir	hatten gelassen
ihr	hattet gelassen
sie/Sie	hatten gelassen

PLUPERFECT SUBJUNCTIVE

ich	hätte gelassen
du	hättest gelassen
er/sie/es	hätte gelassen
wir	hätten gelassen
ihr	hättet gelassen
sie/Sie	hätten gelassen

IMPERATIVE

lass!/lassen wir!/lasst!/lassen Sie!

EXAMPLE PHRASES

Wir **werden** uns dazu nicht zwingen **lassen**. We won't be forced into it.

Ich **würde** das Baby nie allein **lassen**. I would never leave the baby alone.

Sie **hatte** mich nicht fernsehen **lassen**. She hadn't allowed me to watch TV.

Ich **hätte** die Tasche besser im Auto **gelassen**. It would have been better if I had left the bag in the car.

ich = I du = you er = he/it sie = she/it es = it/he/she wir = we ihr = you sie = they Sie = you (polite)

laufen (to run)

strong, *formed* with **sein**

PRESENT

ich	laufe
du	läufst
er/sie/es	läuft
wir	laufen
ihr	lauft
sie/Sie	laufen

PRESENT SUBJUNCTIVE

ich	laufe
du	laufest
er/sie/es	laufe
wir	laufen
ihr	laufet
sie/Sie	laufen

PERFECT

ich	bin gelaufen
du	bist gelaufen
er/sie/es	ist gelaufen
wir	sind gelaufen
ihr	seid gelaufen
sie/Sie	sind gelaufen

IMPERFECT

ich	lief
du	liefst
er/sie/es	lief
wir	liefen
ihr	lieft
sie/Sie	liefen

PRESENT PARTICIPLE
laufend

PAST PARTICIPLE
gelaufen

EXAMPLE PHRASES

Sie **läuft** ständig zur Polizei. She's always running to the police.

Er sagt, ihm **laufe** die Nase. He says he's got a runny nose.

Das Schiff **ist** auf Grund **gelaufen**. The ship ran aground.

Er **lief** so schnell er konnte. He ran as fast as he could.

---

ich = I **du** = you **er** = he/it **sie** = she/it **es** = it/he/she **wir** = we **ihr** = you **sie** = they **Sie** = you *(polite)*

laufen

FUTURE

ich **werde laufen**
du **wirst laufen**
er/sie/es **wird laufen**
wir **werden laufen**
ihr **werdet laufen**
sie/Sie **werden laufen**

CONDITIONAL

ich **würde laufen**
du **würdest laufen**
er/sie/es **würde laufen**
wir **würden laufen**
ihr **würdet laufen**
sie/Sie **würden laufen**

PLUPERFECT

ich **war gelaufen**
du **warst gelaufen**
er/sie/es **war gelaufen**
wir **waren gelaufen**
ihr **wart gelaufen**
sie/Sie **waren gelaufen**

PLUPERFECT SUBJUNCTIVE

ich **wäre gelaufen**
du **wär(e)st gelaufen**
er/sie/es **wäre gelaufen**
wir **wären gelaufen**
ihr **wär(e)t gelaufen**
sie/Sie **wären gelaufen**

IMPERATIVE
lauf(e)!/laufen wir!/lauft!/laufen Sie!

EXAMPLE PHRASES

Wird er einen neuen Rekord **laufen**? Will he run a new record time?
Mit guter Planung **würde** alles besser **laufen**. With good planning everything
    would improve.
Ich **war** noch nie 10.000 Meter **gelaufen**. I had never run 10,000 metres.
Er **wäre** fast am schnellsten **gelaufen**. He would almost have been the fastest
    runner.

ich = I **du** = you **er** = he/it **sie** = she/it **es** = it/he/she **wir** = we **ihr** = you **sie** = they **Sie** = you (polite)

leiden (to suffer)

strong, *formed* with **haben**

PRESENT

ich	**leide**
du	**leidest**
er/sie/es	**leidet**
wir	**leiden**
ihr	**leidet**
sie/Sie	**leiden**

PRESENT SUBJUNCTIVE

ich	**leide**
du	**leidest**
er/sie/es	**leide**
wir	**leiden**
ihr	**leidet**
sie/Sie	**leiden**

PERFECT

ich	**habe gelitten**
du	**hast gelitten**
er/sie/es	**hat gelitten**
wir	**haben gelitten**
ihr	**habt gelitten**
sie/Sie	**haben gelitten**

IMPERFECT

ich	**litt**
du	**litt(e)st**
er/sie/es	**litt**
wir	**litten**
ihr	**littet**
sie/Sie	**litten**

PRESENT PARTICIPLE
leidend

PAST PARTICIPLE
gelitten

EXAMPLE PHRASES

Wir **leiden** sehr unter der Hitze. We're suffering badly from the heat.
Sie sagt, sie **leide** an Rückenschmerzen. She says she's suffering from backache.
Wir **haben** unter dieser Regierung **gelitten**. We have suffered under his
    government.
Sie **litt** an Asthma. She suffered from asthma.

ich = I **du** = you **er** = he/it **sie** = she/it **es** = it/he/she **wir** = we **ihr** = you **sie** = they **Sie** = you *(polite)*

leiden

FUTURE

ich	**werde leiden**
du	**wirst leiden**
er/sie/es	**wird leiden**
wir	**werden leiden**
ihr	**werdet leiden**
sie/Sie	**werden leiden**

CONDITIONAL

ich	**würde leiden**
du	**würdest leiden**
er/sie/es	**würde leiden**
wir	**würden leiden**
ihr	**würdet leiden**
sie/Sie	**würden leiden**

PLUPERFECT

ich	**hatte gelitten**
du	**hattest gelitten**
er/sie/es	**hatte gelitten**
wir	**hatten gelitten**
ihr	**hattet gelitten**
sie/Sie	**hatten gelitten**

PLUPERFECT SUBJUNCTIVE

ich	**hätte gelitten**
du	**hättest gelitten**
er/sie/es	**hätte gelitten**
wir	**hätten gelitten**
ihr	**hättet gelitten**
sie/Sie	**hätten gelitten**

IMPERATIVE
leid(e)!/leiden wir!/leidet!/leiden Sie!

EXAMPLE PHRASES

Darunter **werden** wir noch lange **leiden**. We'll be suffering the consequences for a long time.

Ohne dich **würde** ich unter Einsamkeit **leiden**. I would be lonely without you.

Er **hatte** seit Jahren an dieser Krankheit **gelitten**. He had been suffering from this illness for years.

Ohne seine Hilfe **hätte** ich Hunger **gelitten**. Without his help I would have suffered from hunger.

ich = I **du** = you **er** = he/it **sie** = she/it **es** = it/he/she **wir** = we **ihr** = you **sie** = they **Sie** = you (polite)

leihen (to lend)

strong, *formed with* haben

PRESENT

ich	leihe
du	leihst
er/sie/es	leiht
wir	leihen
ihr	leiht
sie/Sie	leihen

PRESENT SUBJUNCTIVE

ich	leihe
du	leihest
er/sie/es	leihe
wir	leihen
ihr	leihet
sie/Sie	leihen

PERFECT

ich	habe geliehen
du	hast geliehen
er/sie/es	hat geliehen
wir	haben geliehen
ihr	habt geliehen
sie/Sie	haben geliehen

IMPERFECT

ich	lieh
du	liehst
er/sie/es	lieh
wir	liehen
ihr	lieht
sie/Sie	liehen

PRESENT PARTICIPLE

leihend

PAST PARTICIPLE

geliehen

EXAMPLE PHRASES

Ich **leihe** ihm mein Auto. I lend him my car.

Er sagt, er **leihe** nie jemandem Geld. He says he never lends money to anyone.

Ich **habe** das Fahrrad von meiner Schwester **geliehen**. I have borrowed my sister's bike.

Ich **lieh** mir ein Auto. I hired a car.

---

ich = I du = you er = he/it sie = she/it es = it/he/she wir = we ihr = you sie = they Sie = you (polite)

leihen

FUTURE

ich	**werde leihen**
du	**wirst leihen**
er/sie/es	**wird leihen**
wir	**werden leihen**
ihr	**werdet leihen**
sie/Sie	**werden leihen**

CONDITIONAL

ich	**würde leihen**
du	**würdest leihen**
er/sie/es	**würde leihen**
wir	**würden leihen**
ihr	**würdet leihen**
sie/Sie	**würden leihen**

PLUPERFECT

ich	**hatte geliehen**
du	**hattest geliehen**
er/sie/es	**hatte geliehen**
wir	**hatten geliehen**
ihr	**hattet geliehen**
sie/Sie	**hatten geliehen**

PLUPERFECT SUBJUNCTIVE

ich	**hätte geliehen**
du	**hättest geliehen**
er/sie/es	**hätte geliehen**
wir	**hätten geliehen**
Ihr	**hättet geliehen**
sie/Sie	**hätten geliehen**

IMPERATIVE
leih(e)!/leihen wir!/leiht!/leihen Sie!

EXAMPLE PHRASES

Ich **werde** dir das Geld **leihen**. I'll lend you the money.

Wenn dein Laptop kaputt ist, **würde** ich dir meinen **leihen**. If your laptop is broken I would lend you mine.

Er **hatte** mir 50 Euro **geliehen**. He had lent me 50 euros

Wenn ich ihn gefragt hätte, **hätte** er mir 50 Euro **geliehen**. He would have lent me 50 euros if I had asked him.

ich = I du = you er = he/it sie = she/it es = it/he/she wir = we ihr = you sie = they Sie = you (polite)

lesen (to read)

strong, *formed with* haben

PRESENT

ich	lese
du	liest
er/sie/es	liest
wir	lesen
ihr	lest
sie/Sie	lesen

PRESENT SUBJUNCTIVE

ich	lese
du	lesest
er/sie/es	lese
wir	lesen
ihr	leset
sie/Sie	lesen

PERFECT

ich	habe gelesen
du	hast gelesen
er/sie/es	hat gelesen
wir	haben gelesen
ihr	habt gelesen
sie/Sie	haben gelesen

IMPERFECT

ich	las
du	lasest
er/sie/es	las
wir	lasen
ihr	last
sie/Sie	lasen

PRESENT PARTICIPLE
lesend

PAST PARTICIPLE
gelesen

EXAMPLE PHRASES

Dieses Buch **liest** sich gut. This book is a good read.

Er sagt, er **lese** jeden Tag zwei Zeitungen. He says he reads two newspapers every day.

Das **habe** ich in der Zeitung **gelesen**. I read it in the newspaper.

Sie **las** sich in den Schlaf. She read herself to sleep.

---

ich = I du = you er = he/it sie = she/it es = it/he/she wir = we ihr = you sie = they Sie = you (*polite*)

lesen

FUTURE

ich	**werde lesen**
du	**wirst lesen**
er/sie/es	**wird lesen**
wir	**werden lesen**
ihr	**werdet lesen**
sie/Sie	**werden lesen**

CONDITIONAL

ich	**würde lesen**
du	**würdest lesen**
er/sie/es	**würde lesen**
wir	**würden lesen**
ihr	**würdet lesen**
sie/Sie	**würden lesen**

PLUPERFECT

ich	**hatte gelesen**
du	**hattest gelesen**
er/sie/es	**hatte gelesen**
wir	**hatten gelesen**
ihr	**hattet gelesen**
sie/Sie	**hatten gelesen**

PLUPERFECT SUBJUNCTIVE

ich	**hätte gelesen**
du	**hättest gelesen**
er/sie/es	**hätte gelesen**
wir	**hätten gelesen**
ihr	**hättet gelesen**
sie/Sie	**hätten gelesen**

IMPERATIVE

lies!/lesen wir!/lest!/lesen Sie!

EXAMPLE PHRASES

Morgen **werde** ich Harry Potter **lesen**. I'll read Harry Potter tomorrow.

Wenn ich könnte, **würde** ich jeden Tag ein Buch **lesen**. If I could I'd read a book every day.

Ich **hatte** den Artikel noch nicht **gelesen**. I hadn't read the article yet.

Wenn ich mehr **gelesen hätte**, wäre ich klüger. If I had read more, I'd be more intelligent.

ich = I **du** = you **er** = he/it **sie** = she/it **es** = it/he/she **wir** = we **ihr** = you **sie** = they **Sie** – you (polite)

liegen (to lie)

strong, *formed* with **haben**

PRESENT

ich	**liege**
du	**liegst**
er/sie/es	**liegt**
wir	**liegen**
ihr	**liegt**
sie/Sie	**liegen**

PRESENT SUBJUNCTIVE

ich	**liege**
du	**liegest**
er/sie/es	**liege**
wir	**liegen**
ihr	**lieget**
sie/Sie	**liegen**

PERFECT

ich	**habe gelegen**
du	**hast gelegen**
er/sie/es	**hat gelegen**
wir	**haben gelegen**
ihr	**habt gelegen**
sie/Sie	**haben gelegen**

IMPERFECT

ich	**lag**
du	**lagst**
er/sie/es	**lag**
wir	**lagen**
ihr	**lagt**
sie/Sie	**lagen**

PRESENT PARTICIPLE

liegend

PAST PARTICIPLE

gelegen

EXAMPLE PHRASES

Köln **liegt** am Rhein. Cologne is on the Rhine.

Er sagt, es **liege** nicht an ihm. He says it isn't because of him.

Es **hat** daran **gelegen**, dass ich krank war. It was because I was ill.

Wir **lagen** den ganzen Tag am Strand. We lay on the beach all day.

---

ich = I **du** = you **er** = he/it **sie** = she/it **es** = it/he/she **wir** = we **ihr** = you **sie** = they **Sie** = you (*polite*)

liegen

FUTURE

ich	**werde liegen**
du	**wirst liegen**
er/sie/es	**wird liegen**
wir	**werden liegen**
ihr	**werdet liegen**
sie/Sie	**werden liegen**

CONDITIONAL

ich	**würde liegen**
du	**würdest liegen**
er/sie/es	**würde liegen**
wir	**würden liegen**
ihr	**würdet liegen**
sie/Sie	**würden liegen**

PLUPERFECT

ich	**hatte gelegen**
du	**hattest gelegen**
er/sie/es	**hatte gelegen**
wir	**hatten gelegen**
ihr	**hattet gelegen**
sie/Sie	**hatten gelegen**

PLUPERFECT SUBJUNCTIVE

ich	**hätte gelegen**
du	**hättest gelegen**
er/sie/es	**hätte gelegen**
wir	**hätten gelegen**
ihr	**hättet gelegen**
sie/Sie	**hätten gelegen**

IMPERATIVE
lieg(e)!/liegen wir!/liegt!/liegen Sie!

EXAMPLE PHRASES

Das **wird** am Wetter **liegen**. It'll be because of the weather.

Auf diesem Bett **würde** ich nicht gern **liegen**. I wouldn't like to lie on this bed.

Das Schiff **hatte** vor Anker **gelegen**. The ship had been lying at anchor.

Daran **hätte** mir viel **gelegen**. It would have mattered a lot to me.

ich = I **du** = you **er** = he/it **sie** = she/it **es** = it/he/she **wir** = we **ihr** = you **sie** = they **Sie** = you (polite)

lügen (to (tell a) lie)

strong, formed with **haben**

PRESENT

ich	**lüge**
du	**lügst**
er/sie/es	**lügt**
wir	**lügen**
ihr	**lügt**
sie/Sie	**lügen**

PRESENT SUBJUNCTIVE

ich	**lüge**
du	**lügest**
er/sie/es	**lüge**
wir	**lügen**
ihr	**lüget**
sie/Sie	**lügen**

PERFECT

ich	**habe gelogen**
du	**hast gelogen**
er/sie/es	**hat gelogen**
wir	**haben gelogen**
ihr	**habt gelogen**
sie/Sie	**haben gelogen**

IMPERFECT

ich	**log**
du	**logst**
er/sie/es	**log**
wir	**logen**
ihr	**logt**
sie/Sie	**logen**

PRESENT PARTICIPLE

lügend

PAST PARTICIPLE

gelogen

EXAMPLE PHRASES

Du **lügst**! You're a liar!

Sie behauptet, sie **lüge** nie. She says she never lies.

Er **hat gelogen**! He told a lie!

Er **log** ständig. He was always telling lies.

---

ich = I du = you er = he/it sie = she/it es = it/he/she wir = we ihr = you sie = they Sie = you *(polite)*

lügen

FUTURE

ich	**werde lügen**
du	**wirst lügen**
er/sie/es	**wird lügen**
wir	**werden lügen**
ihr	**werdet lügen**
sie/Sie	**werden lügen**

CONDITIONAL

ich	**würde lügen**
du	**würdest lügen**
er/sie/es	**würde lügen**
wir	**würden lügen**
ihr	**würdet lügen**
sie/Sie	**würden lügen**

PLUPERFECT

ich	**hatte gelogen**
du	**hattest gelogen**
er/sie/es	**hatte gelogen**
wir	**hatten gelogen**
ihr	**hattet gelogen**
sie/Sie	**hatten gelogen**

PLUPERFECT SUBJUNCTIVE

ich	**hätte gelogen**
du	**hättest gelogen**
er/sie/es	**hätte gelogen**
wir	**hätten gelogen**
ihr	**hättet gelogen**
sie/Sie	**hätten gelogen**

IMPERATIVE
lüg(e)!/lügen wir!/lügt!/lügen Sie!

EXAMPLE PHRASES

Er **wird** doch wieder nur **lügen**! He'll only tell lies again!

Ich **würde lügen**, wenn ich das sagen würde. I would be lying if I said that.

Ich **hatte** noch nie im Leben **gelogen**. I had never told a lie in my life.

Sie **hätte gelogen**, um ihren Freund zu schützen. She would have lied to protect her boyfriend.

---

ich = I du = you er = he/it sie = she/it es = it/he/she wir = we ihr = you sie = they Sie = you (polite)

machen (to do *or* to make)   weak, *formed with* haben

PRESENT

ich	mache
du	machst
er/sie/es	macht
wir	machen
ihr	macht
sie/Sie	machen

PRESENT SUBJUNCTIVE

ich	mache
du	machest
er/sie/es	mache
wir	machen
ihr	machet
sie/Sie	machen

PERFECT

ich	habe gemacht
du	hast gemacht
er/sie/es	hat gemacht
wir	haben gemacht
ihr	habt gemacht
sie/Sie	haben gemacht

IMPERFECT

ich	machte
du	machtest
er/sie/es	machte
wir	machten
ihr	machtet
sie/Sie	machten

PRESENT PARTICIPLE

machend

PAST PARTICIPLE

gemacht

EXAMPLE PHRASES

Was **machst** du? What are you doing?

Sie sagt, sie **mache** sich wegen ihm Sorgen. She says she's worried about him.

Ich **habe** die Betten **gemacht**. I made the beds.

Er **machte** es sich im Wohnzimmer bequem. He made himself comfortable in the lounge.

---

ich = I   du = you   er = he/it   sie = she/it   es = it/he/she   wir = we   ihr = you   sie = they   Sie = you (*polite*)

machen

FUTURE

ich	**werde machen**
du	**wirst machen**
er/sie/es	**wird machen**
wir	**werden machen**
ihr	**werdet machen**
sie/Sie	**werden machen**

CONDITIONAL

ich	**würde machen**
du	**würdest machen**
er/sie/es	**würde machen**
wir	**würden machen**
ihr	**würdet machen**
sie/Sie	**würden machen**

PLUPERFECT

ich	**hatte gemacht**
du	**hattest gemacht**
er/sie/es	**hatte gemacht**
wir	**hatten gemacht**
ihr	**hattet gemacht**
sie/Sie	**hatten gemacht**

PLUPERFECT SUBJUNCTIVE

ich	**hätte gemacht**
du	**hättest gemacht**
er/sie/es	**hätte gemacht**
wir	**hätten gemacht**
ihr	**hättet gemacht**
sie/Sie	**hätten gemacht**

IMPERATIVE
mach!/macht!/machen Sie!

EXAMPLE PHRASES

Ich **werde** es morgen **machen**. I'll do it tomorrow.

Ich **würde** es mir nicht so schwer **machen**. I wouldn't make things so difficult for myself.

So etwas **hatte** ich noch nie **gemacht**. I had never done something like that.

Das **hätte** ich an Ihrer Stelle nicht **gemacht**. I wouldn't have done this if I were you.

ich = I **du** = you **er** = he/it **sie** = she/it **es** = it/he/she **wir** = we **ihr** = you **sie** = they **Sie** = you (polite)

messen (to measure)

strong, *formed* *with* haben

PRESENT

ich	messe
du	misst
er/sie/es	misst
wir	messen
ihr	messt
sie/Sie	messen

PRESENT SUBJUNCTIVE

ich	messe
du	messest
er/sie/es	messe
wir	messen
ihr	messet
sie/Sie	messen

PERFECT

ich	habe gemessen
du	hast gemessen
er/sie/es	hat gemessen
wir	haben gemessen
ihr	habt gemessen
sie/Sie	haben gemessen

IMPERFECT

ich	maß
du	maßest
er/sie/es	maß
wir	maßen
ihr	maßt
sie/Sie	maßen

PRESENT PARTICIPLE

messend

PAST PARTICIPLE

gemessen

EXAMPLE PHRASES

Ich **messe** 1,80 Meter. I'm 1 metre 80.

Er sagt, dieses Instrument **messe** die Temperatur. He says this instrument measures the temperature.

Der Arzt **hat** meinen Blutdruck **gemessen**. The doctor took my blood pressure.

Während ich lief, **maß** er die Zeit. He timed me while I ran.

---

ich = I **du** = you **er** = he/it **sie** = she/it **es** = it/he/she **wir** = we **ihr** = you **sie** = they **Sie** = you (*polite*)

messen

FUTURE

ich	**werde messen**
du	**wirst messen**
er/sie/es	**wird messen**
wir	**werden messen**
ihr	**werdet messen**
sie/Sie	**werden messen**

CONDITIONAL

ich	**würde messen**
du	**würdest messen**
er/sie/es	**würde messen**
wir	**würden messen**
ihr	**würdet messen**
sie/Sie	**würden messen**

PLUPERFECT

ich	**hatte gemessen**
du	**hattest gemessen**
er/sie/es	**hatte gemessen**
wir	**hatten gemessen**
ihr	**hattet gemessen**
sie/Sie	**hatten gemessen**

PLUPERFECT SUBJUNCTIVE

ich	**hätte gemessen**
du	**hättest gemessen**
er/sie/es	**hätte gemessen**
wir	**hätten gemessen**
ihr	**hättet gemessen**
sie/Sie	**hätten gemessen**

IMPERATIVE

miss!/messen wir!/messt!/messen Sie!

EXAMPLE PHRASES

Wir **werden** unsere Kräfte mit ihnen **messen**. We'll measure our strengths against theirs.

Wie **würdest** du die Entfernung **messen**? How would you gauge the distance?

Er **hatte** ihn mit den Blicken **gemessen**. He had looked him up and down.

Ich dachte, jemand **hätte** die Zeit **gemessen**. I thought somebody had timed it.

ich = I   du = you   er = he/it   sie = she/it   es = it/he/she   wir = we   ihr = you   sie = they   Sie = you (politc)

misstrauen (to mistrust)

weak, inseparable,
formed with **haben**

PRESENT

ich	**misstraue**
du	**misstraust**
er/sie/es	**misstraut**
wir	**misstrauen**
ihr	**misstraut**
sie/Sie	**misstrauen**

PRESENT SUBJUNCTIVE

ich	**misstraue**
du	**misstrauest**
er/sie/es	**misstraue**
wir	**misstrauen**
ihr	**misstrauet**
sie/Sie	**misstrauen**

PERFECT

ich	**habe misstraut**
du	**hast misstraut**
er/sie/es	**hat misstraut**
wir	**haben misstraut**
ihr	**habt misstraut**
sie/Sie	**haben misstraut**

IMPERFECT

ich	**misstraute**
du	**misstrautest**
er/sie/es	**misstraute**
wir	**misstrauten**
ihr	**misstrautet**
sie/Sie	**misstrauten**

PRESENT PARTICIPLE
misstrauend

PAST PARTICIPLE
misstraut

EXAMPLE PHRASES

Warum **misstraut** ihr uns? Why don't you trust us?
Er sagt, er **misstraue** allen Politikern. He says he mistrusts all politicians.
Ich **habe** ihr von Anfang an **misstraut**. I didn't trust her from the start.
Sie **misstraute** ihrem Gedächtnis. She didn't trust her memory.

---

ich = I **du** = you **er** = he/it **sie** = she/it **es** = it/he/she **wir** = we **ihr** = you **sie** = they **Sie** = you *(polite)*

misstrauen

FUTURE

ich	**werde misstrauen**
du	**wirst misstrauen**
er/sie/es	**wird misstrauen**
wir	**werden misstrauen**
ihr	**werdet misstrauen**
sie/Sie	**werden misstrauen**

CONDITIONAL

ich	**würde misstrauen**
du	**würdest misstrauen**
er/sie/es	**würde misstrauen**
wir	**würden misstrauen**
ihr	**würdet misstrauen**
sie/Sie	**würden misstrauen**

PLUPERFECT

ich	**hatte misstraut**
du	**hattest misstraut**
er/sie/es	**hatte misstraut**
wir	**hatten misstraut**
ihr	**hattet misstraut**
sie/Sie	**hatten misstraut**

PLUPERFECT SUBJUNCTIVE

ich	**hätte misstraut**
du	**hättest misstraut**
er/sie/es	**hätte misstraut**
wir	**hätten misstraut**
ihr	**hättet misstraut**
sie/Sie	**hätten misstraut**

IMPERATIVE

misstrau(e)!/misstrauen wir!/misstraut!/misstrauen Sie!

EXAMPLE PHRASES

Von jetzt an **werde** ich Ihnen nicht mehr **misstrauen**. From now on I will trust you.

Ich **würde** seinen Ratschlägen **misstrauen**. I would not trust his advice.

Sie **hatte** seinen Versprechungen **misstraut**. She had not trusted his promises.

Wenn er nicht so nett gewesen wäre, **hätte** ich ihm **misstraut**. If he hadn't been so nice, I wouldn't have trusted him.

ich = I du = you er = he/it sie = she/it es = it/he/she wir = we ihr = you sie = they Sie = you (polite)

mögen (to like)

modal, *formed with* **haben**

PRESENT

ich	**mag**
du	**magst**
er/sie/es	**mag**
wir	**mögen**
ihr	**mögt**
sie/Sie	**mögen**

PRESENT SUBJUNCTIVE

ich	**möge**
du	**mögest**
er/sie/es	**möge**
wir	**mögen**
ihr	**möget**
sie/Sie	**mögen**

PERFECT

ich	**habe gemocht/mögen**
du	**hast gemocht/mögen**
er/sie/es	**hat gemocht/mögen**
wir	**haben gemocht/mögen**
ihr	**habt gemocht/mögen**
sie/Sie	**haben gemocht/mögen**

IMPERFECT

ich	**mochte**
du	**mochtest**
er/sie/es	**mochte**
wir	**mochten**
ihr	**mochtet**
sie/Sie	**mochten**

PRESENT PARTICIPLE

mögend

PAST PARTICIPLE

gemocht/mögen*

This form is used when combined with another infinitive.

EXAMPLE PHRASES

Ich **mag** gern Vanilleeis. I like vanilla ice cream.

Er sagt, er **möge** jetzt nicht mit mir reden. He says he doesn't want to talk to me right now.

Ich **habe** ihn noch nie **gemocht**. I never liked him.

Er **mochte** sie nicht danach fragen. He didn't want to ask her about it.

ich = I du = you er = he/it sie = she/it es = it/he/she wir = we ihr = you sie = they Sie = you (polite)

mögen

FUTURE

ich	**werde mögen**
du	**wirst mögen**
er/sie/es	**wird mögen**
wir	**werden mögen**
ihr	**werdet mögen**
sie/Sie	**werden mögen**

CONDITIONAL

ich	**würde mögen**
du	**würdest mögen**
er/sie/es	**würde mögen**
wir	**würden mögen**
ihr	**würdet mögen**
sie/Sie	**würden mögen**

PLUPERFECT

ich	**hatte gemocht/mögen**
du	**hattest gemocht/mögen**
er/sie/es	**hatte gemocht/mögen**
wir	**hatten gemocht/mögen**
ihr	**hattet gemocht/mögen**
sie/Sie	**hatten gemocht/mögen**

PLUPERFECT SUBJUNCTIVE

ich	**hätte gemocht/mögen**
du	**hättest gemocht/mögen**
er/sie/es	**hätte gemocht/mögen**
wir	**hätten gemocht/mögen**
ihr	**hättet gemocht/mögen**
sie/Sie	**hätten gemocht/mögen**

EXAMPLE PHRASES

Ich bin gespannt, ob ich den Film **mögen werde**. I wonder if I'm going to like the film.

Ich **würde** ihn lieber **mögen**, wenn er größer wäre. I would like him more if he was taller.

Sie **hatte** Katzen noch nie **gemocht**. She had never liked cats.

Ich weiß nicht, ob er dieses Buch **gemocht hätte**. I don't know if he would have liked this book.

ich = I du = you er = he/it sie = she/it es = it/he/she wir = we ihr = you sie = they Sie = you (*polite*)

müssen (to have to)

modal, *formed with* **haben**

PRESENT

ich	**muss**
du	**musst**
er/sie/es	**muss**
wir	**müssen**
ihr	**müsst**
sie/Sie	**müssen**

PRESENT SUBJUNCTIVE

ich	**müsse**
du	**müssest**
er/sie/es	**müsse**
wir	**müssen**
ihr	**müsset**
sie/Sie	**müssen**

PERFECT

ich	**habe gemusst/müssen**
du	**hast gemusst/müssen**
er/sie/es	**hat gemusst/müssen**
wir	**haben gemusst/müssen**
ihr	**habt gemusst/müssen**
sie/Sie	**haben gemusst/müssen**

IMPERFECT

ich	**musste**
du	**musstest**
er/sie/es	**musste**
wir	**mussten**
ihr	**musstet**
sie/Sie	**mussten**

PRESENT PARTICIPLE

müssend

PAST PARTICIPLE

gemusst/müssen*

*This form is used when combined with another infinitive.

EXAMPLE PHRASES

Ich **muss** auf die Toilette. I must go to the toilet.

Er meint, er **müsse** jetzt gehen. He thinks he'll have to leave now.

Sie **hat** abwaschen **müssen**. She had to wash up.

Wir **mussten** jeden Abend unsere Hausaufgaben machen. We had to do our
homework every night.

ich = I **du** = you **er** = he/it **sie** = she/it **es** = it/he/she **wir** = we **ihr** = you **sie** = they **Sie** = you *(polite)*

müssen

FUTURE

ich	**werde müssen**
du	**wirst müssen**
er/sie/es	**wird müssen**
wir	**werden müssen**
ihr	**werdet müssen**
sie/Sie	**werden müssen**

CONDITIONAL

ich	**würde müssen**
du	**würdest müssen**
er/sie/es	**würde müssen**
wir	**würden müssen**
ihr	**würdet müssen**
sie/Sie	**würden müssen**

PLUPERFECT

ich	**hatte gemusst/müssen**
du	**hattest gemusst/müssen**
er/sie/es	**hatte gemusst/müssen**
wir	**hatten gemusst/müssen**
ihr	**hattet gemusst/müssen**
sie/Sie	**hatten gemusst/müssen**

PLUPERFECT SUBJUNCTIVE

ich	**hätte gemusst/müssen**
du	**hättest gemusst/müssen**
er/sie/es	**hätte gemusst/müssen**
wir	**hätten gemusst/müssen**
ihr	**hättet gemusst/müssen**
sie/Sie	**hätten gemusst/müssen**

EXAMPLE PHRASES

Morgen **werden** wir nicht in die Schule **müssen**. We won't have to go to school tomorrow.

Dann **würde** er mich heiraten **müssen**. Then he would have to marry me.

Sylvia **hatte** ins Krankenhaus **gemusst**. Sylvia had had to go into hospital.

Nach diesem Foul **hätte** er eigentlich vom Platz **gemusst**. After that foul he should really have been sent off.

ich = I **du** = you **er** = he/it **sie** = she/it **es** = it/he/she **wir** = we **ihr** = you **sie** = they **Sie** = you (polite)

nehmen (to take)

strong, *formed* *with* **haben**

PRESENT

ich	**nehme**
du	**nimmst**
er/sie/es	**nimmt**
wir	**nehmen**
ihr	**nehmt**
sie/Sie	**nehmen**

PRESENT SUBJUNCTIVE

ich	**nehme**
du	**nehmest**
er/sie/es	**nehme**
wir	**nehmen**
ihr	**nehmet**
sie/Sie	**nehmen**

PERFECT

ich	**habe genommen**
du	**hast genommen**
er/sie/es	**hat genommen**
wir	**haben genommen**
ihr	**habt genommen**
sie/Sie	**haben genommen**

IMPERFECT

ich	**nahm**
du	**nahmst**
er/sie/es	**nahm**
wir	**nahmen**
ihr	**nahmt**
sie/Sie	**nahmen**

PRESENT PARTICIPLE

nehmend

PAST PARTICIPLE

genommen

EXAMPLE PHRASES

Wie viel **nimmst** du dafür? How much do you want for it?

Sie sagt, sie **nehme** keine Drogen. She says she doesn't take any drugs.

Hast du den Bus in die Stadt **genommen**? Did you take the bus into town?

Er **nahm** sich vom Brot. He helped himself to bread.

ich = I **du** = you **er** = he/it **sie** = she/it **es** = it/he/she **wir** = we **ihr** = you **sie** = they **Sie** = you (*polite*)

nehmen

FUTURE

ich	**werde nehmen**
du	**wirst nehmen**
er/sie/es	**wird nehmen**
wir	**werden nehmen**
ihr	**werdet nehmen**
sie/Sie	**werden nehmen**

CONDITIONAL

ich	**würde nehmen**
du	**würdest nehmen**
er/sie/es	**würde nehmen**
wir	**würden nehmen**
ihr	**würdet nehmen**
sie/Sie	**würden nehmen**

PLUPERFECT

ich	**hatte genommen**
du	**hattest genommen**
er/sie/es	**hatte genommen**
wir	**hatten genommen**
ihr	**hattet genommen**
sie/Sie	**hatten genommen**

PLUPERFECT SUBJUNCTIVE

ich	**hätte genommen**
du	**hättest genommen**
er/sie/es	**hätte genommen**
wir	**hätten genommen**
ihr	**hättet genommen**
sie/Sie	**hätten genommen**

IMPERATIVE
nimm/nehmen wir!/nehmt!/nehmen Sie!

EXAMPLE PHRASES

Wir **werden** den Bus in die Stadt **nehmen**. We'll take the bus into town.
Ich **würde** gern noch vom Brot **nehmen**. I'd like to take some more bread.
Er **hatte** seine Medizin nicht **genommen**. He hadn't taken his medicine.
An Ihrer Stelle **hätte** ich ihn nicht ernst **genommen**. If I were you I wouldn't
  have taken him seriously.

ich = I du = you er = he/it sie = she/it es = it/he/she wir = we ihr = you sie = they Sie = you (polite)

nennen (to name)

mixed, *formed with* haben

PRESENT

ich	**nenne**
du	**nennst**
er/sie/es	**nennt**
wir	**nennen**
ihr	**nennt**
sie/Sie	**nennen**

PRESENT SUBJUNCTIVE

ich	**nenne**
du	**nennest**
er/sie/es	**nenne**
wir	**nennen**
ihr	**nennet**
sie/Sie	**nennen**

PERFECT

ich	**habe genannt**
du	**hast genannt**
er/sie/es	**hat genannt**
wir	**haben genannt**
ihr	**habt genannt**
sie/Sie	**haben genannt**

IMPERFECT

ich	**nannte**
du	**nanntest**
er/sie/es	**nannte**
wir	**nannten**
ihr	**nanntet**
sie/Sie	**nannten**

PRESENT PARTICIPLE

nennend

PAST PARTICIPLE

gennant

EXAMPLE PHRASES

Das **nenne** ich Mut! That's what I call courage!

Er sagt, er **nenne** ihn 'Franzi'. He says he calls him 'Franzi'.

Er **hat** ihn nach seinem Vater **genannt**. He named him after his father.

Sie **nannte** mir den Namen ihres Arztes. She told me the name of her doctor.

---

ich = I du = you er = he/it sie = she/it es = it/he/she wir = we ihr = you sie = they Sie = you *(polite)*

nennen

FUTURE

ich	**werde nennen**
du	**wirst nennen**
er/sie/es	**wird nennen**
wir	**werden nennen**
ihr	**werdet nennen**
sie/Sie	**werden nennen**

CONDITIONAL

ich	**würde nennen**
du	**würdest nennen**
er/sie/es	**würde nennen**
wir	**würden nennen**
ihr	**würdet nennen**
sie/Sie	**würden nennen**

PLUPERFECT

ich	**hätte gennant**
du	**hättest gennant**
er/sie/es	**hätte gennant**
wir	**hätten gennant**
ihr	**hättet gennant**
sie/Sie	**hätten gennant**

PLUPERFECT SUBJUNCTIVE

ich	**hätte gennant**
du	**hättest gennant**
er/sie/es	**hätte gennant**
wir	**hätten gennant**
ihr	**hättet gennant**
sie/Sie	**hätten gennant**

IMPERATIVE
nenn(e)!/nennen wir!/nennt!/nennen Sie!

EXAMPLE PHRASES

Werden Sie mir seinen Namen **nennen**? Are you going to tell me his name?

Ich **würde** sie nicht gerade freundlich **nennen**. I wouldn't exactly say she's
   friendly.

Er **hatte** der Polizei alle Komplizen **genannt**. He had named all his accomplices
   to the police.

Ich **hätte** Ihnen gern noch mehr Gründe **genannt**. I would have liked to give
   you more reasons.

ich = I   **du** = you   **er** = he/it   **sie** = she/it   **es** = it/he/she   **wir** = we   **ihr** = you   **sie** = they   **Sie** = you (polite)

raten (to guess; to advise)

strong, *formed with* **haben**

PRESENT

ich	**rate**
du	**rätst**
er/sie/es	**rät**
wir	**raten**
ihr	**ratet**
sie/Sie	**raten**

PRESENT SUBJUNCTIVE

ich	**rate**
du	**ratest**
er/sie/es	**rate**
wir	**raten**
ihr	**ratet**
sie/Sie	**raten**

PERFECT

ich	**habe geraten**
du	**hast geraten**
er/sie/es	**hat geraten**
wir	**haben geraten**
ihr	**habt geraten**
sie/Sie	**haben geraten**

IMPERFECT

ich	**riet**
du	**riet(e)st**
er/sie/es	**riet**
wir	**rieten**
ihr	**rietet**
sie/Sie	**rieten**

PRESENT PARTICIPLE

ratend

PAST PARTICIPLE

geraten

EXAMPLE PHRASES

Ich **rate** dir, zu gehen. I advise you to go.

Sie sagt, sie **rate** ihm, die Stadt zu verlassen. She says she's advising him to leave town.

Ich **habe** das nur so **geraten**. I was only guessing.

Er **riet** mir, einen Astrologen aufzusuchen. He advised me to consult an astrologer.

ich = I **du** = you **er** = he/it **sie** = she/it **es** = it/he/she **wir** = we **ihr** = you **sie** = they **Sie** = you (*polite*)

raten

FUTURE

ich	**werde raten**
du	**wirst raten**
er/sie/es	**wird raten**
wir	**werden raten**
ihr	**werdet raten**
sie/Sie	**werden raten**

CONDITIONAL

ich	**würde raten**
du	**würdest raten**
er/sie/es	**würde raten**
wir	**würden raten**
ihr	**würdet raten**
sie/Sie	**würden raten**

PLUPERFECT

ich	**hatte geraten**
du	**hattest geraten**
er/sie/es	**hatte geraten**
wir	**hatten geraten**
ihr	**hattet geraten**
sie/Sie	**hatten geraten**

PLUPERFECT SUBJUNCTIVE

ich	**hätte geraten**
du	**hättest geraten**
er/sie/es	**hätte geraten**
wir	**hätten geraten**
ihr	**hättet geraten**
sie/Sie	**hätten geraten**

IMPERATIVE

rat(e)!/raten wir!/ratet!/raten Sie!

EXAMPLE PHRASES

Das **wirst** du nie **raten**! You'll never guess!

Das **würde** ich dir nicht **raten**. I wouldn't recommend it.

Er **hatte** mir zu einer Auslandsreise **geraten**. He had advised me to travel abroad.

Ich **hätte** nie **geraten**, dass sie deine Schwester ist. I would never have guessed that she's your sister.

rechnen (to calculate)

weak, *formed with* **haben**

PRESENT

ich	**rechne**
du	**rechnest**
er/sie/es	**rechnet**
wir	**rechnen**
ihr	**rechnet**
sie/Sie	**rechnen**

PRESENT SUBJUNCTIVE

ich	**rechne**
du	**rechnest**
er/sie/es	**rechne**
wir	**rechnen**
ihr	**rechnet**
sie/Sie	**rechnen**

PERFECT

ich	**habe gerechnet**
du	**hast gerechnet**
er/sie/es	**hat gerechnet**
wir	**haben gerechnet**
ihr	**habt gerechnet**
sie/Sie	**haben gerechnet**

IMPERFECT

ich	**rechnete**
du	**rechnetest**
er/sie/es	**rechnete**
wir	**rechneten**
ihr	**rechnetet**
sie/Sie	**rechneten**

PRESENT PARTICIPLE

rechnend

PAST PARTICIPLE

gerechnet

EXAMPLE PHRASES

Wir **rechnen** auf dich. We are counting on you.

Sie sagt, sie **rechne** damit, dass es regnet. She says she expects it to rain.

Damit **habe** ich nicht **gerechnet**. I wasn't expecting that.

Man **rechnete** ihn zu den besten Spielern. He was regarded as one of the top players.

---

ich = I **du** = you **er** = he/it **sie** = she/it **es** = it/he/she **wir** = we **ihr** = you **sie** = they **Sie** = you (polite)

rechnen

FUTURE

ich	**werde rechnen**
du	**wirst rechnen**
er/sie/es	**wird rechnen**
wir	**werden rechnen**
ihr	**werdet rechnen**
sie/Sie	**werden rechnen**

CONDITIONAL

ich	**würde rechnen**
du	**würdest rechnen**
er/sie/es	**würde rechnen**
wir	**würden rechnen**
ihr	**würdet rechnen**
sie/Sie	**würden rechnen**

PLUPERFECT

ich	**hatte gerechnet**
du	**hattest gerechnet**
er/sie/es	**hatte gerechnet**
wir	**hatten gerechnet**
ihr	**hattet gerechnet**
sie/Sie	**hatten gerechnet**

PLUPERFECT SUBJUNCTIVE

ich	**hätte gerechnet**
du	**hättest gerechnet**
er/sie/es	**hätte gerechnet**
wir	**hätten gerechnet**
ihr	**hättet gerechnet**
sie/Sie	**hätten gerechnet**

IMPERATIVE
rechne!/rechnen wir!/rechnet!/rechnen Sie!

EXAMPLE PHRASES

Ich **werde** mal schnell **rechnen**, wie viel das wird. I'll work out quickly how much that's going to be.

Ich **würde** jetzt nicht mehr mit ihm **rechnen**. I wouldn't reckon on him coming now.

Da **hattest** du falsch **gerechnet**! You had got that wrong!

Ich **hätte** nie damit **gerechnet**, dass er gewinnt. I would never have expected him to win.

ich = I **du** = you **er** = he/it **sie** = she/it **es** = it/he/she **wir** = we **ihr** = you **sie** = they **Sie** = you *(polite)*

reden (to talk)

weak, *formed with* **haben**

PRESENT

ich	**rede**
du	**redest**
er/sie/es	**redet**
wir	**reden**
ihr	**redet**
sie/Sie	**reden**

PRESENT SUBJUNCTIVE

ich	**rede**
du	**redest**
er/sie/es	**rede**
wir	**reden**
ihr	**redet**
sie/Sie	**reden**

PERFECT

ich	**habe geredet**
du	**hast geredet**
er/sie/es	**hat geredet**
wir	**haben geredet**
ihr	**habt geredet**
sie/Sie	**haben geredet**

IMPERFECT

ich	**redete**
du	**redetest**
er/sie/es	**redete**
wir	**redeten**
ihr	**redetet**
sie/Sie	**redeten**

PRESENT PARTICIPLE

redend

PAST PARTICIPLE

geredet

EXAMPLE PHRASES

Wir **reden** besser erst darüber. We should talk about it first.

Er meint, ich **rede** Unsinn. He thinks I'm talking nonsense.

Sie **hat** ununterbrochen **geredet**. She was talking the whole time.

Er **redete** ständig von seinem Hund. He kept talking about his dog.

---

ich = I **du** = you **er** = he/it **sie** = she/it **es** = it/he/she **wir** = we **ihr** = you **sie** = they **Sie** = you (*polite*)

reden

FUTURE

ich	**werde reden**
du	**wirst reden**
er/sie/es	**wird reden**
wir	**werden reden**
ihr	**werdet reden**
sie/Sie	**werden reden**

CONDITIONAL

ich	**würde reden**
du	**würdest reden**
er/sie/es	**würde reden**
wir	**würden reden**
ihr	**würdet reden**
sie/Sie	**würden reden**

PLUPERFECT

ich	**hatte geredet**
du	**hattest geredet**
er/sie/es	**hatte geredet**
wir	**hatten geredet**
ihr	**hattet geredet**
sie/Sie	**hatten geredet**

PLUPERFECT SUBJUNCTIVE

ich	**hätte geredet**
du	**hättest geredet**
er/sie/es	**hätte geredet**
wir	**hätten geredet**
ihr	**hättet geredet**
sie/Sie	**hätten geredet**

IMPERATIVE
red(e)!/reden wir!/redet!/reden Sie!

EXAMPLE PHRASES

Ich **werde** mit deinem Vater **reden**. I'll speak to your father.

Er **würde** am liebsten nicht mehr darüber **reden**. He would prefer not to talk about it anymore.

Er **hatte** davon **geredet**, ins Ausland zu ziehen. He had been talking about moving abroad.

Ich wünschte, ich **hätte** mit ihm **geredet**. I wished I had talked to him.

ich = I **du** = you **er** = he/it **sie** = she/it **es** = it/he/she **wir** = we **ihr** = you **sie** = they **Sie** = you (polite)

reißen (to tear)

strong, *formed with* haben/sein*

PRESENT

ich	**reiße**
du	**reißt**
er/sie/es	**reißt**
wir	**reißen**
ihr	**reißt**
sie/Sie	**reißen**

PRESENT SUBJUNCTIVE

ich	**reiße**
du	**reißest**
er/sie/es	**reiße**
wir	**reißen**
ihr	**reißet**
sie/Sie	**reißen**

PERFECT

ich	**habe gerissen**
du	**hast gerissen**
er/sie/es	**hat gerissen**
wir	**haben gerissen**
ihr	**habt gerissen**
sie/Sie	**haben gerissen**

IMPERFECT

ich	**riss**
du	**rissest**
er/sie/es	**riss**
wir	**rissen**
ihr	**risst**
sie/Sie	**rissen**

PRESENT PARTICIPLE

reißend

PAST PARTICIPLE

gerissen

*When reißen is used with no direct object, it is formed with sein.

EXAMPLE PHRASES

Das Seil **reißt**. The rope is breaking.

Er sagt, ihm **reiße** bald die Geduld. He says his patience will soon be at an end.

Er **hat** mir den Geldbeutel aus der Hand **gerissen**. He snatched my purse
from my hand.

Sie **riss** ihn zu Boden. She dragged him to the floor.

ich = I du = you er = he/it sie = she/it es = it/he/she wir = we ihr = you sie = they Sie = you (polite)

reißen

FUTURE

ich **werde reißen**
du **wirst reißen**
er/sie/es **wird reißen**
wir **werden reißen**
ihr **werdet reißen**
sie/Sie **werden reißen**

CONDITIONAL

ich **würde reißen**
du **würdest reißen**
er/sie/es **würde reißen**
wir **würden reißen**
ihr **würdet reißen**
sie/Sie **würden reißen**

PLUPERFECT

ich **hatte gerissen**
du **hattest gerissen**
er/sie/es **hatte gerissen**
wir **hatten gerissen**
ihr **hattet gerissen**
sie/Sie **hatten gerissen**

PLUPERFECT SUBJUNCTIVE

ich **hätte gerissen**
du **hättest gerissen**
er/sie/es **hätte gerissen**
wir **hätten gerissen**
ihr **hättet gerissen**
sie/Sie **hätten gerissen**

IMPERATIVE
reiß(e)!/reißen wir!/reißt!/reißen Sie!

EXAMPLE PHRASES

Die Kunden **werden** sich um die Sonderangebote **reißen**. The customers will be scrambling for the special offers.

Ich **würde** ihn nicht gern aus seinen Gedanken **reißen**. I wouldn't like to interrupt his thoughts.

Er **hatte** uns alle ins Verderben **gerissen**. He had ruined all of us.

Die Lawine **hätte** ihn in den Tod **gerissen**. The avalanche would have swept him to his death.

ich = I du = you er = he/it sie = she/it es = it/he/she wir = we ihr = you sie = they Sie = you (polite)

rennen (to run)

mixed, *formed with* **sein**

PRESENT

ich	**renne**
du	**rennst**
er/sie/es	**rennt**
wir	**rennen**
ihr	**rennt**
sie/Sie	**rennen**

PRESENT SUBJUNCTIVE

ich	**renne**
du	**rennest**
er/sie/es	**renne**
wir	**rennen**
ihr	**rennet**
sie/Sie	**rennen**

PERFECT

ich	**bin gerannt**
du	**bist gerannt**
er/sie/es	**ist gerannt**
wir	**sind gerannt**
ihr	**seid gerannt**
sie/Sie	**sind gerannt**

IMPERFECT

ich	**rannte**
du	**ranntest**
er/sie/es	**rannte**
wir	**rannten**
ihr	**ranntet**
sie/Sie	**rannten**

PRESENT PARTICIPLE

rennend

PAST PARTICIPLE

gerannt

EXAMPLE PHRASES

Er **rennt** dauernd zum Chef. He keeps running to the boss.

Sie denkt, ich **renne** ins Unglück. She thinks I'm rushing into disaster.

Ich **bin** mit dem Kopf gegen die Wand **gerannt**. I bumped my head against
the wall.

Sie **rannte** schnell weg. She ran away fast.

ich = I **du** = you **er** = he/it **sie** = she/it **es** = it/he/she **wir** = we **ihr** = you **sie** = they **Sie** = you (*polite*)

rennen

FUTURE

ich	**werde rennen**
du	**wirst rennen**
er/sie/es	**wird rennen**
wir	**werden rennen**
ihr	**werdet rennen**
sie/Sie	**werden rennen**

CONDITIONAL

ich	**würde rennen**
du	**würdest rennen**
er/sie/es	**würde rennen**
wir	**würden rennen**
ihr	**würdet rennen**
sie/Sie	**würden rennen**

PLUPERFECT

ich	**war gerannt**
du	**warst gerannt**
er/sie/es	**war gerannt**
wir	**waren gerannt**
ihr	**wart gerannt**
sie/Sie	**waren gerannt**

PLUPERFECT SUBJUNCTIVE

ich	**wäre gerannt**
du	**wär(e)st gerannt**
er/sie/es	**wäre gerannt**
wir	**wären gerannt**
ihr	**wär(e)t gerannt**
sie/Sie	**wären gerannt**

IMPERATIVE

renn(e)!/rennen wir!/rennt!/rennen Sie

EXAMPLE PHRASES

Ich **werde** die 100 Meter nicht **rennen**. I won't run the 100 metres.

Bei Kopfschmerzen **würde** er sofort zum Arzt **rennen**. If he had a headache he would rush straight to the doctor.

Ich **war** so **gerannt**, dass mir die Luft wegblieb. I had been running so much that I was out of breath.

Wenn wir nicht **gerannt wären**, hätten wir den Zug verpasst. If we hadn't run we'd have missed the train.

ich = I **du** = you **er** = he/it **sie** = she/it **es** = it/he/she **wir** = we **ihr** = you **sie** = they **Sie** = you (polite)

riechen (to smell)

strong, *formed with* haben

PRESENT

ich	**rieche**
du	**riechst**
er/sie/es	**riecht**
wir	**riechen**
ihr	**riecht**
sie/Sie	**riechen**

PRESENT SUBJUNCTIVE

ich	**rieche**
du	**riechest**
er/sie/es	**rieche**
wir	**riechen**
ihr	**riechet**
sie/Sie	**riechen**

PERFECT

ich	**habe gerochen**
du	**hast gerochen**
er/sie/es	**hat gerochen**
wir	**haben gerochen**
ihr	**habt gerochen**
sie/Sie	**haben gerochen**

IMPERFECT

ich	**roch**
du	**rochst**
er/sie/es	**roch**
wir	**rochen**
ihr	**rocht**
sie/Sie	**rochen**

PRESENT PARTICIPLE

riechend

PAST PARTICIPLE

gerochen

EXAMPLE PHRASES

Ich **rieche** Gas. I can smell gas.
Sie sagt, sie **rieche** nichts. She says she can't smell anything.
Sie **hat** an der Rose **gerochen**. She smelled the rose.
In der Küche **roch** es angebrannt. There was a smell of burning in the kitchen.

---

ich = I **du** = you **er** = he/it **sie** = she/it **es** = it/he/she **wir** = we **ihr** = you **sie** = they **Sie** = you *(polite)*

riechen

FUTURE

ich	**werde riechen**
du	**wirst riechen**
er/sie/es	**wird riechen**
wir	**werden riechen**
ihr	**werdet riechen**
sie/Sie	**werden riechen**

CONDITIONAL

ich	**würde riechen**
du	**würdest riechen**
er/sie/es	**würde riechen**
wir	**würden riechen**
ihr	**würdet riechen**
sie/Sie	**würden riechen**

PLUPERFECT

ich	**hatte gerochen**
du	**hattest gerochen**
er/sie/es	**hatte gerochen**
wir	**hatten gerochen**
ihr	**hattet gerochen**
sie/Sie	**hatten gerochen**

PLUPERFECT SUBJUNCTIVE

ich	**hätte gerochen**
du	**hättest gerochen**
er/sie/es	**hätte gerochen**
wir	**hätten gerochen**
ihr	**hättet gerochen**
sie/Sie	**hätten gerochen**

IMPERATIVE
riech(e)!/riechen wir!/riecht!/riechen Sie!

EXAMPLE PHRASES

Endlich **werde** ich wieder Landluft **riechen**. At last I'll smell country air again.

Wenn ich nicht geduscht hätte, **würde** ich nach Schweiß **riechen**. If I hadn't taken a shower I would smell of sweat.

In der Garage **hatte** es nach Benzin **gerochen**. There had been a smell of petrol in the garage.

Das **hätte** fast nach Betrug **gerochen**. It almost smacked of deceit.

ich = I **du** = you **er** = he/it **sie** = she/it **es** = it/he/she **wir** = we **ihr** = you **sie** = they **Sie** = you (polite)

rufen (to shout, call)

strong, *formed with* **haben**

PRESENT

ich	**rufe**
du	**rufst**
er/sie/es	**ruft**
wir	**rufen**
ihr	**ruft**
sie/Sie	**rufen**

PRESENT SUBJUNCTIVE

ich	**rufe**
du	**rufest**
er/sie/es	**rufe**
wir	**rufen**
ihr	**rufet**
sie/Sie	**rufen**

PERFECT

ich	**habe gerufen**
du	**hast gerufen**
er/sie/es	**hat gerufen**
wir	**haben gerufen**
ihr	**habt gerufen**
sie/Sie	**haben gerufen**

IMPERFECT

ich	**rief**
du	**riefst**
er/sie/es	**rief**
wir	**riefen**
ihr	**rieft**
sie/Sie	**riefen**

PRESENT PARTICIPLE
rufend

PAST PARTICIPLE
gerufen

EXAMPLE PHRASES

Sie **ruft** um Hilfe. She is shouting for help.
Er meint, er **rufe** besser ein Taxi. He thinks it's best to call a taxi.
Ich **habe** dir ein Taxi **gerufen**. I called you a taxi.
Er **rief** seine Schwester zu sich. He sent for his sister.

rufen

FUTURE

ich	**werde rufen**
du	**wirst rufen**
er/sie/es	**wird rufen**
wir	**werden rufen**
ihr	**werdet rufen**
sie/Sie	**werden rufen**

CONDITIONAL

ich	**würde rufen**
du	**würdest rufen**
er/sie/es	**würde rufen**
wir	**würden rufen**
ihr	**würdet rufen**
sie/Sie	**würden rufen**

PLUPERFECT

ich	**hatte gerufen**
du	**hattest gerufen**
er/sie/es	**hatte gerufen**
wir	**hatten gerufen**
ihr	**hattet gerufen**
sie/Sie	**hatten gerufen**

PLUPERFECT SUBJUNCTIVE

ich	**hätte gerufen**
du	**hättest gerufen**
er/sie/es	**hätte gerufen**
wir	**hätten gerufen**
ihr	**hättet gerufen**
sie/Sie	**hätten gerufen**

IMPERATIVE
ruf(e)!/rufen wir!/ruft!/rufen Sie!

EXAMPLE PHRASES

Ich **werde** ihn **rufen**, damit er hereinkommt. I'll call him so that he comes in.
Im Notfall **würden** wir den Arzt **rufen**. In an emergency we would call the
 doctor.
Hattest du die Polizei **gerufen**? Had you called the police?
Sie **hätte** einen Krankenwagen **gerufen**, aber sie hatte kein Handy.
 She would have called an ambulance, but she didn't have a mobile.

---

ich = I **du** = you **er** = he/it **sie** = she/it **es** = it/he/she **wir** = we **ihr** = you **sie** = they **Sie** = you (polite)

schaffen* (to create)

strong, formed with haben

PRESENT

ich	schaffe
du	schaffst
er/sie/es	schafft
wir	schaffen
ihr	schafft
sie/Sie	schaffen

PRESENT SUBJUNCTIVE

ich	schaffe
du	schaffest
er/sie/es	schaffe
wir	schaffen
ihr	schaffet
sie/Sie	schaffen

PERFECT

ich	habe geschaffen
du	hast geschaffen
er/sie/es	hat geschaffen
wir	haben geschaffen
ihr	habt geschaffen
sie/Sie	haben geschaffen

IMPERFECT

ich	schuf
du	schufst
er/sie/es	schuf
wir	schufen
ihr	schuft
sie/Sie	schufen

PRESENT PARTICIPLE

schaffend

PAST PARTICIPLE

geschaffen

*Weak when means to manage.

EXAMPLE PHRASES

Du **schaffst** dir nur Probleme. You're only creating problems for yourself.

Er sagt, das **schaffe** er heute nicht. He says he won't manage it today.

Die Regierung **hat** 20.000 Arbeitsplätze **geschaffen**. The government has created 20,000 jobs.

Gott **schuf** Himmel und Erde. God created heaven and earth.

ich = I du = you er = he/it sie = she/it es = it/he/she wir = we ihr = you sie = they Sie = you (polite)

schaffen

FUTURE

ich	werde schaffen
du	wirst schaffen
er/sie/es	wird schaffen
wir	werden schaffen
ihr	werdet schaffen
sie/Sie	werden schaffen

CONDITIONAL

ich	würde schaffen
du	würdest schaffen
er/sie/es	würde schaffen
wir	würden schaffen
ihr	würdet schaffen
sie/Sie	würden schaffen

PLUPERFECT

ich	hatte geschaffen
du	hattest geschaffen
er/sie/es	hatte geschaffen
wir	hatten geschaffen
ihr	hattet geschaffen
sie/Sie	hatten geschaffen

PLUPERFECT SUBJUNCTIVE

ich	hätte geschaffen
du	hättest geschaffen
er/sie/es	hätte geschaffen
wir	hätten geschaffen
ihr	hättet geschaffen
sie/Sie	hätten geschaffen

IMPERATIVE
schaff(e)!/schaffen wir!/schafft!/schaffen Sie!

EXAMPLE PHRASES
Diese Medizin **wird** Linderung **schaffen**. This medicine will bring relief.
Das **würde** endlich Klarheit **schaffen**. This would finally provide clarification.
Diese Politik **hatte** eine neue Situation **geschaffen**. This policy had created
a new situation.
Er **hätte** doch nur Ärger **geschaffen**. He would only have caused trouble.

ich = I du = you er = he/it sie = she/it es = it/he/she wir = we ihr - you sie = they Sie - you (polite)

scheinen (to shine; to seem) strong, *formed* with haben

PRESENT

ich	**scheine**
du	**scheinst**
er/sie/es	**scheint**
wir	**scheinen**
ihr	**scheint**
sie/Sie	**scheinen**

PRESENT SUBJUNCTIVE

ich	**scheine**
du	**scheinest**
er/sie/es	**scheine**
wir	**scheinen**
ihr	**scheinet**
sie/Sie	**scheinen**

PERFECT

ich	**habe geschienen**
du	**hast geschienen**
er/sie/es	**hat geschienen**
wir	**haben geschienen**
ihr	**habt geschienen**
sie/Sie	**haben geschienen**

IMPERFECT

ich	**schien**
du	**schienst**
er/sie/es	**schien**
wir	**schienen**
ihr	**schient**
sie/Sie	**schienen**

PRESENT PARTICIPLE

scheinend

PAST PARTICIPLE

geschienen

EXAMPLE PHRASES

Es **scheint**, als ob du Recht hast. It appears as if you're right.

Er meint, das **scheine** uns nicht zu interessieren. He thinks we don't seem to be interested.

Gestern **hat** die Sonne nicht **geschienen**. The sun wasn't shining yesterday.

Sie **schienen** glücklich zu sein. They seemed to be happy.

---

ich = I **du** = you **er** = he/it **sie** = she/it **es** = it/he/she **wir** = we **ihr** = you **sie** = they **Sie** = you (*polite*)

scheinen

FUTURE

ich	**werde scheinen**
du	**wirst scheinen**
er/sie/es	**wird scheinen**
wir	**werden scheinen**
ihr	**werdet scheinen**
sie/Sie	**werden scheinen**

CONDITIONAL

ich	**würde scheinen**
du	**würdest scheinen**
er/sie/es	**würde scheinen**
wir	**würden scheinen**
ihr	**würdet scheinen**
sie/Sie	**würden scheinen**

PLUPERFECT

ich	**hatte geschienen**
du	**hattest geschienen**
er/sie/es	**hatte geschienen**
wir	**hatten geschienen**
ihr	**hattet geschienen**
sie/Sie	**hatten geschienen**

PLUPERFECT SUBJUNCTIVE

ich	**hätte geschienen**
du	**hättest geschienen**
er/sie/es	**hätte geschienen**
wir	**hätten geschienen**
ihr	**hättet geschienen**
sie/Sie	**hätten geschienen**

IMPERATIVE

schein(e)!/scheinen wir!/scheint!/scheinen Sie!

EXAMPLE PHRASES

In Italien **wird** bestimmt die Sonne **scheinen**. I'm sure the sun will be shining in Italy.

Es **würde scheinen**, als ob wir das Spiel verlieren. It would seem we'll be losing the match.

Die Sonne **hatte** den ganzen Tag nicht **geschienen**. There had been no sunshine all day.

Wenn doch nur die Sonne **geschienen hätte**! If only the sun had been shining!

ich = I du = you er = he/it sie = she/it es = it/he/she wir = we ihr = you sie = they Sie = you (polite)

schießen (to shoot)

strong, *formed with* haben

PRESENT

ich	**schieße**
du	**schießt**
er/sie/es	**schießt**
wir	**schießen**
ihr	**schießt**
sie/Sie	**schießen**

PRESENT SUBJUNCTIVE

ich	**schieße**
du	**schießest**
er/sie/es	**schieße**
wir	**schießen**
ihr	**schießet**
sie/Sie	**schießen**

PERFECT

ich	**habe geschossen**
du	**hast geschossen**
er/sie/es	**hat geschossen**
wir	**haben geschossen**
ihr	**habt geschossen**
sie/Sie	**haben geschossen**

IMPERFECT

ich	**schoss**
du	**schossest**
er/sie/es	**schoss**
wir	**schossen**
ihr	**schosst**
sie/Sie	**schossen**

PRESENT PARTICIPLE
schießend

PAST PARTICIPLE
geschossen

EXAMPLE PHRASES

Sie **schießen** auf uns. They are shooting at us.
Er sagt, er **schieße** nie auf Menschen. He says he never shoots at people.
Er **hat** ein Kaninchen **geschossen**. He shot a rabbit.
Sie **schoss** den Ball ins Tor. She kicked the ball into the goal.

---

ich = I du = you er = he/it sie = she/it es = it/he/she wir = we ihr = you sie = they Sie = you (*polite*)

schießen

FUTURE

ich	**werde schießen**
du	**wirst schießen**
er/sie/es	**wird schießen**
wir	**werden schießen**
ihr	**werdet schießen**
sie/Sie	**werden schießen**

CONDITIONAL

ich	**würde schießen**
du	**würdest schießen**
er/sie/es	**würde schießen**
wir	**würden schießen**
ihr	**würdet schießen**
sie/Sie	**würden schießen**

PLUPERFECT

ich	**hatte geschossen**
du	**hattest geschossen**
er/sie/es	**hatte geschossen**
wir	**hatten geschossen**
ihr	**hattet geschossen**
sie/Sie	**hatten geschossen**

PLUPERFECT SUBJUNCTIVE

ich	**hätte geschossen**
du	**hättest geschossen**
er/sie/es	**hätte geschossen**
wir	**hätten geschossen**
Ihr	**hättet geschossen**
sie/Sie	**hätten geschossen**

IMPERATIVE
schieß(e)!/schießen wir!/schießt!/schießen Sie!

EXAMPLE PHRASES

Wir **werden** dort ein paar Bilder **schießen**. We'll shoot a few pictures there.

Er **würde** niemals auf einen Polizisten **schießen**. He would never shoot at a policeman.

Sie **hatte** ihn zum Krüppel **geschossen**. She had shot and crippled him.

Wenn ich **geschossen hätte**, wäre ich verhaftet worden. If I had fired a shot I would have been arrested.

ich = I **du** = you **er** = he/it **sie** = she/it **es** = it/he/she **wir** = we **ihr** = you **sie** = they **Sie** = you (polite)

schlafen (to sleep)

strong, *formed with* **haben**

PRESENT

ich	**schlafe**
du	**schläfst**
er/sie/es	**schläft**
wir	**schlafen**
ihr	**schlaft**
sie/Sie	**schlafen**

PRESENT SUBJUNCTIVE

ich	**schlafe**
du	**schlafest**
er/sie/es	**schlafe**
wir	**schlafen**
ihr	**schlafet**
sie/Sie	**schlafen**

PERFECT

ich	**habe geschlafen**
du	**hast geschlafen**
er/sie/es	**hat geschlafen**
wir	**haben geschlafen**
ihr	**habt geschlafen**
sie/Sie	**haben geschlafen**

IMPERFECT

ich	**schlief**
du	**schliefst**
er/sie/es	**schlief**
wir	**schliefen**
ihr	**schlieft**
sie/Sie	**schliefen**

PRESENT PARTICIPLE

schlafend

PAST PARTICIPLE

geschlafen

EXAMPLE PHRASES

Sie **schläft** immer noch. She's still asleep.
Er sagt, sie **schlafe** immer noch. He says she's still asleep.
Hast du gut **geschlafen**? Did you sleep well?
Er **schlief** während des Unterrichts. He slept during lessons.

---

ich = I **du** = you **er** = he/it **sie** = she/it **es** = it/he/she **wir** = we **ihr** = you **sie** = they **Sie** = you (*polite*)

schlafen

FUTURE

ich	**werde schlafen**
du	**wirst schlafen**
er/sie/es	**wird schlafen**
wir	**werden schlafen**
ihr	**werdet schlafen**
sie/Sie	**werden schlafen**

CONDITIONAL

ich	**würde schlafen**
du	**würdest schlafen**
er/sie/es	**würde schlafen**
wir	**würden schlafen**
ihr	**würdet schlafen**
sie/Sie	**würden schlafen**

PLUPERFECT

ich	**hatte geschlafen**
du	**hattest geschlafen**
er/sie/es	**hatte geschlafen**
wir	**hatten geschlafen**
ihr	**hattet geschlafen**
sie/Sie	**hatten geschlafen**

PLUPERFECT SUBJUNCTIVE

ich	**hätte geschlafen**
du	**hättest geschlafen**
er/sie/es	**hätte geschlafen**
wir	**hätten geschlafen**
ihr	**hättet geschlafen**
sie/Sie	**hätten geschlafen**

IMPERATIVE

schlaf(e)!/schlafen wir!/schlaft!/schlafen Sie!

EXAMPLE PHRASES

Heute Nacht **wirst** du bestimmt gut **schlafen**. I'm sure you'll sleep well tonight.

Mit einer Schlaftablette **würde** ich besser **schlafen**. I would sleep better if I took a sleeping pill.

Ich **hatte** drei Tage lang nicht **geschlafen**. I hadn't slept for three days.

Ohne den Lärm **hätte** ich besser **geschlafen**. Without the noise I'd have slept better.

---

ich = I **du** = you **er** = he/it **sie** = she/it **es** = it/he/she **wir** = we **ihr** = you **sie** = they **Sie** = you (polite)

schlagen (to hit)

strong, *formed with* haben

PRESENT

ich	schlage
du	schlägst
er/sie/es	schlägt
wir	schlagen
ihr	schlagt
sie/Sie	schlagen

PRESENT SUBJUNCTIVE

ich	schlage
du	schlagest
er/sie/es	schlage
wir	schlagen
ihr	schlaget
sie/Sie	schlagen

PERFECT

ich	habe geschlagen
du	hast geschlagen
er/sie/es	hat geschlagen
wir	haben geschlagen
ihr	habt geschlagen
sie/Sie	haben geschlagen

IMPERFECT

ich	schlug
du	schlugst
er/sie/es	schlug
wir	schlugen
ihr	schlugt
sie/Sie	schlugen

PRESENT PARTICIPLE

schlagend

PAST PARTICIPLE

geschlagen

EXAMPLE PHRASES

Mein Herz **schlägt** schneller. My heart is beating faster.
Er glaubt, sein Nachbar **schlage** seine Kinder. He believes his neighbour beats his children.
England **hat** Deutschland **geschlagen**. England beat Germany.
Ihr Herz **schlug** schneller. Her heart beat faster.

---

ich = I **du** = you **er** = he/it **sie** = she/it **es** = it/he/she **wir** = we **ihr** = you **sie** = they **Sie** = you (*polite*)

schlagen

FUTURE

ich	**werde schlagen**
du	**wirst schlagen**
er/sie/es	**wird schlagen**
wir	**werden schlagen**
ihr	**werdet schlagen**
sie/Sie	**werden schlagen**

CONDITIONAL

ich	**würde schlagen**
du	**würdest schlagen**
er/sie/es	**würde schlagen**
wir	**würden schlagen**
ihr	**würdet schlagen**
sie/Sie	**würden schlagen**

PLUPERFECT

ich	**hatte geschlagen**
du	**hattest geschlagen**
er/sie/es	**hatte geschlagen**
wir	**hatten geschlagen**
ihr	**hattet geschlagen**
sie/Sie	**hatten geschlagen**

PLUPERFECT SUBJUNCTIVE

ich	**hätte geschlagen**
du	**hättest geschlagen**
er/sie/es	**hätte geschlagen**
wir	**hätten geschlagen**
ihr	**hättet geschlagen**
sie/Sie	**hätten geschlagen**

IMPERATIVE
schlag(e)!/schlagen wir!/schlagt!/schlagen Sie!

EXAMPLE PHRASES

Wir **werden** alle unsere Gegner **schlagen**. We will beat all our opponents.

Ich **würde** mich nicht mit ihm **schlagen**. I wouldn't fight with him.

Die Uhr **hatte** zehn **geschlagen**. The clock had struck ten.

Mit etwas Glück **hätten** wir sie **geschlagen**. With a little luck we would have beaten them.

ich = I **du** = you **er** = he/it **sie** = she/it **es** = it/he/she **wir** = we **ihr** = you **sie** = they **Sie** = you (polite)

schließen (to close)

strong, *formed* with **haben**

PRESENT

ich	**schließe**
du	**schließt**
er/sie/es	**schließt**
wir	**schließen**
ihr	**schließt**
sie/Sie	**schließen**

PRESENT SUBJUNCTIVE

ich	**schließe**
du	**schließest**
er/sie/es	**schließe**
wir	**schließen**
ihr	**schließet**
sie/Sie	**schließen**

PERFECT

ich	**habe geschlossen**
du	**hast geschlossen**
er/sie/es	**hat geschlossen**
wir	**haben geschlossen**
ihr	**habt geschlossen**
sie/Sie	**haben geschlossen**

IMPERFECT

ich	**schloss**
du	**schlossest**
er/sie/es	**schloss**
wir	**schlossen**
ihr	**schlosst**
sie/Sie	**schlossen**

PRESENT PARTICIPLE

schließend

PAST PARTICIPLE

geschlossen

EXAMPLE PHRASES

Ich **schließe** die Tür. I shut the door.
Sie sagt, die Tür **schließe** nicht. She says the door won't shut.
Er **hat** den Betrieb **geschlossen**. He shut the company down.
Sie **schloss** die Augen. She shut her eyes.

---

ich = I **du** = you **er** = he/it **sie** = she/it **es** = it/he/she **wir** = we **ihr** = you **sie** = they **Sie** = you (*polite*)

schließen

FUTURE

ich	**werde schließen**
du	**wirst schließen**
er/sie/es	**wird schließen**
wir	**werden schließen**
ihr	**werdet schließen**
sie/Sie	**werden schließen**

CONDITIONAL

ich	**würde schließen**
du	**würdest schließen**
er/sie/es	**würde schließen**
wir	**würden schließen**
ihr	**würdet schließen**
sie/Sie	**würden schließen**

PLUPERFECT

ich	**hatte geschlossen**
du	**hattest geschlossen**
er/sie/es	**hatte geschlossen**
wir	**hatten geschlossen**
ihr	**hattet geschlossen**
sie/Sie	**hatten geschlossen**

PLUPERFECT SUBJUNCTIVE

ich	**hätte geschlossen**
du	**hättest geschlossen**
er/sie/es	**hätte geschlossen**
wir	**hätten geschlossen**
ihr	**hättet geschlossen**
sie/Sie	**hätten geschlossen**

IMPERATIVE
schließ(e)!/schließen wir!/schließt!/schließen Sie!

EXAMPLE PHRASES

Sie **wird** ihn bestimmt in ihr Herz **schließen**. I'm sure she will take him to her heart.

Ich **würde** daraus **schließen**, dass er schuldig ist. From this I would conclude that he is guilty.

Der Laden **hatte** bereits **geschlossen**. The shop had already closed.

Mit ihm **hätte** ich keinen Vertrag **geschlossen**. I would not have entered into a contract with him.

ich = I **du** = you **er** = he/it **sie** = she/it **es** = it/he/she **wir** = we **ihr** = you **sie** = they **Sie** = you (polite)

schneiden (to cut)

strong, *formed with* **haben**

PRESENT

ich	**schneide**
du	**schneidest**
er/sie/es	**schneidet**
wir	**schneiden**
ihr	**schneidet**
sie/Sie	**schneiden**

PRESENT SUBJUNCTIVE

ich	**schneide**
du	**schneidest**
er/sie/es	**schneide**
wir	**schneiden**
ihr	**schneidet**
sie/Sie	**schneiden**

PERFECT

ich	**habe geschnitten**
du	**hast geschnitten**
er/sie/es	**hat geschnitten**
wir	**haben geschnitten**
ihr	**habt geschnitten**
sie/Sie	**haben geschnitten**

IMPERFECT

ich	**schnitt**
du	**schnittst**
er/sie/es	**schnitt**
wir	**schnitten**
ihr	**schnittet**
sie/Sie	**schnitten**

PRESENT PARTICIPLE

schneidend

PAST PARTICIPLE

geschnitten

EXAMPLE PHRASES

Sie **schneidet** ihm die Haare. She cuts his hair.

Er sagt, das Messer **schneide** nicht gut. He says the knife isn't cutting well.

Ich **habe** mir in den Finger **geschnitten**. I've cut my finger.

Sie **schnitt** die Tomaten in Scheiben. She sliced the tomatoes.

schneiden

FUTURE

ich	**werde schneiden**
du	**wirst schneiden**
er/sie/es	**wird schneiden**
wir	**werden schneiden**
ihr	**werdet schneiden**
sie/Sie	**werden schneiden**

CONDITIONAL

ich	**würde schneiden**
du	**würdest schneiden**
er/sie/es	**würde schneiden**
wir	**würden schneiden**
ihr	**würdet schneiden**
sie/Sie	**würden schneiden**

PLUPERFECT

ich	**hatte geschnitten**
du	**hattest geschnitten**
er/sie/es	**hatte geschnitten**
wir	**hatten geschnitten**
ihr	**hattet geschnitten**
sie/Sie	**hatten geschnitten**

PLUPERFECT SUBJUNCTIVE

ich	**hätte geschnitten**
du	**hättest geschnitten**
er/sie/es	**hätte geschnitten**
wir	**hätten geschnitten**
ihr	**hättet geschnitten**
sie/Sie	**hätten geschnitten**

IMPERATIVE

schneid(e)!/schneiden wir!/schneidet!/schneiden Sie!

EXAMPLE PHRASES

Ich **werde** das Brot in Scheiben **schneiden**. I'll slice the bread.

Ich **würde** ihm gern die Haare **schneiden**. I would like to cut his hair.

Sie **hatte** den Kuchen in Stücke **geschnitten**. She had cut the cake into pieces.

Wenn er nicht so vorsichtig gewesen wäre, **hätte** er sich **geschnitten**.

If he hadn't been so careful he would have cut himself.

ich = I **du** = you **er** = he/it **sie** = she/it **es** = it/he/she **wir** = we **ihr** = you **sie** = they **Sie** = you (polite)

schreiben (to write)

strong, *formed* with **haben**

PRESENT

ich	**schreibe**
du	**schreibst**
er/sie/es	**schreibt**
wir	**schreiben**
ihr	**schreibt**
sie/Sie	**schreiben**

PRESENT SUBJUNCTIVE

ich	**schreibe**
du	**schreibest**
er/sie/es	**schreibe**
wir	**schreiben**
ihr	**schreibet**
sie/Sie	**schreiben**

PERFECT

ich	**habe geschrieben**
du	**hast geschrieben**
er/sie/es	**hat geschrieben**
wir	**haben geschrieben**
ihr	**habt geschrieben**
sie/Sie	**haben geschrieben**

IMPERFECT

ich	**schrieb**
du	**schriebst**
er/sie/es	**schrieb**
wir	**schrieben**
ihr	**schriebt**
sie/Sie	**schrieben**

PRESENT PARTICIPLE

schreibend

PAST PARTICIPLE

geschrieben

EXAMPLE PHRASES

Wie **schreibst** du deinen Namen? How do you spell your name?
Er sagt, er **schreibe** nicht gern Briefe. He says he doesn't like writing letters.
Sie **hat** mir einen Brief **geschrieben**. She wrote me a letter.
Er **schrieb** das Wort an die Tafel. He wrote the word on the blackboard.

---

ich = I **du** = you **er** = he/it **sie** = she/it **es** = it/he/she **wir** = we **ihr** = you **sie** = they **Sie** = you *(polite)*

schreiben

FUTURE

ich	**werde schreiben**
du	**wirst schreiben**
er/sie/es	**wird schreiben**
wir	**werden schreiben**
ihr	**werdet schreiben**
sie/Sie	**werden schreiben**

CONDITIONAL

ich	**würde schreiben**
du	**würdest schreiben**
er/sie/es	**würde schreiben**
wir	**würden schreiben**
ihr	**würdet schreiben**
sie/Sie	**würden schreiben**

PLUPERFECT

ich	**hatte geschrieben**
du	**hattest geschrieben**
er/sie/es	**hatte geschrieben**
wir	**hatten geschrieben**
ihr	**hattet geschrieben**
sie/Sie	**hatten geschrieben**

PLUPERFECT SUBJUNCTIVE

ich	**hätte geschrieben**
du	**hättest geschrieben**
er/sie/es	**hätte geschrieben**
wir	**hätten geschrieben**
ihr	**hättet geschrieben**
sie/Sie	**hätten geschrieben**

IMPERATIVE
schreib(e)!/schreiben wir!/schreibt!/schreiben Sie!

EXAMPLE PHRASES

Ich **werde** Ihnen aus dem Urlaub **schreiben**. I'll write to you when I'm on holiday.

Ich **würde** dir gern öfter **schreiben**. I'd like to write to you more often.

Er **hatte** bereits drei Romane **geschrieben**. He had already written three novels.

Ich **hätte** euch **geschrieben**, aber ich hatte keine Zeit. I would have written to you, but I had no time.

ich = I du = you er = he/it sie = she/it es = it/he/she wir = we ihr = you sie = they Sie = you (polite)

schreien (to shout)

strong, *formed with* **haben**

PRESENT

ich	**schreie**
du	**schreist**
er/sie/es	**schreit**
wir	**schreien**
ihr	**schreit**
sie/Sie	**schreien**

PRESENT SUBJUNCTIVE

ich	**schreie**
du	**schreiest**
er/sie/es	**schreie**
wir	**schreien**
ihr	**schreiet**
sie/Sie	**schreien**

PERFECT

ich	**habe geschrie(e)n**
du	**hast geschrie(e)n**
er/sie/es	**hat geschrie(e)n**
wir	**haben geschrie(e)n**
ihr	**habt geschrie(e)n**
sie/Sie	**haben geschrie(e)n**

IMPERFECT

ich	**schrie**
du	**schriest**
er/sie/es	**schrie**
wir	**schrieen**
ihr	**schriet**
sie/Sie	**schrieen**

PRESENT PARTICIPLE
schreiend

PAST PARTICIPLE
geschrie(e)n

EXAMPLE PHRASES

Er **schreit** dauernd. He shouts all the time.

Sie sagt, er **schreie** zu laut. She says he's shouting too loud.

Wir **haben geschrie(e)n**, er hat uns aber nicht gehört. We shouted but he didn't hear us.

Sie **schrie** vor Schmerzen. She screamed with pain.

---

ich = I **du** = you **er** = he/it **sie** = she/it **es** = it/he/she **wir** = we **ihr** = you **sie** = they **Sie** = you *(polite)*

schreien

FUTURE

ich	**werde schreien**
du	**wirst schreien**
er/sie/es	**wird schreien**
wir	**werden schreien**
ihr	**werdet schreien**
sie/Sie	**werden schreien**

CONDITIONAL

ich	**würde schreien**
du	**würdest schreien**
er/sie/es	**würde schreien**
wir	**würden schreien**
ihr	**würdet schreien**
sie/Sie	**würden schreien**

PLUPERFECT

ich	**hatte geschrie(e)n**
du	**hattest geschrie(e)n**
er/sie/es	**hatte geschrie(e)n**
wir	**hatten geschrie(e)n**
ihr	**hattet geschrie(e)n**
sie/Sie	**hatten geschrie(e)n**

PLUPERFECT SUBJUNCTIVE

ich	**hätte geschrie(e)n**
du	**hättest geschrie(e)n**
er/sie/es	**hätte geschrie(e)n**
wir	**hätten geschrie(e)n**
ihr	**hättet geschrie(e)n**
sie/Sie	**hätten geschrie(e)n**

IMPERATIVE
schrei(e)!/schreien wir!/schreit!/schreien Sie!

EXAMPLE PHRASES

Wenn Sie uns bedrohen, **werden** wir **schreien**. If you threaten us, we will scream.

Ich **würde** so laut **schreien**, dass er mich hört. I would shout loud enough for him to hear me.

Sie **hatte** vor Schmerzen **geschrie(e)n**. She had been screaming with pain.

Wir **hätten** fast vor Lachen **geschrie(e)n**. We had almost been screaming with laughter.

---

ich = I du = you er = he/it sie = she/it es = it/he/she wir = we ihr = you sie = they Sie = you (polite)

schweigen (to be silent)

strong, *formed with* haben

PRESENT

ich	**schweige**
du	**schweigst**
er/sie/es	**schweigt**
wir	**schweigen**
ihr	**schweigt**
sie/Sie	**schweigen**

PRESENT SUBJUNCTIVE

ich	**schweige**
du	**schweigest**
er/sie/es	**schweige**
wir	**schweigen**
ihr	**schweiget**
sie/Sie	**schweigen**

PERFECT

ich	**habe geschwiegen**
du	**hast geschwiegen**
er/sie/es	**hat geschwiegen**
wir	**haben geschwiegen**
ihr	**habt geschwiegen**
sie/Sie	**haben geschwiegen**

IMPERFECT

ich	**schwieg**
du	**schwiegst**
er/sie/es	**schwieg**
wir	**schwiegen**
ihr	**schwiegt**
sie/Sie	**schwiegen**

PRESENT PARTICIPLE

schweigend

PAST PARTICIPLE

geschwiegen

EXAMPLE PHRASES

Seit gestern **schweigen** die Waffen. Yesterday the guns fell silent.

Er meint, er **schweige** lieber darüber. He thinks he'd rather say nothing about it.

Sie **hat geschwiegen** wie ein Grab. She has kept completely quiet.

Plötzlich **schwieg** er. Suddenly he went silent.

---

ich = I **du** = you **er** = he/it **sie** = she/it **es** = it/he/she **wir** = we **ihr** = you **sie** = they **Sie** = you (*polite*)

schweigen

FUTURE

ich	**werde schweigen**
du	**wirst schweigen**
er/sie/es	**wird schweigen**
wir	**werden schweigen**
ihr	**werdet schweigen**
sie/Sie	**werden schweigen**

CONDITIONAL

ich	**würde schweigen**
du	**würdest schweigen**
er/sie/es	**würde schweigen**
wir	**würden schweigen**
ihr	**würdet schweigen**
sie/Sie	**würden schweigen**

PLUPERFECT

ich	**hatte geschwiegen**
du	**hattest geschwiegen**
er/sie/es	**hatte geschwiegen**
wir	**hatten geschwiegen**
ihr	**hattet geschwiegen**
sie/Sie	**hatten geschwiegen**

PLUPERFECT SUBJUNCTIVE

ich	**hätte geschwiegen**
du	**hättest geschwiegen**
er/sie/es	**hätte geschwiegen**
wir	**hätten geschwiegen**
ihr	**hättet geschwiegen**
sie/Sie	**hätten geschwiegen**

IMPERATIVE
schweig(e)!/schweigen wir!/schweigt!/schweigen Sie!

EXAMPLE PHRASES

Wir **werden** nicht länger **schweigen**. We won't keep quiet anymore.

Würdest du **schweigen**, wenn ich dich darum bitte? Would you keep quiet if I asked you to?

Er **hatte** zu lange **geschwiegen**. He had remained silent for too long.

Wenn die Sache nicht so wichtig gewesen wäre, **hätte** ich **geschwiegen**.
   I would have kept quiet if the matter hadn't been so important.

ich = I du = you er = he/it sie = she/it es = it/he/she wir = we ihr = you sie = they Sie = you (polite)

schwimmen (to swim)

strong, *formed* with **sein**

PRESENT

ich **schwimme**
du **schwimmst**
er/sie/es **schwimmt**
wir **schwimmen**
ihr **schwimmt**
sie/Sie **schwimmen**

PRESENT SUBJUNCTIVE

ich **schwimme**
du **schwimmest**
er/sie/es **schwimme**
wir **schwimmen**
ihr **schwimmet**
sie/Sie **schwimmen**

PERFECT

ich **bin geschwommen**
du **bist geschwommen**
er/sie/es **ist geschwommen**
wir **sind geschwommen**
ihr **seid geschwommen**
sie/Sie **sind geschwommen**

IMPERFECT

ich **schwamm**
du **schwammst**
er/sie/es **schwamm**
wir **schwammen**
ihr **schwammt**
sie/Sie **schwammen**

PRESENT PARTICIPLE
schwimmend

PAST PARTICIPLE
geschwommen

EXAMPLE PHRASES

Sie **schwimmt gern** im Meer. She likes swimming in the sea.
Er meint, sie **schwimme** im Geld. He thinks she's rolling in money.
Er **ist** über den Fluss **geschwommen**. He swam across the river.
Wir **schwammen** in der Nordsee. We were swimming in the North Sea.

---

ich = I **du** = you **er** = he/it **sie** = she/it **es** = it/he/she **wir** = we **ihr** = you **sie** = they **Sie** = you (*polite*)

schwimmen

FUTURE

ich	**werde schwimmen**
du	**wirst schwimmen**
er/sie/es	**wird schwimmen**
wir	**werden schwimmen**
ihr	**werdet schwimmen**
sie/Sie	**werden schwimmen**

CONDITIONAL

ich	**würde schwimmen**
du	**würdest schwimmen**
er/sie/es	**würde schwimmen**
wir	**würden schwimmen**
ihr	**würdet schwimmen**
sie/Sie	**würden schwimmen**

PLUPERFECT

ich	**war geschwommen**
du	**warst geschwommen**
er/sie/es	**war geschwommen**
wir	**waren geschwommen**
ihr	**wart geschwommen**
sie/Sie	**waren geschwommen**

PLUPERFECT SUBJUNCTIVE

ich	**wäre geschwommen**
du	**wär(e)st geschwommen**
er/sie/es	**wäre geschwommen**
wir	**wären geschwommen**
ihr	**wär(e)t geschwommen**
sie/Sie	**wären geschwommen**

IMPERATIVE

schwimm(e)!/schwimmen wir!/schwimmt!/schwimmen Sie!

EXAMPLE PHRASES

Wenn sie das hört, **wird** sie in Tränen **schwimmen**. When she hears this, she will be in floods of tears.

Ich **würde** gern öfter **schwimmen**. I'd like to swim more often.

Er **war** einen neuen Rekord **geschwommen**. He had swum a new record time.

Wir **wären geschwommen**, wenn das Wasser nicht so kalt gewesen wäre. We would have swum if the water hadn't been so cold.

ich = I du = you er = he/it sie = she/it es = it/he/she wir = we ihr = you sie = they Sie = you (polite)

sehen (to see)

strong, *formed with* haben

PRESENT

ich	**sehe**
du	**siehst**
er/sie/es	**sieht**
wir	**sehen**
ihr	**seht**
sie/Sie	**sehen**

PRESENT SUBJUNCTIVE

ich	**sehe**
du	**sehest**
er/sie/es	**sehe**
wir	**sehen**
ihr	**sehet**
sie/Sie	**sehen**

PERFECT

ich	**habe gesehen**
du	**hast gesehen**
er/sie/es	**hat gesehen**
wir	**haben gesehen**
ihr	**habt gesehen**
sie/Sie	**haben gesehen**

IMPERFECT

ich	**sah**
du	**sahst**
er/sie/es	**sah**
wir	**sahen**
ihr	**saht**
sie/Sie	**sahen**

PRESENT PARTICIPLE

sehend

PAST PARTICIPLE

gesehen

EXAMPLE PHRASES

Mein Vater **sieht** schlecht. My father has bad eyesight.

Er sagt, er **sehe** das ganz anders. He says he sees this quite differently.

Ich **habe** diesen Film noch nicht **gesehen**. I haven't seen this film yet.

Er **sah** auf die Uhr. He looked at his watch.

ich = I **du** = you **er** = he/it **sie** = she/it **es** = it/he/she **wir** = we **ihr** = you **sie** = they **Sie** = you (*polite*)

sehen

FUTURE

ich	**werde sehen**
du	**wirst sehen**
er/sie/es	**wird sehen**
wir	**werden sehen**
ihr	**werdet sehen**
sie/Sie	**werden sehen**

CONDITIONAL

ich	**würde sehen**
du	**würdest sehen**
er/sie/es	**würde sehen**
wir	**würden sehen**
ihr	**würdet sehen**
sie/Sie	**würden sehen**

PLUPERFECT

ich	**hatte gesehen**
du	**hattest gesehen**
er/sie/es	**hatte gesehen**
wir	**hatten gesehen**
ihr	**hattet gesehen**
sie/Sie	**hatten gesehen**

PLUPERFECT SUBJUNCTIVE

ich	**hätte gesehen**
du	**hättest gesehen**
er/sie/es	**hätte gesehen**
wir	**hätten gesehen**
ihr	**hättet gesehen**
sie/Sie	**hätten gesehen**

IMPERATIVE
sieh(e)!/sehen wir!/seht!/sehen Sie!

EXAMPLE PHRASES

Wir **werden sehen**, wie sich die Dinge entwickeln. We'll see how things develop.

Das **würde** ich ganz anders **sehen**. That's not how I would see it.

Wir **hatten** ihn seit zwei Jahren nicht mehr **gesehen**. We hadn't seen him for two years.

Ich **hätte** es lieber **gesehen**, wenn du dich entschuldigt hättest. I would have preferred it if you had apologized.

ich = I **du** = you **er** = he/it **sie** = she/it **es** = it/he/she **wir** = we **ihr** = you **sie** = they **Sie** = you (polite)

sein (to be)

strong, *formed with sein*

PRESENT

ich	**bin**
du	**bist**
er/sie/es	**ist**
wir	**sind**
ihr	**seid**
sie/Sie	**sind**

PRESENT SUBJUNCTIVE

ich	**sei**
du	**sei(e)st**
er/sie/es	**sei**
wir	**seien**
ihr	**seiet**
sie/Sie	**seien**

PERFECT

ich	**bin gewesen**
du	**bist gewesen**
er/sie/es	**ist gewesen**
wir	**sind gewesen**
ihr	**seid gewesen**
sie/Sie	**sind gewesen**

IMPERFECT

ich	**war**
du	**warst**
er/sie/es	**war**
wir	**waren**
ihr	**wart**
sie/Sie	**waren**

PRESENT PARTICIPLE

seiend

PAST PARTICIPLE

gewesen

EXAMPLE PHRASES

Er **ist** zehn Jahre. He's ten years old.

Ich **bin** seit einem Jahr nicht mehr dort **gewesen**. I haven't been there for a year.

Wir **waren** gestern im Theater. We were at the theatre yesterday.

---

ich = I **du** = you **er** = he/it **sie** = she/it **es** = it/he/she **wir** = we **ihr** = you **sie** = they **Sie** = you (*polite*)

sein

FUTURE

ich	**werde sein**
du	**wirst sein**
er/sie/es	**wird sein**
wir	**werden sein**
ihr	**werdet sein**
sie/Sie	**werden sein**

CONDITIONAL

ich	**würde sein**
du	**würdest sein**
er/sie/es	**würde sein**
wir	**würden sein**
ihr	**würdet sein**
sie/Sie	**würden sein**

PLUPERFECT

ich	**war gewesen**
du	**warst gewesen**
er/sie/es	**war gewesen**
wir	**waren gewesen**
ihr	**wart gewesen**
sie/Sie	**waren gewesen**

PLUPERFECT SUBJUNCTIVE

ich	**wäre gewesen**
du	**wär(e)st gewesen**
er/sie/es	**wäre gewesen**
wir	**wären gewesen**
ihr	**wär(e)t gewesen**
sie/Sie	**wären gewesen**

IMPERATIVE
sei!/seien wir!/seid!/seien Sie!

EXAMPLE PHRASES

Morgen **werde** ich in Berlin **sein**. I'll be in Berlin tomorrow.

Ich **würde** gern so **sein** wie du. I would like to be like you.

Sie **war** uns eine gute Mutter **gewesen**. She had been a good mother to us.

Wenn du nicht **gewesen wär(e)st**, wäre ich jetzt tot. If it hadn't been for you
I would be dead now.

ich = I **du** = you **er** = he/it **sie** = she/it **es** - it/he/she **wir** = we **ihr** - you **sie** = they **Sie** = you (polite)

senden* (to send)

mixed, *formed with* haben

PRESENT

ich	sende
du	sendest
er/sie/es	sendet
wir	senden
ihr	sendet
sie/Sie	senden

PRESENT SUBJUNCTIVE

ich	sende
du	sendest
er/sie/es	sende
wir	senden
ihr	sendet
sie/Sie	senden

PERFECT

ich	habe gesandt
du	hast gesandt
er/sie/es	hat gesandt
wir	haben gesandt
ihr	habt gesandt
sie/Sie	haben gesandt

IMPERFECT

ich	sandte
du	sandtest
er/sie/es	sandte
wir	sandten
ihr	sandtet
sie/Sie	sandten

PRESENT PARTICIPLE

sendend

PAST PARTICIPLE

gesandt

*Weak when means to broadcast.

EXAMPLE PHRASES

Sie **sendet** viele Grüße. She sends best regards.

Er sagt, er **sende** seine besten Wünsche. He says he sends best wishes.

Sie **haben** mir den neuesten Katalog **gesandt**. They sent me their latest catalogue.

Er **sandte** nach mir. He sent for me.

ich = I du = you er = he/it sie = she/it es = it/he/she wir = we ihr = you sie = they Sie = you (polite)

senden

FUTURE

ich	**werde senden**
du	**wirst senden**
er/sie/es	**wird senden**
wir	**werden senden**
ihr	**werdet senden**
sie/Sie	**werden senden**

CONDITIONAL

ich	**würde senden**
du	**würdest senden**
er/sie/es	**würde senden**
wir	**würden senden**
ihr	**würdet senden**
sie/Sie	**würden senden**

PLUPERFECT

ich	**hatte gesandt**
du	**hattest gesandt**
er/sie/es	**hatte gesandt**
wir	**hatten gesandt**
ihr	**hattet gesandt**
sie/Sie	**hatten gesandt**

PLUPERFECT SUBJUNCTIVE

ich	**hätte gesandt**
du	**hättest gesandt**
er/sie/es	**hätte gesandt**
wir	**hätten gesandt**
ihr	**hättet gesandt**
sie/Sie	**hätten gesandt**

IMPERATIVE
send(e)!/senden wir!/sendet!/senden Sie!

EXAMPLE PHRASES

Ich **werde** ihr einen Brief **senden**. I'll send her a letter.

Ich **würde** den Brief lieber als Einschreiben **senden**. I would prefer to send the letter recorded delivery.

Er **hatte** das Paket per Kurier **gesandt**. He had sent the parcel by courier.

Sie **hätte** dir besser ein Foto von ihr **gesandt**. It would have been better if she had sent you a photograph of her.

ich = I **du** = you **er** = he/it **sie** = she/it **es** = it/he/she **wir** = we **ihr** = you **sie** = they **Sie** = you (polite)

singen (to sing)

strong, *formed with* haben

PRESENT

ich	**singe**
du	**singst**
er/sie/es	**singt**
wir	**singen**
ihr	**singt**
sie/Sie	**singen**

PRESENT SUBJUNCTIVE

ich	**singe**
du	**singest**
er/sie/es	**singe**
wir	**singen**
ihr	**singet**
sie/Sie	**singen**

PERFECT

ich	**habe gesungen**
du	**hast gesungen**
er/sie/es	**hat gesungen**
wir	**haben gesungen**
ihr	**habt gesungen**
sie/Sie	**haben gesungen**

IMPERFECT

ich	**sang**
du	**sangst**
er/sie/es	**sang**
wir	**sangen**
ihr	**sangt**
sie/Sie	**sangen**

PRESENT PARTICIPLE

singend

PAST PARTICIPLE

gesungen

EXAMPLE PHRASES

Er **singt** nicht gut. He's a bad singer.

Sie meint, er **singe** nicht gut. She thinks he's a bad singer.

Ich **habe** dieses Lied früher oft **gesungen**. I used to sing this song a lot.

Sie **sang** das Kind in den Schlaf. She sang the child to sleep.

---

ich = I **du** = you **er** = he/it **sie** = she/it **es** = it/he/she **wir** = we **ihr** = you **sie** = they **Sie** = you (*polite*)

singen

FUTURE

ich	**werde singen**
du	**wirst singen**
er/sie/es	**wird singen**
wir	**werden singen**
ihr	**werdet singen**
sie/Sie	**werden singen**

CONDITIONAL

ich	**würde singen**
du	**würdest singen**
er/sie/es	**würde singen**
wir	**würden singen**
ihr	**würdet singen**
sie/Sie	**würden singen**

PLUPERFECT

ich	**hatte gesungen**
du	**hattest gesungen**
er/sie/es	**hatte gesungen**
wir	**hatten gesungen**
ihr	**hattet gesungen**
sie/Sie	**hatten gesungen**

PLUPERFECT SUBJUNCTIVE

ich	**hätte gesungen**
du	**hättest gesungen**
er/sie/es	**hätte gesungen**
wir	**hätten gesungen**
ihr	**hättet gesungen**
sie/Sie	**hätten gesungen**

IMPERATIVE

sing(e)!/singen wir!/singt!/singen Sie!

EXAMPLE PHRASES

Wir **werden** jetzt die Nationalhymne **singen**. We will sing the national anthem now.

Ich **würde** jetzt gern ein Lied **singen**. I'd like to sing a song now.

Sie **hatte** das Kind in den Schlaf **gesungen**. She had sung the child to sleep.

Er **hätte** dieses Lied so gern **gesungen**. He would have loved to sing this song.

sinken (to sink)

strong, *formed with* sein

PRESENT

ich	sinke
du	sinkst
er/sie/es	sinkt
wir	sinken
ihr	sinkt
sie/Sie	sinken

PRESENT SUBJUNCTIVE

ich	sinke
du	sinkest
er/sie/es	sinke
wir	sinken
ihr	sinket
sie/Sie	sinken

PERFECT

ich	bin gesunken
du	bist gesunken
er/sie/es	ist gesunken
wir	sind gesunken
ihr	seid gesunken
sie/Sie	sind gesunken

IMPERFECT

ich	sank
du	sankst
er/sie/es	sank
wir	sanken
ihr	sankt
sie/Sie	sanken

PRESENT PARTICIPLE
sinkend

PAST PARTICIPLE
gesunken

EXAMPLE PHRASES

Die Preise für Handys **sinken**. Prices of mobile phones are falling.

Sie sagt, sie **sinke** gleich in Ohnmacht. She says she's about to faint.

Wann **ist** die Titanic **gesunken**? When did the Titanic sink?

Er **sank** zu Boden. He sank to the ground.

---

ich = I   **du** = you   **er** = he/it   **sie** = she/it   **es** = it/he/she   **wir** = we   **ihr** = you   **sie** = they   **Sie** = you (*polite*)

sinken

FUTURE

ich	**werde sinken**
du	**wirst sinken**
er/sie/es	**wird sinken**
wir	**werden sinken**
ihr	**werdet sinken**
sie/Sie	**werden sinken**

CONDITIONAL

ich	**würde sinken**
du	**würdest sinken**
er/sie/es	**würde sinken**
wir	**würden sinken**
ihr	**würdet sinken**
sie/Sie	**würden sinken**

PLUPERFECT

ich	**war gesunken**
du	**warst gesunken**
er/sie/es	**war gesunken**
wir	**waren gesunken**
ihr	**wart gesunken**
sie/Sie	**waren gesunken**

PLUPERFECT SUBJUNCTIVE

ich	**wäre gesunken**
du	**wär(e)st gesunken**
er/sie/es	**wäre gesunken**
wir	**wären gesunken**
ihr	**wär(e)t gesunken**
sie/Sie	**wären gesunken**

IMPERATIVE
sink(e)!/sinken wir!/sinkt!/sinken Sie!

EXAMPLE PHRASES

Preise und Löhne **werden** deutlich **sinken**. Prices and wages will go down considerably.

Man dachte, dieses Schiff **würde** niemals **sinken**. It was thought this ship would never sink.

Sie **war** in meiner Achtung **gesunken**. She had gone down in my estimation.

Mir **wäre** die Hoffnung **gesunken**. I would have lost courage.

ich = I du = you **er** = he/it **sie** = she/it **es** = it/he/she **wir** = we **ihr** = you **sie** = they **Sie** = you (polite)

sitzen (to sit)

strong, *formed with* haben

PRESENT

ich	**sitze**
du	**sitzt**
er/sie/es	**sitzt**
wir	**sitzen**
ihr	**sitzt**
sie/Sie	**sitzen**

PRESENT SUBJUNCTIVE

ich	**sitze**
du	**sitzest**
er/sie/es	**sitze**
wir	**sitzen**
ihr	**sitzet**
sie/Sie	**sitzen**

PERFECT

ich	**habe gesessen**
du	**hast gesessen**
er/sie/es	**hat gesessen**
wir	**haben gesessen**
ihr	**habt gesessen**
sie/Sie	**haben gesessen**

IMPERFECT

ich	**saß**
du	**saßest**
er/sie/es	**saß**
wir	**saßen**
ihr	**saßt**
sie/Sie	**saßen**

PRESENT PARTICIPLE
sitzend

PAST PARTICIPLE
gesessen

EXAMPLE PHRASES

Deine Krawatte **sitzt** nicht richtig. Your tie isn't straight.

Sie sagt, sie **sitze** schon seit Stunden hier. She says she's been sitting here for hours.

Ich **habe** zwei Jahre über dieser Arbeit **gesessen**. I've spent two years on this piece of work.

Er **saß** auf meinem Stuhl. He was sitting on my chair.

ich = I du = you er = he/it sie = she/it es = it/he/she wir = we ihr = you sie = they Sie = you (*polite*)

sitzen

FUTURE

ich	**werde sitzen**
du	**wirst sitzen**
er/sie/es	**wird sitzen**
wir	**werden sitzen**
ihr	**werdet sitzen**
sie/Sie	**werden sitzen**

CONDITIONAL

ich	**würde sitzen**
du	**würdest sitzen**
er/sie/es	**würde sitzen**
wir	**würden sitzen**
ihr	**würdet sitzen**
sie/Sie	**würden sitzen**

PLUPERFECT

ich	**hatte gesessen**
du	**hattest gesessen**
er/sie/es	**hatte gesessen**
wir	**hatten gesessen**
ihr	**hattet gesessen**
sie/Sie	**hatten gesessen**

PLUPERFECT SUBJUNCTIVE

ich	**hätte gesessen**
du	**hättest gesessen**
er/sie/es	**hätte gesessen**
wir	**hätten gesessen**
ihr	**hättet gesessen**
sie/Sie	**hätten gesessen**

IMPERATIVE
sitz(e)!/sitzen wir!/sitzt!/sitzen Sie!

EXAMPLE PHRASES

Wo **wird** der Präsident **sitzen**? Where will the president be sitting?

Wir **würden** gern in der ersten Reihe **sitzen**. We'd like to sit in the front row.

Wir **hatten** dort sehr bequem **gesessen**. We had been sitting very
    comfortably there.

Sie **hätten** lieber draußen **gesessen**. They would have preferred to sit outside.

ich = I du = you er = he/it sie = she/it es = it/he/she wir = we ihr = you sie = they Sie = you (polite)

sollen (to be to)

modal, *formed with* haben

PRESENT

ich	**soll**
du	**sollst**
er/sie/es	**soll**
wir	**sollen**
ihr	**sollt**
sie/Sie	**sollen**

PRESENT SUBJUNCTIVE

ich	**solle**
du	**sollest**
er/sie/es	**solle**
wir	**sollen**
ihr	**sollet**
sie/Sie	**sollen**

PERFECT

ich	**habe gesollt/sollen**
du	**hast gesollt/sollen**
er/sie/es	**hat gesollt/sollen**
wir	**haben gesollt/sollen**
ihr	**habt gesollt/sollen**
sie/Sie	**haben gesollt/sollen**

IMPERFECT

ich	**sollte**
du	**solltest**
er/sie/es	**sollte**
wir	**sollten**
ihr	**solltet**
sie/Sie	**sollten**

PRESENT PARTICIPLE

sollend

PAST PARTICIPLE

gesollt/sollen*

This form is used when combined with another infinitive.

EXAMPLE PHRASES

Ich **soll** um 5 Uhr dort sein. I'm supposed to be there at 5 o'clock.
Er sagt, ich **solle** ihm nicht böse sein. He says I shouldn't be cross with him.
Das **hast** du nicht **gesollt**. You shouldn't have done that.
Ich **sollte** draußen bleiben. I was supposed to stay outside.

ich = I du = you er = he/it sie = she/it es = it/he/she wir = we ihr = you sie = they Sie = you (polite)

sollen

FUTURE

ich	**werde sollen**
du	**wirst sollen**
er/sie/es	**wird sollen**
wir	**werden sollen**
ihr	**werdet sollen**
sie/Sie	**werden sollen**

CONDITIONAL

ich	**würde sollen**
du	**würdest sollen**
er/sie/es	**würde sollen**
wir	**würden sollen**
ihr	**würdet sollen**
sie/Sie	**würden sollen**

PLUPERFECT

ich	**hatte gesollt/sollen**
du	**hattest gesollt/sollen**
er/sie/es	**hatte gesollt/sollen**
wir	**hatten gesollt/sollen**
ihr	**hattet gesollt/sollen**
sie/Sie	**hatten gesollt/sollen**

PLUPERFECT SUBJUNCTIVE

ich	**hätte gesollt/sollen**
du	**hättest gesollt/sollen**
er/sie/es	**hätte gesollt/sollen**
wir	**hätten gesollt/sollen**
ihr	**hättet gesollt/sollen**
sie/Sie	**hätten gesollt/sollen**

EXAMPLE PHRASES

Das Gebäude **hatte** ein Museum werden **sollen**. The building had been meant
to become a museum

Das **hättest** du nicht tun **sollen**. You shouldn't have done that.

sprechen (to speak)

strong, *formed with* haben

PRESENT

ich	**spreche**
du	**sprichst**
er/sie/es	**spricht**
wir	**sprechen**
ihr	**sprecht**
sie/Sie	**sprechen**

PRESENT SUBJUNCTIVE

ich	**spreche**
du	**sprechest**
er/sie/es	**spreche**
wir	**sprechen**
ihr	**sprechet**
sie/Sie	**sprechen**

PERFECT

ich	**habe gesprochen**
du	**hast gesprochen**
er/sie/es	**hat gesprochen**
wir	**haben gesprochen**
ihr	**habt gesprochen**
sie/Sie	**haben gesprochen**

IMPERFECT

ich	**sprach**
du	**sprachst**
er/sie/es	**sprach**
wir	**sprachen**
ihr	**spracht**
sie/Sie	**sprachen**

PRESENT PARTICIPLE

sprechend

PAST PARTICIPLE

gesprochen

EXAMPLE PHRASES

Er **spricht** kein Italienisch. He doesn't speak Italian.

Sie sagt, sie **spreche** aus Erfahrung. She says she's speaking from experience.

Hast du mit ihr **gesprochen**? Have you spoken to her?

Er **sprach** nur gebrochen Deutsch. He only spoke broken German.

---

ich = I du = you er = he/it sie = she/it es = it/he/she wir = we ihr = you sie = they Sie = you (polite)

sprechen

FUTURE

ich	**werde sprechen**
du	**wirst sprechen**
er/sie/es	**wird sprechen**
wir	**werden sprechen**
ihr	**werdet sprechen**
sie/Sie	**werden sprechen**

CONDITIONAL

ich	**würde sprechen**
du	**würdest sprechen**
er/sie/es	**würde sprechen**
wir	**würden sprechen**
ihr	**würdet sprechen**
sie/Sie	**würden sprechen**

PLUPERFECT

ich	**hatte gesprochen**
du	**hattest gesprochen**
er/sie/es	**hatte gesprochen**
wir	**hatten gesprochen**
ihr	**hattet gesprochen**
sie/Sie	**hatten gesprochen**

PLUPERFECT SUBJUNCTIVE

ich	**hätte gesprochen**
du	**hättest gesprochen**
er/sie/es	**hätte gesprochen**
wir	**hätten gesprochen**
ihr	**hättet gesprochen**
sie/Sie	**hätten gesprochen**

IMPERATIVE

sprich!/sprechen wir!/sprecht!/sprechen Sie!

EXAMPLE PHRASES

Ich **werde** mit ihm darüber **sprechen**. I'll speak to him about it.

Ich **würde** dich gern privat **sprechen**. I would like to speak to you privately.

Er **hatte** davon **gesprochen**, einen Computer zu kaufen. He had been talking about buying a computer.

Ich **hätte** gern länger mit Ihnen darüber **gesprochen**. I would have liked to have spoken to you about it for longer.

ich = I du = you er = he/it sie = she/it es = it/he/she wir = we ihr = you sie = they Sie = you (polite)

springen (to jump)

strong, *formed with* sein

PRESENT

ich	**springe**
du	**springst**
er/sie/es	**springt**
wir	**springen**
ihr	**springt**
sie/Sie	**springen**

PRESENT SUBJUNCTIVE

ich	**springe**
du	**springest**
er/sie/es	**springe**
wir	**springen**
ihr	**springet**
sie/Sie	**springen**

PERFECT

ich	**bin gesprungen**
du	**bist gesprungen**
er/sie/es	**ist gesprungen**
wir	**sind gesprungen**
ihr	**seid gesprungen**
sie/Sie	**sind gesprungen**

IMPERFECT

ich	**sprang**
du	**sprangst**
er/sie/es	**sprang**
wir	**sprangen**
ihr	**sprangt**
sie/Sie	**sprangen**

PRESENT PARTICIPLE

springend

PAST PARTICIPLE

gesprungen

EXAMPLE PHRASES

Die Katze **springt** auf den Tisch. The cat jumps on the table.

Sie sagt, sie **springe** gern vom Sprungbrett. She says she likes jumping from the springboard.

Der Zug **ist** aus dem Gleis **gesprungen**. The train came off the rails.

Er **sprang** über den Zaun. He jumped over the fence.

ich = I **du** = you **er** = he/it **sie** = she/it **es** = it/he/she **wir** = we **ihr** = you **sie** = they **Sie** = you (*polite*)

springen

FUTURE

ich	**werde springen**
du	**wirst springen**
er/sie/es	**wird springen**
wir	**werden springen**
ihr	**werdet springen**
sie/Sie	**werden springen**

CONDITIONAL

ich	**würde springen**
du	**würdest springen**
er/sie/es	**würde springen**
wir	**würden springen**
ihr	**würdet springen**
sie/Sie	**würden springen**

PLUPERFECT

ich	**war gesprungen**
du	**warst gesprungen**
er/sie/es	**war gesprungen**
wir	**waren gesprungen**
ihr	**wart gesprungen**
sie/Sie	**waren gesprungen**

PLUPERFECT SUBJUNCTIVE

ich	**wäre gesprungen**
du	**wär(e)st gesprungen**
er/sie/es	**wäre gesprungen**
wir	**wären gesprungen**
ihr	**wär(e)t gesprungen**
sie/Sie	**wären gesprungen**

IMPERATIVE

spring(e)!/springen wir!/springt!/springen Sie!

EXAMPLE PHRASES

Er **wird** bestimmt einen neuen Rekord **springen**. He's sure to make a record jump.

Ich **würde** ihm am liebsten an die Kehle **springen**. I could strangle him.

Er **war** zwei Meter hoch **gesprungen**. He had jumped two metres high.

Ich **wäre** nicht vom fahrenden Zug **gesprungen**. I wouldn't have jumped off the moving train.

stechen (to sting, to prick)   strong, *formed with* haben

PRESENT

ich **steche**
du **stichst**
er/sie/es **sticht**
wir **stechen**
ihr **stecht**
sie/Sie **stechen**

PRESENT SUBJUNCTIVE

ich **steche**
du **stechest**
er/sie/es **steche**
wir **stechen**
ihr **stechet**
sie/Sie **stechen**

PERFECT

ich **habe gestochen**
du **hast gestochen**
er/sie/es **hat gestochen**
wir **haben gestochen**
ihr **habt gestochen**
sie/Sie **haben gestochen**

IMPERFECT

ich **stach**
du **stachst**
er/sie/es **stach**
wir **stachen**
ihr **stacht**
sie/Sie **stachen**

PRESENT PARTICIPLE

stechend

PAST PARTICIPLE

gestochen

EXAMPLE PHRASES

Libellen **stechen** nicht. Dragonflies don't sting.
Er sagt, es **steche** ihm im Rücken. He says he has a sharp pain in his back.
Eine Mücke **hat** mich **gestochen**. A midge bit me.
Die Sonne **stach** uns in die Augen. The sun hurt our eyes.

stechen

FUTURE		CONDITIONAL	
ich	**werde stechen**	ich	**würde stechen**
du	**wirst stechen**	du	**würdest stechen**
er/sie/es	**wird stechen**	er/sie/es	**würde stechen**
wir	**werden stechen**	wir	**würden stechen**
ihr	**werdet stechen**	ihr	**würdet stechen**
sie/Sie	**werden stechen**	sie/Sie	**würden stechen**

PLUPERFECT		PLUPERFECT SUBJUNCTIVE	
ich	**hatte gestochen**	ich	**hätte gestochen**
du	**hattest gestochen**	du	**hättest gestochen**
er/sie/es	**hatte gestochen**	er/sie/es	**hätte gestochen**
wir	**hatten gestochen**	wir	**hätten gestochen**
ihr	**hattet gestochen**	ihr	**hättet gestochen**
sie/Sie	**hatten gestochen**	sie/Sie	**hätten gestochen**

IMPERATIVE
stich!/stechen wir!/stecht!/stechen Sie!

EXAMPLE PHRASES

Morgen **werden** wir in See **stechen**. We'll put to sea tomorrow.

Die Wespe **würde** dich nur **stechen**, wenn sie Angst hätte. The wasp would only sting you if it was scared.

Der Geruch **hatte** mir in die Nase **gestochen**. The smell had made my nose sting.

Fast **hätte** eine Biene sie **gestochen**. A bee had almost stung her.

ich = I **du** = you **er** = he/it **sie** = she/it **es** = it/he/she **wir** = we **ihr** - you **sie** - they **Sie** - you (polite)

stehen (to stand)

strong, *formed with* haben

PRESENT

ich **stehe**
du **stehst**
er/sie/es **steht**
wir **stehen**
ihr **steht**
sie/Sie **stehen**

PRESENT SUBJUNCTIVE

ich **stehe**
du **stehest**
er/sie/es **stehe**
wir **stehen**
ihr **stehet**
sie/Sie **stehen**

PERFECT

ich **habe gestanden**
du **hast gestanden**
er/sie/es **hat gestanden**
wir **haben gestanden**
ihr **habt gestanden**
sie/Sie **haben gestanden**

IMPERFECT

ich **stand**
du **stand(e)st**
er/sie/es **stand**
wir **standen**
ihr **standet**
sie/Sie **standen**

PRESENT PARTICIPLE

stehend

PAST PARTICIPLE

gestanden

EXAMPLE PHRASES

Die Vase **steht** auf dem Tisch. The vase is on the table.

Er sagt, das Buch **stehe** auf der Leseliste. He says the book is on the reading list.

Es **hat** in der Zeitung **gestanden**. It was in the newspaper.

Wir **standen** an der Bushaltestelle. We stood at the bus stop.

ich = I du = you er = he/it sie = she/it es = it/he/she wir = we ihr = you sie = they Sie = you *(polite)*

stehen

FUTURE

ich **werde stehen**
du **wirst stehen**
er/sie/es **wird stehen**
wir **werden stehen**
ihr **werdet stehen**
sie/Sie **werden stehen**

CONDITIONAL

ich **würde stehen**
du **würdest stehen**
er/sie/es **würde stehen**
wir **würden stehen**
ihr **würdet stehen**
sie/Sie **würden stehen**

PLUPERFECT

ich **hatte gestanden**
du **hattest gestanden**
er/sie/es **hatte gestanden**
wir **hatten gestanden**
ihr **hattet gestanden**
sie/Sie **hatten gestanden**

PLUPERFECT SUBJUNCTIVE

ich **hätte gestanden**
du **hättest gestanden**
er/sie/es **hätte gestanden**
wir **hätten gestanden**
ihr **hättet gestanden**
sie/Sie **hätten gestanden**

IMPERATIVE
steh(e)!/stehen wir!/steht!/stehen Sie!

EXAMPLE PHRASES

Das neue Modell **wird** bald zur Verfügung **stehen**. The new model will be
available soon.

Dieses Kleid **würde** dir gut **stehen**. This dress would suit you.

Ich **hatte** lange im Regen **gestanden**. I had been standing in the rain for a
long time.

Diese Farbe **hätte** mir gar nicht **gestanden**. This colour wouldn't have suited
me at all.

ich = I du = you er = he/it sie = she/it es = it/he/she wir = we ihr = you sie = they Sie = you (polite)

stehlen (to steal)

strong, *formed* with **haben**

PRESENT

ich	**stehle**
du	**stiehlst**
er/sie/es	**stiehlt**
wir	**stehlen**
ihr	**stehlt**
sie/Sie	**stehlen**

PRESENT SUBJUNCTIVE

ich	**stehle**
du	**stehlest**
er/sie/es	**stehle**
wir	**stehlen**
ihr	**stehlet**
sie/Sie	**stehlen**

PERFECT

ich	**habe gestohlen**
du	**hast gestohlen**
er/sie/es	**hat gestohlen**
wir	**haben gestohlen**
ihr	**habt gestohlen**
sie/Sie	**haben gestohlen**

IMPERFECT

ich	**stahl**
du	**stahlst**
er/sie/es	**stahl**
wir	**stahlen**
ihr	**stahlt**
sie/Sie	**stahlen**

PRESENT PARTICIPLE

stehlend

PAST PARTICIPLE

gestohlen

EXAMPLE PHRASES

Du **stiehlst** uns doch nur die Zeit. You're just wasting our time.

Er sagt, er **stehle** nicht gern von Freunden. He says he doesn't like stealing from friends.

Er **hat** das ganze Geld **gestohlen**. He stole all the money.

Er **stahl** sich aus dem Haus. He stole out of the house.

ich = I **du** = you **er** = he/it **sie** = she/it **es** = it/he/she **wir** = we **ihr** = you **sie** = they **Sie** = you (*polite*)

stehlen

FUTURE

ich	**werde stehlen**
du	**wirst stehlen**
er/sie/es	**wird stehlen**
wir	**werden stehlen**
ihr	**werdet stehlen**
sie/Sie	**werden stehlen**

CONDITIONAL

ich	**würde stehlen**
du	**würdest stehlen**
er/sie/es	**würde stehlen**
wir	**würden stehlen**
ihr	**würdet stehlen**
sie/Sie	**würden stehlen**

PLUPERFECT

ich	**hatte gestohlen**
du	**hattest gestohlen**
er/sie/es	**hatte gestohlen**
wir	**hatten gestohlen**
ihr	**hattet gestohlen**
sie/Sie	**hatten gestohlen**

PLUPERFECT SUBJUNCTIVE

ich	**hätte gestohlen**
du	**hättest gestohlen**
er/sie/es	**hätte gestohlen**
wir	**hätten gestohlen**
ihr	**hättet gestohlen**
sie/Sie	**hätten gestohlen**

IMPERATIVE

stiehl!/stehlen wir!/stehlt!/stehlen Sie!

EXAMPLE PHRASES

Ich **werde** mich nicht aus der Verantwortung **stehlen**. I won't evade my responsibility.

Ich **würde** euch nichts **stehlen**. I wouldn't steal anything from you.

Die Einbrecher **hatten** ihren ganzen Schmuck **gestohlen**. The burglars had stolen all her jewellery.

Er **hätte** fast alle meine CDs **gestohlen**. He almost stole all my CDs.

ich = I   **du** = you   **er** = he/it   **sie** = she/it   **es** = it/he/she   **wir** = we   **ihr** = you   **sie** = they   **Sie** = you (polite)

steigen (to climb)

strong, *formed with* **sein**

PRESENT

ich	**steige**
du	**steigst**
er/sie/es	**steigt**
wir	**steigen**
ihr	**steigt**
sie/Sie	**steigen**

PRESENT SUBJUNCTIVE

ich	**steige**
du	**steigest**
er/sie/es	**steige**
wir	**steigen**
ihr	**steiget**
sie/Sie	**steigen**

PERFECT

ich	**bin gestiegen**
du	**bist gestiegen**
er/sie/es	**ist gestiegen**
wir	**sind gestiegen**
ihr	**seid gestiegen**
sie/Sie	**sind gestiegen**

IMPERFECT

ich	**stieg**
du	**stiegst**
er/sie/es	**stieg**
wir	**stiegen**
ihr	**stiegt**
sie/Sie	**stiegen**

PRESENT PARTICIPLE
stelgend

PAST PARTICIPLE
gestiegen

EXAMPLE PHRASES

Die Passagiere **steigen** aus dem Flugzeug. The passengers are getting off the plane.

Sie sagt, ihr Gehalt **steige** jedes Jahr. She says her salary increases every year.

Sie **ist** auf die Leiter **gestiegen**. She climbed up the ladder.

Die Temperatur **stieg** auf 28 Grad. The temperature rose to 28 degrees.

ich = I **du** = you **er** = he/it **sie** = she/it **es** = it/he/she **wir** = we **ihr** = you **sie** = they **Sie** = you (*polite*)

steigen

FUTURE

ich	**werde steigen**
du	**wirst steigen**
er/sie/es	**wird steigen**
wir	**werden steigen**
ihr	**werdet steigen**
sie/Sie	**werden steigen**

CONDITIONAL

ich	**würde steigen**
du	**würdest steigen**
er/sie/es	**würde steigen**
wir	**würden steigen**
ihr	**würdet steigen**
sie/Sie	**würden steigen**

PLUPERFECT

ich	**war gestiegen**
du	**warst gestiegen**
er/sie/es	**war gestiegen**
wir	**waren gestiegen**
ihr	**wart gestiegen**
sie/Sie	**waren gestiegen**

PLUPERFECT SUBJUNCTIVE

ich	**wäre gestiegen**
du	**wär(e)st gestiegen**
er/sie/es	**wäre gestiegen**
wir	**wären gestiegen**
ihr	**wär(e)t gestiegen**
sie/Sie	**wären gestiegen**

IMPERATIVE

steig(e)!/steigen wir!/steigt!/steigen Sie!

EXAMPLE PHRASES

Wir **werden** morgen aufs Matterhorn **steigen**. We'll climb the Matterhorn tomorrow.

Ich **würde** nie in ein Flugzeug **steigen**. I would never go on a plane.

Meine Stimmung **war gestiegen**. My mood had improved.

Wenn er dir geholfen hätte, **wäre** er in meiner Achtung **gestiegen**. If he had helped you he would have risen in my estimation.

ich = I **du** = you **er** = he/it **sie** = she/it **es** = it/he/she **wir** = we **ihr** = you **sie** - they **Sie** - you (polite)

sterben (to die)

strong, *formed with* **sein**

PRESENT

ich	**sterbe**
du	**stirbst**
er/sie/es	**stirbt**
wir	**sterben**
ihr	**sterbt**
sie/Sie	**sterben**

PRESENT SUBJUNCTIVE

ich	**sterbe**
du	**sterbest**
er/sie/es	**sterbe**
wir	**sterben**
ihr	**sterbet**
sie/Sie	**sterben**

PERFECT

ich	**bin gestorben**
du	**bist gestorben**
er/sie/es	**ist gestorben**
wir	**sind gestorben**
ihr	**seid gestorben**
sie/Sie	**sind gestorben**

IMPERFECT

ich	**starb**
du	**starbst**
er/sie/es	**starb**
wir	**starben**
ihr	**starbt**
sie/Sie	**starben**

PRESENT PARTICIPLE

sterbend

PAST PARTICIPLE

gestorben

EXAMPLE PHRASES

Ich **sterbe** hier vor Langeweile. I'm dying of boredom here.

Sie sagt, sie **sterbe** vor Angst. She says she's frightened to death.

Shakespeare **ist** 1616 **gestorben**. Shakespeare died in 1616.

Er **starb** eines natürlichen Todes. He died a natural death.

ich = I **du** = you **er** = he/it **sie** = she/it **es** = it/he/she **wir** = we **ihr** = you **sie** = they **Sie** = you (*polite*)

sterben

FUTURE

ich	**werde sterben**
du	**wirst sterben**
er/sie/es	**wird sterben**
wir	**werden sterben**
ihr	**werdet sterben**
sie/Sie	**werden sterben**

CONDITIONAL

ich	**würde sterben**
du	**würdest sterben**
er/sie/es	**würde sterben**
wir	**würden sterben**
ihr	**würdet sterben**
sie/Sie	**würden sterben**

PLUPERFECT

ich	**war gestorben**
du	**warst gestorben**
er/sie/es	**war gestorben**
wir	**waren gestorben**
ihr	**wart gestorben**
sie/Sie	**waren gestorben**

PLUPERFECT SUBJUNCTIVE

ich	**wäre gestorben**
du	**wär(e)st gestorben**
er/sie/es	**wäre gestorben**
wir	**wären gestorben**
ihr	**wär(e)t gestorben**
sie/Sie	**wären gestorben**

IMPERATIVE
stirb!/sterben wir!/sterbt!/sterben Sie!

EXAMPLE PHRASES

Daran **wirst** du nicht **sterben**! It won't kill you!

Ich **würde** lieber **sterben**, als ihn zu heiraten. I would rather die than marry him.

Er **war** für mich **gestorben**. He might as well have been dead as far as I was concerned.

Sie **wäre** fast an ihrer Krankheit **gestorben**. She nearly died of her illness.

ich = I **du** = you **er** = he/it **sie** = she/it **es** = it/he/she **wir** = we **ihr** = you **sie** = they **Sie** = you (polite)

stoßen (to push)

strong, *formed with* **haben**

PRESENT

ich	**stoße**
du	**stößt**
er/sie/es	**stößt**
wir	**stoßen**
ihr	**stoßt**
sie/Sie	**stoßen**

PRESENT SUBJUNCTIVE

ich	**stoße**
du	**stoßest**
er/sie/es	**stoße**
wir	**stoßen**
ihr	**stoßet**
sie/Sie	**stoßen**

PERFECT

ich	**habe gestoßen**
du	**hast gestoßen**
er/sie/es	**hat gestoßen**
wir	**haben gestoßen**
ihr	**habt gestoßen**
sie/Sie	**haben gestoßen**

IMPERFECT

ich	**stieß**
du	**stießest**
er/sie/es	**stieß**
wir	**stießen**
ihr	**stießt**
sie/Sie	**stießen**

PRESENT PARTICIPLE
stoßend

PAST PARTICIPLE
gestoßen

EXAMPLE PHRASES

Unser Vorschlag **stößt** auf Ablehnung. Our proposal is meeting with disapproval.

Sie sagt, sie **stoße** sich an seinem Benehmen. She says she's taking exception to his behaviour.

Ich **habe** mir den Kopf **gestoßen**. I bumped my head.

Er **stieß** den Ball mit dem Kopf ins Tor. He headed the ball into the goal.

ich = I du = you er = he/it sie = she/it es = it/he/she wir = we ihr = you sie = they Sie = you (*polite*)

stoßen

FUTURE

ich	**werde stoßen**
du	**wirst stoßen**
er/sie/es	**wird stoßen**
wir	**werden stoßen**
ihr	**werdet stoßen**
sie/Sie	**werden stoßen**

CONDITIONAL

ich	**würde stoßen**
du	**würdest stoßen**
er/sie/es	**würde stoßen**
wir	**würden stoßen**
ihr	**würdet stoßen**
sie/Sie	**würden stoßen**

PLUPERFECT

ich	**hatte gestoßen**
du	**hattest gestoßen**
er/sie/es	**hatte gestoßen**
wir	**hatten gestoßen**
ihr	**hattet gestoßen**
sie/Sie	**hatten gestoßen**

PLUPERFECT SUBJUNCTIVE

ich	**hätte gestoßen**
du	**hättest gestoßen**
er/sie/es	**hätte gestoßen**
wir	**hätten gestoßen**
ihr	**hättet gestoßen**
sie/Sie	**hätten gestoßen**

IMPERATIVE
stoß(e)!/stoßen wir!/stoßt!/stoßen Sie!

EXAMPLE PHRASES

Sie **werden** dort auf Erdöl **stoßen**. They'll strike oil there.

Ich bin sicher, seine Ideen **würden** auf großes Interesse **stoßen**. I'm sure a lot of people would be interested in his ideas.

Er **hatte** sie von der Treppe **gestoßen**. He had pushed her down the stairs.

Sie liebte ihn und **hätte** ihn nie von sich **gestoßen**. She loved him and would never have cast him aside.

ich = I **du** = you **er** = he/it **sie** = she/it **es** = it/he/she **wir** = we **ihr** = you **sie** = they **Sie** = you (polite)

streiten (to quarrel)

strong, *formed with* haben

PRESENT

ich **streite**
du **streitest**
er/sie/es **streitet**
wir **streiten**
ihr **streitet**
sie/Sie **streiten**

PRESENT SUBJUNCTIVE

ich **streite**
du **streitest**
er/sie/es **streite**
wir **streiten**
ihr **streitet**
sie/Sie **streiten**

PERFECT

ich **habe gestritten**
du **hast gestritten**
er/sie/es **hat gestritten**
wir **haben gestritten**
ihr **habt gestritten**
sie/Sie **haben gestritten**

IMPERFECT

ich **stritt**
du **stritt(e)st**
er/sie/es **stritt**
wir **stritten**
ihr **strittet**
sie/Sie **stritten**

PRESENT PARTICIPLE
streitend

PAST PARTICIPLE
gestritten

EXAMPLE PHRASES

Sie **streiten** sich ständig. They argue constantly.
Er sagt, er **streite** sich deswegen nicht mit uns. He says he doesn't want to
   fall out with us over this.
Habt ihr euch schon wieder **gestritten**? Have you been fighting again?
Sie **stritten** mit Fäusten. They fought with their fists.

ich = I **du** = you **er** = he/it **sie** = she/it **es** = it/he/she **wir** = we **ihr** = you **sie** = they **Sie** = you (polite)

streiten

FUTURE

ich	**werde streiten**
du	**wirst streiten**
er/sie/es	**wird streiten**
wir	**werden streiten**
ihr	**werdet streiten**
sie/Sie	**werden streiten**

CONDITIONAL

ich	**würde streiten**
du	**würdest streiten**
er/sie/es	**würde streiten**
wir	**würden streiten**
ihr	**würdet streiten**
sie/Sie	**würden streiten**

PLUPERFECT

ich	**hatte gestritten**
du	**hattest gestritten**
er/sie/es	**hatte gestritten**
wir	**hatten gestritten**
ihr	**hattet gestritten**
sie/Sie	**hatten gestritten**

PLUPERFECT SUBJUNCTIVE

ich	**hätte gestritten**
du	**hättest gestritten**
er/sie/es	**hätte gestritten**
wir	**hätten gestritten**
ihr	**hättet gestritten**
sie/Sie	**hätten gestritten**

IMPERATIVE
streit(e)!/streiten wir!/streitet!/streiten Sie!

EXAMPLE PHRASES

Darüber **werden** wir uns noch **streiten**. We'll end up arguing about this.

Ich **würde** mich nie mit meiner Frau **streiten**. I would never quarrel with my wife.

Sie **hatten** darum **gestritten**, wer gewonnen hatte. They had argued about who had won.

Ich **hätte** nicht mit dir **gestritten**, wenn du nicht angefangen hättest. I wouldn't have argued with you if you hadn't started it.

ich = I du = you er = he/it sie = she/it es = it/he/she wir = we ihr = you sie = they Sie = you (polite)

studieren (to study)

strong, *formed* *with* **haben**

PRESENT

ich	**studiere**
du	**studierst**
er/sie/es	**studiert**
wir	**studieren**
ihr	**studiert**
sie/Sie	**studieren**

PRESENT SUBJUNCTIVE

ich	**studiere**
du	**studierest**
er/sie/es	**studiere**
wir	**studieren**
ihr	**studieret**
sie/Sie	**studieren**

PERFECT

ich	**habe studiert**
du	**hast studiert**
er/sie/es	**hat studiert**
wir	**haben studiert**
ihr	**habt studiert**
sie/Sie	**haben studiert**

IMPERFECT

ich	**studierte**
du	**studiertest**
er/sie/es	**studierte**
wir	**studierten**
ihr	**studiertet**
sie/Sie	**studierten**

PRESENT PARTICIPLE

studierend

PAST PARTICIPLE

studiert

EXAMPLE PHRASES

Mein Bruder **studiert** Deutsch. My brother is studying German.
Er sagt, er **studiere** in München. He says he's studying in Munich.
Sie **hat** in Köln **studiert**. She was a student at Cologne University.
Er **studierte** den Text gründlich. He studied the text carefully.

---

ich = I du = you er = he/it sie = she/it es = it/he/she wir = we ihr = you sie = they Sie = you (*polite*)

studieren

FUTURE

ich **werde studieren**
du **wirst studieren**
er/sie/es **wird studieren**
wir **werden studieren**
ihr **werdet studieren**
sie/Sie **werden studieren**

CONDITIONAL

ich **würde studieren**
du **würdest studieren**
er/sie/es **würde studieren**
wir **würden studieren**
ihr **würdet studieren**
sie/Sie **würden studieren**

PLUPERFECT

ich **hatte studiert**
du **hattest studiert**
er/sie/es **hatte studiert**
wir **hatten studiert**
ihr **hattet studiert**
sie/Sie **hatten studiert**

PLUPERFECT SUBJUNCTIVE

ich **hätte studiert**
du **hättest studiert**
er/sie/es **hätte studiert**
wir **hätten studiert**
ihr **hättet studiert**
sie/Sie **hätten studiert**

IMPERATIVE

studiere!/studieren wir!/studiert!/studieren Sie!

EXAMPLE PHRASES

Sie würde gern Biologie **studieren**. She would like to study biology.
Sie **hatte** vier Jahre lang **studiert**. She had been a student for four years.
Wir **hätten** besser Sprachen **studiert**. It would have been better if we had
  studied languages.

tragen (to wear, to carry)   strong, *formed with* **haben**

PRESENT

ich	**trage**
du	**trägst**
er/sie/es	**trägt**
wir	**tragen**
ihr	**tragt**
sie/Sie	**tragen**

PRESENT SUBJUNCTIVE

ich	**trage**
du	**tragest**
er/sie/es	**trage**
wir	**tragen**
ihr	**traget**
sie/Sie	**tragen**

PERFECT

ich	**habe getragen**
du	**hast getragen**
er/sie/es	**hat getragen**
wir	**haben getragen**
ihr	**habt getragen**
sie/Sie	**haben getragen**

IMPERFECT

ich	**trug**
du	**trugst**
er/sie/es	**trug**
wir	**trugen**
ihr	**trugt**
sie/Sie	**trugen**

PRESENT PARTICIPLE
tragend

PAST PARTICIPLE
getragen

EXAMPLE PHRASES

Du **trägst** die ganze Verantwortung dafür. You bear the full responsibility for it.

Er sagt, er **trage** nie neue Kleider. He says he never wears new clothes.

Der Apfelbaum **hat** viele Früchte **getragen**. The apple tree has produced a good crop of fruit.

Ich **trug** ihren Koffer zum Bahnhof. I carried her case to the station.

---

ich = I **du** = you **er** = he/it **sie** = she/it **es** = it/he/she **wir** = we **ihr** = you **sie** = they **Sie** = you (*polite*)

tragen

FUTURE

ich	**werde tragen**
du	**wirst tragen**
er/sie/es	**wird tragen**
wir	**werden tragen**
ihr	**werdet tragen**
sie/Sie	**werden tragen**

CONDITIONAL

ich	**würde tragen**
du	**würdest tragen**
er/sie/es	**würde tragen**
wir	**würden tragen**
ihr	**würdet tragen**
sie/Sie	**würden tragen**

PLUPERFECT

ich	**hatte getragen**
du	**hattest getragen**
er/sie/es	**hatte getragen**
wir	**hatten getragen**
ihr	**hattet getragen**
sie/Sie	**hatten getragen**

PLUPERFECT SUBJUNCTIVE

ich	**hätte getragen**
du	**hättest getragen**
er/sie/es	**hätte getragen**
wir	**hätten getragen**
ihr	**hättet getragen**
sie/Sie	**hätten getragen**

IMPERATIVE
trag(e)!/tragen wir!/tragt!/tragen Sie!

EXAMPLE PHRASES

Du **wirst** die Verantwortung dafür **tragen**. You will bear the responsibility
for it.

Ich **würde** meine Haare gern länger **tragen**. I'd like to wear my hair longer.

Wir **hatten** alle Kosten selbst **getragen**. We had borne all the cost ourselves.

Du **hättest** besser einen Anzug **getragen**. It would have been better if you
had worn a suit.

ich = I **du** = you **er** = he/it **sie** = she/it **es** = it/he/she **wir** = we **ihr** – you **sie** = they **Sie** – you (polite)

treffen (to meet)

strong, *formed* with **haben**

PRESENT

ich	**treffe**
du	**triffst**
er/sie/es	**trifft**
wir	**treffen**
ihr	**trefft**
sie/Sie	**treffen**

PRESENT SUBJUNCTIVE

ich	**treffe**
du	**treffest**
er/sie/es	**treffe**
wir	**treffen**
ihr	**treffet**
sie/Sie	**treffen**

PERFECT

ich	**habe getroffen**
du	**hast getroffen**
er/sie/es	**hat getroffen**
wir	**haben getroffen**
ihr	**habt getroffen**
sie/Sie	**haben getroffen**

IMPERFECT

ich	**traf**
du	**trafst**
er/sie/es	**traf**
wir	**trafen**
ihr	**traft**
sie/Sie	**trafen**

PRESENT PARTICIPLE
treffend

PAST PARTICIPLE
getroffen

EXAMPLE PHRASES

Sie **trifft** sich zweimal pro Woche mit ihm. She meets with him twice a week.
Er sagt, er **treffe** sie jeden Tag. He says he meets her every day.
Du **hast** das Ziel gut **getroffen**. You hit the target well.
Der Ball **traf** ihn am Kopf. The ball hit him on the head.

---

ich = I **du** = you **er** = he/it **sie** = she/it **es** = it/he/she **wir** = we **ihr** = you **sie** = they **Sie** = you (*polite*)

treffen

FUTURE

ich	**werde treffen**
du	**wirst treffen**
er/sie/es	**wird treffen**
wir	**werden treffen**
ihr	**werdet treffen**
sie/Sie	**werden treffen**

CONDITIONAL

ich	**würde treffen**
du	**würdest treffen**
er/sie/es	**würde treffen**
wir	**würden treffen**
ihr	**würdet treffen**
sie/Sie	**würden treffen**

PLUPERFECT

ich	**hatte getroffen**
du	**hattest getroffen**
er/sie/es	**hatte getroffen**
wir	**hatten getroffen**
ihr	**hattet getroffen**
sie/Sie	**hatten getroffen**

PLUPERFECT SUBJUNCTIVE

ich	**hätte getroffen**
du	**hättest getroffen**
er/sie/es	**hätte getroffen**
wir	**hätten getroffen**
Ihr	**hättet getroffen**
sie/Sie	**hätten getroffen**

IMPERATIVE

triff!/treffen wir!/trefft!/treffen Sie!

EXAMPLE PHRASES

Wir **werden** uns am Bahnhof **treffen**. We'll meet at the station.
Ich **würde** dich gern öfter **treffen**. I'd like to meet with you more often.
Ich **hatte** ihn noch nie im Leben **getroffen**. I had never met him in my life.
Mich **hätte** fast der Schlag **getroffen**! I was completely flabbergasted!

treiben (to drive)

strong, *formed with* **haben**

PRESENT

ich	**treibe**
du	**treibst**
er/sie/es	**treibt**
wir	**treiben**
ihr	**treibt**
sie/Sie	**treiben**

PRESENT SUBJUNCTIVE

ich	**treibe**
du	**treibest**
er/sie/es	**treibe**
wir	**treiben**
ihr	**treibet**
sie/Sie	**treiben**

PERFECT

ich	**habe getrieben**
du	**hast getrieben**
er/sie/es	**hat getrieben**
wir	**haben getrieben**
ihr	**habt getrieben**
sie/Sie	**haben getrieben**

IMPERFECT

ich	**trieb**
du	**triebst**
er/sie/es	**trieb**
wir	**trieben**
ihr	**triebt**
sie/Sie	**trieben**

PRESENT PARTICIPLE
treibend

PAST PARTICIPLE
getrieben

EXAMPLE PHRASES

Er **treibt** uns zu sehr. He pushes us too hard.
Er sagt, er **treibe** viel Sport. He says he does a lot of sport.
Sie **hat** uns zur Eile **getrieben**. She made us hurry up.
Sie **trieben** die Kühe auf das Feld. They drove the cows into the field.

---

ich = I **du** = you **er** = he/it **sie** = she/it **es** = it/he/she **wir** = we **ihr** = you **sie** = they **Sie** = you (*polite*)

treiben

FUTURE

ich	**werde treiben**
du	**wirst treiben**
er/sie/es	**wird treiben**
wir	**werden treiben**
ihr	**werdet treiben**
sie/Sie	**werden treiben**

CONDITIONAL

ich	**würde treiben**
du	**würdest treiben**
er/sie/es	**würde treiben**
wir	**würden treiben**
ihr	**würdet treiben**
sie/Sie	**würden treiben**

PLUPERFECT

ich	**hatte getrieben**
du	**hattest getrieben**
er/sie/es	**hatte getrieben**
wir	**hatten getrieben**
ihr	**hattet getrieben**
sie/Sie	**hatten getrieben**

PLUPERFECT SUBJUNCTIVE

ich	**hätte getrieben**
du	**hättest getrieben**
er/sie/es	**hätte getrieben**
wir	**hätten getrieben**
Ihr	**hättet getrieben**
sie/Sie	**hätten getrieben**

IMPERATIVE
treib(e)!/treiben wir!/treibt!/treiben Sie!

EXAMPLE PHRASES

Du **wirst** mich noch zur Verzweiflung **treiben**. You'll drive me to despair.
Du **würdest** doch nur Unsinn **treiben**. All you would do is fool around.
Die Inflation **hatte** die Preise in die Höhe **getrieben**. Inflation had driven
   prices up.
Er **hätte** sie fast in den Selbstmord **getrieben**. He would almost have driven
   her to suicide.

ich = I **du** = you **er** = he/it **sie** = she/it **es** = it/he/she **wir** = we **ihr** - you **sie** = they **Sie** – you (polite)

treten (to kick/to step)

strong, *formed with* **haben/sein***

PRESENT

ich	**trete**
du	**trittst**
er/sie/es	**tritt**
wir	**treten**
ihr	**tretet**
sie/Sie	**treten**

PRESENT SUBJUNCTIVE

ich	**trete**
du	**tretest**
er/sie/es	**trete**
wir	**treten**
ihr	**tretet**
sie/Sie	**treten**

PERFECT

ich	**habe getreten**
du	**hast getreten**
er/sie/es	**hat getreten**
wir	**haben getreten**
ihr	**habt getreten**
sie/Sie	**haben getreten**

IMPERFECT

ich	**trat**
du	**trat(e)st**
er/sie/es	**trat**
wir	**traten**
ihr	**tratet**
sie/Sie	**traten**

PRESENT PARTICIPLE

tretend

PAST PARTICIPLE

getreten

*When **treten** is used with no direct object, it is formed with **sein**

EXAMPLE PHRASES

Pass auf, wohin du **trittst**! Watch your step!

Er sagt, er **trete** in den Streik. He says he is going on strike.

Er **hat** mich **getreten**. He kicked me.

Sie **trat** auf die Bremse. She stepped on the brakes.

treten

FUTURE

ich	**werde treten**
du	**wirst treten**
er/sie/es	**wird treten**
wir	**werden treten**
ihr	**werdet treten**
sie/Sie	**werden treten**

CONDITIONAL

ich	**würde treten**
du	**würdest treten**
er/sie/es	**würde treten**
wir	**würden treten**
ihr	**würdet treten**
sie/Sie	**würden treten**

PLUPERFECT

ich	**hatte getreten**
du	**hattest getreten**
er/sie/es	**hatte getreten**
wir	**hatten getreten**
ihr	**hattet getreten**
sie/Sie	**hatten getreten**

PLUPERFECT SUBJUNCTIVE

ich	**hätte getreten**
du	**hättest getreten**
er/sie/es	**hätte getreten**
wir	**hätten getreten**
ihr	**hättet getreten**
sie/Sie	**hätten getreten**

IMPERATIVE

tritt!/treten wir!/tretet!/treten Sie!

EXAMPLE PHRASES

Wir **werden** mit ihnen in Verbindung **treten**. We'll get in touch with them.

Bei starkem Regen **würde** der Fluss über die Ufer **treten**. The river would burst its banks if there is a lot of rain.

Die Tränen **waren** ihr in die Augen **getreten**. Her eyes started to fill with tears.

Er **hätte** mir fast auf den Fuß **getreten**. He had almost stepped on my foot.

trinken (to drink)

strong, *formed with* **haben**

PRESENT

ich	**trinke**
du	**trinkst**
er/sie/es	**trinkt**
wir	**trinken**
ihr	**trinkt**
sie/Sie	**trinken**

PRESENT SUBJUNCTIVE

ich	**trinke**
du	**trinkest**
er/sie/es	**trinke**
wir	**trinken**
ihr	**trinket**
sie/Sie	**trinken**

PERFECT

ich	**habe getrunken**
du	**hast getrunken**
er/sie/es	**hat getrunken**
wir	**haben getrunken**
ihr	**habt getrunken**
sie/Sie	**haben getrunken**

IMPERFECT

ich	**trank**
du	**trankst**
er/sie/es	**trank**
wir	**tranken**
ihr	**trankt**
sie/Sie	**tranken**

PRESENT PARTICIPLE

trinkend

PAST PARTICIPLE

getrunken

EXAMPLE PHRASES

Was **trinkst** du? What would you like to drink?

Er sagt, er **trinke** abends nur Wodka. He says he only drinks vodka in the evening.

Ich **habe** zu viel **getrunken**. I've had too much to drink.

Er **trank** die ganze Flasche leer. He drank the whole bottle.

---

ich = I   **du** = you   **er** = he/it   **sie** = she/it   **es** = it/he/she   **wir** = we   **ihr** = you   **sie** = they   **Sie** = you (*polite*)

trinken

FUTURE

ich	**werde trinken**
du	**wirst trinken**
er/sie/es	**wird trinken**
wir	**werden trinken**
ihr	**werdet trinken**
sie/Sie	**werden trinken**

CONDITIONAL

ich	**würde trinken**
du	**würdest trinken**
er/sie/es	**würde trinken**
wir	**würden trinken**
ihr	**würdet trinken**
sie/Sie	**würden trinken**

PLUPERFECT

ich	**hatte getrunken**
du	**hattest getrunken**
er/sie/es	**hatte getrunken**
wir	**hatten getrunken**
ihr	**hattet getrunken**
sie/Sie	**hatten getrunken**

PLUPERFECT SUBJUNCTIVE

ich	**hätte getrunken**
du	**hättest getrunken**
er/sie/es	**hätte getrunken**
wir	**hätten getrunken**
Ihr	**hättet getrunken**
sie/Sie	**hätten getrunken**

IMPERATIVE
trink(e)!/trinken wir!/trinkt!/trinken Sie!

EXAMPLE PHRASES

Ab morgen **werde** ich keinen Alkohol mehr **trinken**. From tomorrow I won't drink any alcohol.

Ich **würde** gern ein Bier mit Ihnen **trinken**. I'd like to have a beer with you.

Wir **hatten** auf sein Wohl **getrunken**. We had drunk his health.

Er **hätte** gern noch mehr **getrunken**. He would have drunk even more.

---

ich = I du = you er = he/it sie = she/it es = it/he/she wir = we ihr = you sie – they Sie = you (polite)

tun (to do)

strong, *formed* *with* **haben**

PRESENT

ich	**tue**
du	**tust**
er/sie/es	**tut**
wir	**tun**
ihr	**tut**
sie/Sie	**tun**

PRESENT SUBJUNCTIVE

ich	**tue**
du	**tuest**
er/sie/es	**tue**
wir	**tuen**
ihr	**tuet**
sie/Sie	**tuen**

PERFECT

ich	**habe getan**
du	**hast getan**
er/sie/es	**hat getan**
wir	**haben getan**
ihr	**habt getan**
sie/Sie	**haben getan**

IMPERFECT

ich	**tat**
du	**tat(e)st**
er/sie/es	**tat**
wir	**taten**
ihr	**tatet**
sie/Sie	**taten**

PRESENT PARTICIPLE

tuend

PAST PARTICIPLE

getan

EXAMPLE PHRASES

So etwas **tut** man nicht! That's just not done!

Sie sagt, ihr Hund **tue** dir nichts. She says her dog won't hurt you.

Er **hat** den ganzen Tag nichts **getan**. He hasn't done anything all day.

Sie **tat**, als ob sie schliefe. She pretended to be sleeping.

tun

FUTURE

ich	**werde tun**
du	**wirst tun**
er/sie/es	**wird tun**
wir	**werden tun**
ihr	**werdet tun**
sie/Sie	**werden tun**

CONDITIONAL

ich	**würde tun**
du	**würdest tun**
er/sie/es	**würde tun**
wir	**würden tun**
ihr	**würdet tun**
sie/Sie	**würden tun**

PLUPERFECT

ich	**hatte getan**
du	**hattest getan**
er/sie/es	**hatte getan**
wir	**hatten getan**
ihr	**hattet getan**
sie/Sie	**hatten getan**

PLUPERFECT SUBJUNCTIVE

ich	**hätte getan**
du	**hättest getan**
er/sie/es	**hätte getan**
wir	**hätten getan**
ihr	**hättet getan**
sie/Sie	**hätten getan**

IMPERATIVE
tu(e)!/tun wir!/tut!/tun Sie!

EXAMPLE PHRASES

Ich **werde** das auf keinen Fall **tun**. There is no way I'll do that.
Würdest du mir einen Gefallen **tun**? Would you do me a favour?
Das **hatte** er nur für sie **getan**. He had done it only for her.
Ich **hätte** es **getan**, wenn du mich darum gebeten hättest. I would have done
it if you had asked me.

ich = I **du** = you **er** = he/it **sie** = she/it **es** = it/he/she **wir** = we **ihr** = you **sie** = they **Sie** = you (polite)

sich überlegen (to consider) weak, inseparable, reflexive, formed with haben

PRESENT		PRESENT SUBJUNCTIVE	
ich	überlege mir	ich	überlege mir
du	überlegst dir	du	überlegest dir
er/sie/es	überlegt sich	er/sie/es	überlege sich
wir	überlegen uns	wir	überlegen uns
ihr	überlegt euch	ihr	überleget euch
sie/Sie	überlegen sich	sie/Sie	überlegen sich

PERFECT		IMPERFECT	
ich	habe mir überlegt	ich	überlegt mir
du	hast dir überlegt	du	überlegtest dir
er/sie/es	hat sich überlegt	er/sie/es	überlegte sich
wir	haben uns überlegt	wir	überlegten uns
ihr	habt euch überlegt	ihr	überlegtet euch
sie/Sie	haben sich überlegt	sie/Sie	überlegten sich

PRESENT PARTICIPLE	PAST PARTICIPLE
überlegend	überlegt

EXAMPLE PHRASES

Ich **überlege** es **mir**. I'll think about it.

Er meint, er **überlege** es **sich** noch einmal. He thinks he's going to reconsider it.

Ich **habe mir** schon **überlegt**, was ich machen werde. I've already thought about what I'm going to do.

Er **überlegte sich** einen schlauen Plan. He thought of a clever plan.

---

ich = I **du** = you **er** = he/it **sie** = she/it **es** = it/he/she **wir** = we **ihr** = you **sie** = they **Sie** = you (polite)

sich überlegen

FUTURE

ich **werde mir überlegen**
du **wirst dir überlegen**
er/sie/es **wird sich überlegen**
wir **werden uns überlegen**
ihr **werdet euch überlegen**
sie/Sie **werden sich überlegen**

CONDITIONAL

ich **würde mir überlegen**
du **würdest dir überlegen**
er/sie/es **würde sich überlegen**
wir **würden uns überlegen**
ihr **würdet euch überlegen**
sie/Sie **würden sich überlegen**

PLUPERFECT

ich **hatte mir überlegt**
du **hattest dir überlegt**
er/sie/es **hatte sich überlegt**
wir **hatten uns überlegt**
ihr **hattet euch überlegt**
sie/Sie **hatten sich überlegt**

PLUPERFECT SUBJUNCTIVE

ich **hätte mir überlegt**
du **hättest dir überlegt**
er/sie/es **hätte sich überlegt**
wir **hätten uns überlegt**
ihr **hättet euch überlegt**
sie/Sie **hätten sich überlegt**

IMPERATIVE

überleg(e)dir!/überlegen wir uns!/überlegt euch!/überlegen Sie sich!

EXAMPLE PHRASES

Das **werde** ich **mir überlegen**. I'll have a think about it.

Würden Sie es **sich** noch einmal **überlegen**? Would you reconsider?

Er **hatte sich überlegt**, dass er viel Zeit sparen konnte. He had come to the conclusion that he could save a lot of time.

Das **hätte** sie **sich** besser früher **überlegt**. She should have thought of that earlier.

ich = I du = you er = he/it sie = she/it es = it/he/she wir = we ihr – you sie = they Sie = you (*polite*)

vergessen (to forget) strong, inseparable, *formed with* **haben**

PRESENT

ich	**vergesse**
du	**vergisst**
er/sie/es	**vergisst**
wir	**vergessen**
ihr	**vergesst**
sie/Sie	**vergessen**

PRESENT SUBJUNCTIVE

ich	**vergesse**
du	**vergessest**
er/sie/es	**vergesse**
wir	**vergessen**
ihr	**vergesset**
sie/Sie	**vergessen**

PERFECT

ich	**habe vergessen**
du	**hast vergessen**
er/sie/es	**hat vergessen**
wir	**haben vergessen**
ihr	**habt vergessen**
sie/Sie	**haben vergessen**

IMPERFECT

ich	**vergaß**
du	**vergaßest**
er/sie/es	**vergaß**
wir	**vergaßen**
ihr	**vergaßt**
sie/Sie	**vergaßen**

PRESENT PARTICIPLE

vergessend

PAST PARTICIPLE

vergessen

EXAMPLE PHRASES

Sie **vergisst** ständig ihre Bücher. She always forgets to bring her books.
Er sagt, er **vergesse** nie ein Gesicht. He says he never forgets a face.
Ich **habe** seinen Namen vergessen. I've forgotten his name.
Sie **vergaß**, die Blumen zu gießen. She forgot to water the flowers.

---

ich = I **du** = you **er** = he/it **sie** = she/it **es** = it/he/she **wir** = we **ihr** = you **sie** = they **Sie** = you (*polite*)

vergessen

FUTURE

ich **werde vergessen**
du **wirst vergessen**
er/sie/es **wird vergessen**
wir **werden vergessen**
ihr **werdet vergessen**
sie/Sie **werden vergessen**

CONDITIONAL

ich **würde vergessen**
du **würdest vergessen**
er/sie/es **würde vergessen**
wir **würden vergessen**
ihr **würdet vergessen**
sie/Sie **würden vergessen**

PLUPERFECT

ich **hatte vergessen**
du **hattest vergessen**
er/sie/es **hatte vergessen**
wir **hatten vergessen**
ihr **hattet vergessen**
sie/Sie **hatten vergessen**

PLUPERFECT SUBJUNCTIVE

ich **hätte vergessen**
du **hättest vergessen**
er/sie/es **hätte vergessen**
wir **hätten vergessen**
ihr **hättet vergessen**
sie/Sie **hätten vergessen**

IMPERATIVE

vergiss!/vergessen wir!/vergesst!/vergessen Sie!

EXAMPLE PHRASES

Das **werde** ich dir nie **vergessen**. I'll never forget that.

Dieses Examen **würde** ich am liebsten **vergessen**. I'd rather forget this exam.

Ich **hatte vergessen**, die Post abzuholen. I had forgotten to collect the mail.

Fast **hättest** du **vergessen**, mir das Geld zu geben. You had almost forgotten to give me the money.

---

ich = I **du** = you **er** = he/it **sie** = she/it **es** = it/he/she **wir** = we **ihr** = you **sie** = they **Sie** = you (polite)

verlangen (to demand) weak, inseparable, *formed with* haben

PRESENT		PRESENT SUBJUNCTIVE	
ich	**verlange**	ich	**verlange**
du	**verlangst**	du	**verlangest**
er/sie/es	**verlangt**	er/sie/es	**verlange**
wir	**verlangen**	wir	**verlangen**
ihr	**verlangt**	ihr	**verlanget**
sie/Sie	**verlangen**	sie/Sie	**verlangen**

PERFECT		IMPERFECT	
ich	**habe verlangt**	ich	**verlangte**
du	**hast verlangt**	du	**verlangtest**
er/sie/es	**hat verlangt**	er/sie/es	**verlangte**
wir	**haben verlangt**	wir	**verlangten**
ihr	**habt verlangt**	ihr	**verlangtet**
sie/Sie	**haben verlangt**	sie/Sie	**verlangten**

PRESENT PARTICIPLE
verlangend

PAST PARTICIPLE
verlangt

EXAMPLE PHRASES

Unsere Lehrerin **verlangt** wirklich sehr viel von uns. Our teacher demands an awful lot of us.

Er sagt, er **verlange** 5000 Euro für das Auto. He says he wants 5000 euros for the car.

Wie viel **hat** er dafür **verlangt**? How much did he want for it?

Sie **verlangten**, dass man sie anhört. They demanded to be heard.

ich = I   du = you   er = he/it   sie = she/it   es = it/he/she   wir = we   ihr = you   sie = they   Sie = you (*polite*)

verlangen

FUTURE

ich	**werde verlangen**
du	**wirst verlangen**
er/sie/es	**wird verlangen**
wir	**werden verlangen**
ihr	**werdet verlangen**
sie/Sie	**werden verlangen**

CONDITIONAL

ich	**würde verlangen**
du	**würdest verlangen**
er/sie/es	**würde verlangen**
wir	**würden verlangen**
ihr	**würdet verlangen**
sie/Sie	**würden verlangen**

PLUPERFECT

ich	**hatte verlangt**
du	**hattest verlangt**
er/sie/es	**hatte verlangt**
wir	**hatten verlangt**
ihr	**hattet verlangt**
sie/Sie	**hatten verlangt**

PLUPERFECT SUBJUNCTIVE

ich	**hätte verlangt**
du	**hättest verlangt**
er/sie/es	**hätte verlangt**
wir	**hätten verlangt**
Ihr	**hättet verlangt**
sie/Sie	**hätten verlangt**

IMPERATIVE
verlang(e)!/verlangen wir!/verlangt!/verlangen Sie!

EXAMPLE PHRASES

Die Kunden **werden** eine Preissenkung **verlangen**. The customers will demand
a price cut.

Das **würde** ich nicht von dir **verlangen**. I wouldn't ask that of you.

Er **hatte** zu viel von mir **verlangt**. He had demanded too much of me.

Er **hätte verlangt**, meinen Pass zu sehen. He would have demanded to see
my passport.

---

ich = I du = you er = he/it sie = she/it es = it/he/she wir = we ihr - you sie = they Sie = you (polite)

verlieren (to lose) strong, inseparable, *formed with* haben

PRESENT

ich	**verliere**
du	**verlierst**
er/sie/es	**verliert**
wir	**verlieren**
ihr	**verliert**
sie/Sie	**verlieren**

PRESENT SUBJUNCTIVE

ich	**verliere**
du	**verlierest**
er/sie/es	**verliere**
wir	**verlieren**
ihr	**verlieret**
sie/Sie	**verlieren**

PERFECT

ich	**habe verloren**
du	**hast verloren**
er/sie/es	**hat verloren**
wir	**haben verloren**
ihr	**habt verloren**
sie/Sie	**haben verloren**

IMPERFECT

ich	**verlor**
du	**verlorst**
er/sie/es	**verlor**
wir	**verloren**
ihr	**verlort**
sie/Sie	**verloren**

PRESENT PARTICIPLE

verlierend

PAST PARTICIPLE

verloren

EXAMPLE PHRASES

Wenn du **verlierst**, musst du mir 10 Euro zahlen. If you lose, you'll have to pay me 10 euros.

Er sage, er **verliere** oft die Geduld. He says he often loses his patience.

Wir **haben** drei Spiele hintereinander **verloren**. We lost three matches in a row.

Er **verlor** kein Wort darüber. He didn't say a word about it.

ich = I du = you er = he/it sie = she/it es = it/he/she wir = we ihr = you sie = they Sie = you (*polite*)

verlieren

FUTURE

ich **werde verlieren**
du **wirst verlieren**
er/sie/es **wird verlieren**
wir **werden verlieren**
ihr **werdet verlieren**
sie/Sie **werden verlieren**

CONDITIONAL

ich **würde verlieren**
du **würdest verlieren**
er/sie/es **würde verlieren**
wir **würden verlieren**
ihr **würdet verlieren**
sie/Sie **würden verlieren**

PLUPERFECT

ich **hatte verloren**
du **hattest verloren**
er/sie/es **hatte verloren**
wir **hatten verloren**
ihr **hattet verloren**
sie/Sie **hatten verloren**

PLUPERFECT SUBJUNCTIVE

ich **hätte verloren**
du **hättest verloren**
er/sie/es **hätte verloren**
wir **hätten verloren**
ihr **hättet verloren**
sie/Sie **hätten verloren**

IMPERATIVE

verlier(e)!/verlieren wir!/verliert!/verlieren Sie!

EXAMPLE PHRASES

Ich **werde** kein Wort über sie **verlieren**. I won't say a word about them.
In diesem Kaufhaus **würde** ich mich **verlieren**. I would get lost in this
    department store.
Sie **hatte** die Wette **verloren**. She had lost the bet.
Borussia **hätte** fast das Spiel **verloren**. Borussia would nearly have lost the
    match.

verschwinden (to disappear) strong, inseparable, *formed with* **sein**

PRESENT

ich	**verschwinde**
du	**verschwindest**
er/sie/es	**verschwindet**
wir	**verschwinden**
ihr	**verschwindet**
sie/Sie	**verschwinden**

PRESENT SUBJUNCTIVE

ich	**verschwinde**
du	**verschwindest**
er/sie/es	**verschwinde**
wir	**verschwinden**
ihr	**verschwindet**
sie/Sie	**verschwinden**

PERFECT

ich	**bin verschwunden**
du	**bist verschwunden**
er/sie/es	**ist verschwunden**
wir	**sind verschwunden**
ihr	**seid verschwunden**
sie/Sie	**sind verschwunden**

IMPERFECT

ich	**verschwand**
du	**verschwand(e)st**
er/sie/es	**verschwand**
wir	**verschwanden**
ihr	**verschwandet**
sie/Sie	**verschwanden**

PRESENT PARTICIPLE

verschwindend

PAST PARTICIPLE

verschwunden

EXAMPLE PHRASES

Du **verschwindest** immer wochenlang. You keep disappearing for weeks on end.

Er meint, diese Tradition **verschwinde** langsam. He thinks this tradition is disappearing slowly.

Er **ist** seit Sonntag **verschwunden**. He has been missing since Sunday.

Sie **verschwanden** in der Dunkelheit. They disappeared into the darkness.

ich = I **du** = you **er** = he/it **sie** = she/it **es** = it/he/she **wir** = we **ihr** = you **sie** = they **Sie** = you (*polite*)

verschwinden

FUTURE

ich	**werde verschwinden**
du	**wirst verschwinden**
er/sie/es	**wird verschwinden**
wir	**werden verschwinden**
ihr	**werdet verschwinden**
sie/Sie	**werden verschwinden**

CONDITIONAL

ich	**würde verschwinden**
du	**würdest verschwinden**
er/sie/es	**würde verschwinden**
wir	**würden verschwinden**
ihr	**würdet verschwinden**
sie/Sie	**würden verschwinden**

PLUPERFECT

ich	**war verschwunden**
du	**warst verschwunden**
er/sie/es	**war verschwunden**
wir	**waren verschwunden**
ihr	**wart verschwunden**
sie/Sie	**waren verschwunden**

PLUPERFECT SUBJUNCTIVE

ich	**wäre verschwunden**
du	**wär(e)st verschwunden**
er/sie/es	**wäre verschwunden**
wir	**wären verschwunden**
ihr	**wär(e)t verschwunden**
sie/Sie	**wären verschwunden**

IMPERATIVE

verschwind(e)!/verschwinden wir!/verschwindet!/verschwinden Sie!

EXAMPLE PHRASES

Unsere Sorgen **werden** bald **verschwinden**. Our worries will soon disappear.

Ich wollte, diese Leute **würden verschwinden**. I wish these people would disappear.

Nach dem Erdbeben **war** die Stadt von der Landkarte **verschwunden**.
   After the earthquake the town had disappeared off the map.

Sie **wäre** gern aus seinem Leben **verschwunden**. She would have liked to disappear from his life.

ich = I **du** = you **er** = he/it **sie** = she/it **es** = it/he/she **wir** = we **ihr** = you **sie** = they **Sie** = you (polite)

verzeihen (to pardon) strong, inseparable, *formed with* haben

PRESENT

ich	verzeihe
du	verzeihst
er/sie/es	verzeiht
wir	verzeihen
ihr	verzeiht
sie/Sie	verzeihen

PRESENT SUBJUNCTIVE

ich	verzeihe
du	verzeihest
er/sie/es	verzeihe
wir	verzeihen
ihr	verzeihet
sie/Sie	verzeihen

PERFECT

ich	habe verziehen
du	hast verziehen
er/sie/es	hat verziehen
wir	haben verziehen
ihr	habt verziehen
sie/Sie	haben verziehen

IMPERFECT

ich	verzieh
du	verziehst
er/sie/es	verzieh
wir	verziehen
ihr	verzieht
sie/Sie	verziehen

PRESENT PARTICIPLE
verzeihend

PAST PARTICIPLE
verziehen

EXAMPLE PHRASES

Ich **verzeihe** dir. I forgive you.

Er **hat** mir nie **verziehen**, dass ich ihn geschlagen habe. He has never forgiven me for hitting him.

Sie war verärgert, aber sie **verzieh** mir. She was angry but she forgave me.

ich = I du = you er = he/it sie = she/it es = it/he/she wir = we ihr = you sie = they Sie = you (polite)

verzeihen

FUTURE

ich	**werde verzeihen**
du	**wirst verzeihen**
er/sie/es	**wird verzeihen**
wir	**werden verzeihen**
ihr	**werdet verzeihen**
sie/Sie	**werden verzeihen**

CONDITIONAL

ich	**würde verzeihen**
du	**würdest verzeihen**
er/sie/es	**würde verzeihen**
wir	**würden verzeihen**
ihr	**würdet verzeihen**
sie/Sie	**würden verzeihen**

PLUPERFECT

ich	**hatte verziehen**
du	**hattest verziehen**
er/sie/es	**hatte verziehen**
wir	**hatten verziehen**
ihr	**hattet verziehen**
sie/Sie	**hatten verziehen**

PLUPERFECT SUBJUNCTIVE

ich	**hätte verziehen**
du	**hättest verziehen**
er/sie/es	**hätte verziehen**
wir	**hätten verziehen**
ihr	**hättet verziehen**
sie/Sie	**hätten verziehen**

IMPERATIVE

verzeih(e)!/verzeihen wir!/verzeiht!/verzeihen Sie!

EXAMPLE PHRASES

Das **wird** sie mir nicht **verzeihen**. She won't forgive me for that.

Diese Lüge **würde** ich ihm nicht **verzeihen**. I wouldn't forgive him for this lie.

Er **hatte** ihr diese Affäre niemals **verziehen**. He had never forgiven her for this affair.

Ich **hätte** ihm **verziehen**, wenn er mich gebeten hätte. I would have forgiven him if he had asked me.

wachsen (to grow)

strong, *formed with* **sein**

PRESENT

ich	**wachse**
du	**wächst**
er/sie/es	**wächst**
wir	**wachsen**
ihr	**wachst**
sie/Sie	**wachsen**

PRESENT SUBJUNCTIVE

ich	**wachse**
du	**wachsest**
er/sie/es	**wachse**
wir	**wachsen**
ihr	**wachset**
sie/Sie	**wachsen**

PERFECT

ich	**bin gewachsen**
du	**bist gewachsen**
er/sie/es	**ist gewachsen**
wir	**sind gewachsen**
ihr	**seid gewachsen**
sie/Sie	**sind gewachsen**

IMPERFECT

ich	**wuchs**
du	**wuchsest**
er/sie/es	**wuchs**
wir	**wuchsen**
ihr	**wuchst**
sie/Sie	**wuchsen**

PRESENT PARTICIPLE
wachsend

PAST PARTICIPLE
gewachsen

EXAMPLE PHRASES

Der Baum **wächst** nicht mehr. The tree has stopped growing.

Sie meint, ihr Sohn **wachse** zu schnell. She thinks her son is growing too fast.

Ich **bin** im letzten Jahr 10 Zentimeter **gewachsen**. I've grown 10 centimetres in the past year.

Ihm **wuchs** ein Bart. He grew a beard.

---

ich = I **du** = you **er** = he/it **sie** = she/it **es** = it/he/she **wir** = we **ihr** = you **sie** = they **Sie** = you (*polite*)

wachsen

FUTURE

ich	**werde wachsen**
du	**wirst wachsen**
er/sie/es	**wird wachsen**
wir	**werden wachsen**
ihr	**werdet wachsen**
sie/Sie	**werden wachsen**

CONDITIONAL

ich	**würde wachsen**
du	**würdest wachsen**
er/sie/es	**würde wachsen**
wir	**würden wachsen**
ihr	**würdet wachsen**
sie/Sie	**würden wachsen**

PLUPERFECT

ich	**war gewachsen**
du	**warst gewachsen**
er/sie/es	**war gewachsen**
wir	**waren gewachsen**
ihr	**wart gewachsen**
sie/Sie	**waren gewachsen**

PLUPERFECT SUBJUNCTIVE

ich	**wäre gewachsen**
du	**wär(e)st gewachsen**
er/sie/es	**wäre gewachsen**
wir	**wären gewachsen**
Ihr	**wär(e)t gewachsen**
sie/Sie	**wären gewachsen**

IMPERATIVE
wachs(e)!/wachsen wir!/wachst!/wachsen Sie!

EXAMPLE PHRASES

Meine Probleme **werden** weiter **wachsen**. My problems will keep on growing.

Ohne Sonne **würde** hier nichts **wachsen**. Nothing would grow here without sunlight.

Die Preise **waren** drastisch **gewachsen**. Prices had risen dramatically.

Ohne dieses Spray **wäre** das Unkraut weiter **gewachsen**. Without this spray the weeds would have kept on growing.

ich = I **du** = you **er** = he/it **sie** = she/it **es** – it/he/she **wir** - we **ihr** - you **sie** - they **Sie** - you (polite)

wandern (to roam)

weak, *formed with* sein

PRESENT		PRESENT SUBJUNCTIVE	
ich	**wand(e)re**	ich	**wand(e)re**
du	**wanderst**	du	**wandrest**
er/sie/es	**wandert**	er/sie/es	**wand(e)re**
wir	**wandern**	wir	**wandern**
ihr	**wandert**	ihr	**wandert**
sie/Sie	**wandern**	sie/Sie	**wandern**

PERFECT		IMPERFECT	
ich	**bin gewandert**	ich	**wanderte**
du	**bist gewandert**	du	**wandertest**
er/sie/es	**ist gewandert**	er/sie/es	**wanderte**
wir	**sind gewandert**	wir	**wanderten**
ihr	**seid gewandert**	ihr	**wandertet**
sie/Sie	**sind gewandert**	sie/Sie	**wanderten**

PRESENT PARTICIPLE
wandernd

PAST PARTICIPLE
gewandert

EXAMPLE PHRASES

Im Schwarzwald **wandert** man gut. The Black Forest is good for walking.

Er sagt, er **wand(e)re** gern. He says he loves hiking.

Wir **sind** am Wochenende **gewandert**. We went walking at the weekend.

Seine Gedanken **wanderten** zurück in die Vergangenheit. His thoughts
  strayed back to the past.

---

ich = I **du** = you **er** = he/it **sie** = she/it **es** = it/he/she **wir** = we **ihr** = you **sie** = they **Sie** = you (*polite*)

wandern

FUTURE

ich	**werde wandern**
du	**wirst wandern**
er/sie/es	**wird wandern**
wir	**werden wandern**
ihr	**werdet wandern**
sie/Sie	**werden wandern**

CONDITIONAL

ich	**würde wandern**
du	**würdest wandern**
er/sie/es	**würde wandern**
wir	**würden wandern**
ihr	**würdet wandern**
sie/Sie	**würden wandern**

PLUPERFECT

ich	**war gewandert**
du	**warst gewandert**
er/sie/es	**war gewandert**
wir	**waren gewandert**
ihr	**wart gewandert**
sie/Sie	**waren gewandert**

PLUPERFECT SUBJUNCTIVE

ich	**wäre gewandert**
du	**wär(e)st gewandert**
er/sie/es	**wäre gewandert**
wir	**wären gewandert**
ihr	**wär(e)t gewandert**
sie/Sie	**wären gewandert**

IMPERATIVE

wandre!/wandern wir!/wandert!/wandern Sie!

EXAMPLE PHRASES

Im Urlaub **werden** wir jeden Tag **wandern**. On our holiday we'll go hiking every day.

Ich **würde** lieber im Schnee **wandern**. I'd prefer to go walking in the snow.

Dieses Dokument **war** in den Papierkorb **gewandert**. This document had ended up in the wastepaper bin.

Ich **wäre** gern mit ihm **gewandert**. I would have liked to go hiking with him.

ich = I **du** = you **er** = he/it **sie** = she/it **es** = it/he/she **wir** = we **ihr** – you **sie** – they **Sie** – you (polite)

waschen (to wash)

strong, *formed with* **haben**

PRESENT

ich **wasche**
du **wäschst**
er/sie/es **wäscht**
wir **waschen**
ihr **wascht**
sie/Sie **waschen**

PRESENT SUBJUNCTIVE

ich **wasche**
du **waschest**
er/sie/es **wasche**
wir **waschen**
ihr **waschet**
sie/Sie **waschen**

PERFECT

ich **habe gewaschen**
du **hast gewaschen**
er/sie/es **hat gewaschen**
wir **haben gewaschen**
ihr **habt gewaschen**
sie/Sie **haben gewaschen**

IMPERFECT

ich **wusch**
du **wuschest**
er/sie/es **wusch**
wir **wuschen**
ihr **wuscht**
sie/Sie **wuschen**

PRESENT PARTICIPLE

waschend

PAST PARTICIPLE

gewaschen

EXAMPLE PHRASES

Sie **wäscht** jeden Tag. She does the washing every day.
Er sagt, er **wasche** immer im Waschsalon. He says he always does his washing at the laundrette.
Ich **habe** mir die Hände **gewaschen**. I washed my hands.
Die Katze **wusch** sich in der Sonne. The cat was washing itself in the sunshine.

---

ich = I **du** = you **er** = he/it **sie** = she/it **es** = it/he/she **wir** = we **ihr** = you **sie** = they **Sie** = you (*polite*)

waschen

FUTURE

ich	**werde waschen**
du	**wirde waschen**
er/sie/es	**wird waschen**
wir	**werden waschen**
ihr	**werdet waschen**
sie/Sie	**werden waschen**

CONDITIONAL

ich	**würde waschen**
du	**würdest waschen**
er/sie/es	**würde waschen**
wir	**würden waschen**
ihr	**würdet waschen**
sie/Sie	**würden waschen**

PLUPERFECT

ich	**hatte gewaschen**
du	**hattest gewaschen**
er/sie/es	**hatte gewaschen**
wir	**hatten gewaschen**
ihr	**hattet gewaschen**
sie/Sie	**hatten gewaschen**

PLUPERFECT SUBJUNCTIVE

ich	**hätte gewaschen**
du	**hättest gewaschen**
er/sie/es	**hätte gewaschen**
wir	**hätten gewaschen**
ihr	**hättet gewaschen**
sie/Sie	**hätten gewaschen**

IMPERATIVE

wasche(e)!/waschen wir!/wascht!/waschen Sie!

EXAMPLE PHRASES

Ich **werde** mir jetzt die Haare **waschen**. I'll go and wash my hair now.

Sonntags **würde** ich keine Wäsche **waschen**. I wouldn't do my washing on Sundays.

Sie **hatte** das Auto schon **gewaschen**. She had already washed the car.

Wenn du mich gebeten hättest, **hätte** ich dein Auto **gewaschen**. If you had asked me, I would have washed your car.

ich – I **du** – you **er** – he/it **sie** – she/it **es** – it/he/she **wir** – we **ihr** – you **sie** – they **Sie** – you (polite)

werben (to recruit, to advertise) strong, *formed with* haben

PRESENT

ich	**werbe**
du	**wirbst**
er/sie/es	**wirbt**
wir	**werben**
ihr	**werbt**
sie/Sie	**werben**

PRESENT SUBJUNCTIVE

ich	**werbe**
du	**werbest**
er/sie/es	**werbe**
wir	**werben**
ihr	**werbet**
sie/Sie	**werben**

PERFECT

ich	**habe geworben**
du	**hast geworben**
er/sie/es	**hat geworben**
wir	**haben geworben**
ihr	**habt geworben**
sie/Sie	**haben geworben**

IMPERFECT

ich	**warb**
du	**warbst**
er/sie/es	**warb**
wir	**warben**
ihr	**warbt**
sie/Sie	**warben**

PRESENT PARTICIPLE

werbend

PAST PARTICIPLE

geworben

EXAMPLE PHRASES

Die Partei **wirbt** zur Zeit Mitglieder. The party is currently recruiting members.

Er sagt, er **werbe** um jede Stimme. He says he is campaigning for every vote.

Unsere Firma hat um neue Kunden **geworben**. Our company has tried to attract new customers.

Die Partei **warb** für ihren Kandidaten. The party promoted its candidate.

ich = I **du** = you **er** = he/it **sie** = she/it **es** = it/he/she **wir** = we **ihr** = you **sie** = they **Sie** = you (*polite*)

werben

FUTURE

ich	**werde werben**
du	**wirst werben**
er/sie/es	**wird werben**
wir	**werden werben**
ihr	**werdet werben**
sie/Sie	**werden werben**

CONDITIONAL

ich	**würde werben**
du	**würdest werben**
er/sie/es	**würde werben**
wir	**würden werben**
ihr	**würdet werben**
sie/Sie	**würden werben**

PLUPERFECT

ich	**hatte geworben**
du	**hattest geworben**
er/sie/es	**hatte geworben**
wir	**hatten geworben**
ihr	**hattet geworben**
sie/Sie	**hatten geworben**

PLUPERFECT SUBJUNCTIVE

ich	**hätte geworben**
du	**hättest geworben**
er/sie/es	**hätte geworben**
wir	**hätten geworben**
ihr	**hättet geworben**
sie/Sie	**hätten geworben**

IMPERATIVE

wirb!/werben wir!/werbt!/werben Sie!

EXAMPLE PHRASES

Wir **werden** für unser neues Produkt **werben**. We will advertise our new product.

Wenn wir mehr Geld hätten, **würden** wir mehr **werben**. If we had more money we would do more advertising.

Wir **hatten** 500 neue Mitglieder **geworben**. We had recruited 500 new members.

Wir **hätten** gern noch mehr Mitglieder **geworben**. We would have liked to recruit even more members.

ich = I   du = you   er = he/it   sie = she/it   es = it/he/she   wir = we   ihr = you   sie = they   Sie = you *(polite)*

werden (to become)

strong, *formed with* **sein**

PRESENT

ich	**werde**
du	**wirst**
er/sie/es	**wird**
wir	**werden**
ihr	**werdet**
sie/Sie	**werden**

PRESENT SUBJUNCTIVE

ich	**werde**
du	**werdest**
er/sie/es	**werde**
wir	**werden**
ihr	**werdet**
sie/Sie	**werden**

PERFECT

ich	**bin geworden**
du	**bist geworden**
er/sie/es	**ist geworden**
wir	**sind geworden**
ihr	**seid geworden**
sie/Sie	**sind geworden**

IMPERFECT

ich	**wurde**
du	**wurdest**
er/sie/es	**wurde**
wir	**wurden**
ihr	**wurdet**
sie/Sie	**wurden**

PRESENT PARTICIPLE

werdend

PAST PARTICIPLE

geworden

EXAMPLE PHRASES

Mit **wird** schlecht. I feel ill.
Er meint, aus mir **werde** nie etwas. He thinks I'll never amount to anything.
Der Kuchen **ist** gut **geworden**. The cake turned out well.
Er **wurde** im Mai 40 Jahre. He turned 40 in May.

werden

FUTURE

ich	**werde werden**
du	**wirst werden**
er/sie/es	**wird werden**
wir	**werden werden**
ihr	**werdet werden**
sie/Sie	**werden werden**

CONDITIONAL

ich	**würde werden**
du	**würdest werden**
er/sie/es	**würde werden**
wir	**würden werden**
ihr	**würdet werden**
sie/Sie	**würden werden**

PLUPERFECT

ich	**war geworden**
du	**warst geworden**
er/sie/es	**war geworden**
wir	**waren geworden**
ihr	**wart geworden**
sie/Sie	**waren geworden**

PLUPERFECT SUBJUNCTIVE

ich	**wäre geworden**
du	**wär(e)st geworden**
er/sie/es	**wäre geworden**
wir	**wären geworden**
ihr	**wär(e)t geworden**
sie/Sie	**wären geworden**

IMPERATIVE

werde!/werden wir!/werdet!/werden Sie!

EXAMPLE PHRASES

Ich **werde** Lehrerin **werden**. I'll become a teacher.

Er **würde** gern Lehrer **werden**. He would like to become a teacher.

Aus ihm **war** ein großer Komponist **geworden**. He had become a great composer.

Es **wäre** fast noch einmal Winter **geworden**. It seemed that winter had almost returned.

ich = I **du** = you **er** = he/it **sie** = she/it **es** = it/he/she **wir** = we **ihr** = you **sie** = they **Sie** = you *(polite)*

werfen (to throw)

strong, *formed with* haben

PRESENT

ich	**werfe**
du	**wirfst**
er/sie/es	**wirft**
wir	**werfen**
ihr	**werft**
sie/Sie	**werfen**

PRESENT SUBJUNCTIVE

ich	**werfe**
du	**werfest**
er/sie/es	**werfe**
wir	**werfen**
ihr	**werfet**
sie/Sie	**werfen**

PERFECT

ich	**habe geworfen**
du	**hast geworfen**
er/sie/es	**hat geworfen**
wir	**haben geworfen**
ihr	**habt geworfen**
sie/Sie	**haben geworfen**

IMPERFECT

ich	**warf**
du	**warfst**
er/sie/es	**warf**
wir	**warfen**
ihr	**warft**
sie/Sie	**warfen**

PRESENT PARTICIPLE

werfend

PAST PARTICIPLE

geworfen

EXAMPLE PHRASES

Sie **wirft** mit Geld um sich. She is throwing her money around.

Er drohte ihm, er **werfe** ihn aus dem Haus. He threatened to throw him out of the house.

Der Chef **hat** ihn aus der Firma **geworfen**. The boss has kicked him out of the company.

Die Sonne **warf** ihre Strahlen auf den See. The sun cast its rays on the lake.

ich = I du = you er = he/it sie = she/it es = it/he/she wir = we ihr = you sie = they Sie = you *(polite)*

werfen

FUTURE

ich	**werde werfen**
du	**wirst werfen**
er/sie/es	**wird werfen**
wir	**werden werfen**
ihr	**werdet werfen**
sie/Sie	**werden werfen**

CONDITIONAL

ich	**würde werfen**
du	**würdest werfen**
er/sie/es	**würde werfen**
wir	**würden werfen**
ihr	**würdet werfen**
sie/Sie	**würden werfen**

PLUPERFECT

ich	**hatte geworfen**
du	**hattest geworfen**
er/sie/es	**hatte geworfen**
wir	**hatten geworfen**
ihr	**hattet geworfen**
sie/Sie	**hatten geworfen**

PLUPERFECT SUBJUNCTIVE

ich	**hätte geworfen**
du	**hättest geworfen**
er/sie/es	**hätte geworfen**
wir	**hätten geworfen**
ihr	**hättet geworfen**
sie/Sie	**hätten geworfen**

IMPERATIVE

wirf!/werfen wir!/werft!/werfen Sie!

EXAMPLE PHRASES

Er **wird** bestimmt einen neuen Rekord **werfen**. He will definitely throw a new record.

Am liebsten **würde** ich das Handtuch **werfen**. I feel like throwing in the towel.

Er **hatte** den Ball über den Zaun **geworfen**. He had thrown the ball over the fence.

Ich **hätte** ihn ins Gefängnis **geworfen**. I would have thrown him into prison.

wiegen (to weigh)

strong, *formed with* **haben**

PRESENT

ich	**wiege**
du	**wiegst**
er/sie/es	**wiegt**
wir	**wiegen**
ihr	**wiegt**
sie/Sie	**wiegen**

PRESENT SUBJUNCTIVE

ich	**wiege**
du	**wiegest**
er/sie/es	**wiege**
wir	**wiegen**
ihr	**wieget**
sie/Sie	**wiegen**

PERFECT

ich	**habe gewogen**
du	**hast gewogen**
er/sie/es	**hat gewogen**
wir	**haben gewogen**
ihr	**habt gewogen**
sie/Sie	**haben gewogen**

IMPERFECT

ich	**wog**
du	**wogst**
er/sie/es	**wog**
wir	**wogen**
ihr	**wogt**
sie/Sie	**wogen**

PRESENT PARTICIPLE

wiegend

PAST PARTICIPLE

gewogen

EXAMPLE PHRASES

Ich **wiege** 60 Kilo. I weigh 60 kilos.

Er meint, er **wiege** zu viel. He thinks he is too heavy.

Ich **habe** mich heute früh **gewogen**. I weighed myself this morning.

Ich **wog** die Zutaten. I weighed the ingredients.

---

ich = I **du** = you **er** = he/it **sie** = she/it **es** = it/he/she **wir** = we **ihr** = you **sie** = they **Sie** = you (*polite*)

wiegen

FUTURE

ich	**werde wiegen**
du	**wirst wiegen**
er/sie/es	**wird wiegen**
wir	**werden wiegen**
ihr	**werdet wiegen**
sie/Sie	**werden wiegen**

CONDITIONAL

ich	**würde wiegen**
du	**würdest wiegen**
er/sie/es	**würde wiegen**
wir	**würden wiegen**
ihr	**würdet wiegen**
sie/Sie	**würden wiegen**

PLUPERFECT

ich	**hatte gewogen**
du	**hattest gewogen**
er/sie/es	**hatte gewogen**
wir	**hatten gewogen**
Ihr	**hattet gewogen**
sie/Sie	**hatten gewogen**

PLUPERFECT SUBJUNCTIVE

ich	**hätte gewogen**
du	**hättest gewogen**
er/sie/es	**hätte gewogen**
wir	**hätten gewogen**
ihr	**hättet gewogen**
sie/Sie	**hätten gewogen**

IMPERATIVE
wieg(e)!/wiegen wir!/wiegt!/wiegen Sie!

EXAMPLE PHRASES
Dieses Argument **wird** schwer **wiegen**. This argument will carry a lot of weight.

Ich **würde** gern weniger **wiegen**. I would rather weigh less.

Ich **hatte** das Fleisch schon **gewogen**. I had already weighed the meat.

Ohne die Diät **hättest** du bald zu viel **gewogen**. Without the diet you would soon have been overweight.

wissen (to know)

mixed, *formed with* **haben**

PRESENT

ich	**weiß**
du	**weißt**
er/sie/es	**weiß**
wir	**wissen**
ihr	**wisst**
sie/Sie	**wissen**

PRESENT SUBJUNCTIVE

ich	**wisse**
du	**wissest**
er/sie/es	**wisse**
wir	**wissen**
ihr	**wisset**
sie/Sie	**wissen**

PERFECT

ich	**habe gewusst**
du	**hast gewusst**
er/sie/es	**hat gewusst**
wir	**haben gewusst**
ihr	**habt gewusst**
sie/Sie	**haben gewusst**

IMPERFECT

ich	**wusste**
du	**wusstest**
er/sie/es	**wusste**
wir	**wussten**
ihr	**wusstet**
sie/Sie	**wussten**

PRESENT PARTICIPLE

wissend

PAST PARTICIPLE

gewusst

EXAMPLE PHRASES

Ich **weiß** nicht. I don't know.

Sie meint, sie **wisse** über alles Bescheid. She thinks she knows about everything.

Er **hat** nichts davon **gewusst**. He didn't know anything about it.

Sie **wussten**, wo das Kino war. They knew where the cinema was.

---

ich = I **du** = you **er** = he/it **sie** = she/it **es** = it/he/she **wir** = we **ihr** = you **sie** = they **Sie** = you (*polite*)

wissen

FUTURE

ich	**werde wissen**
du	**wirst wissen**
er/sie/es	**wird wissen**
wir	**werden wissen**
ihr	**werdet wissen**
sie/Sie	**werden wissen**

CONDITIONAL

ich	**würde wissen**
du	**würdest wissen**
er/sie/es	**würde wissen**
wir	**würden wissen**
ihr	**würdet wissen**
sie/Sie	**würden wissen**

PLUPERFECT

ich	**hatte gewusst**
du	**hattest gewusst**
er/sie/es	**hatte gewusst**
wir	**hatten gewusst**
ihr	**hattet gewusst**
sie/Sie	**hatten gewusst**

PLUPERFECT SUBJUNCTIVE

ich	**hätte gewusst**
du	**hättest gewusst**
er/sie/es	**hätte gewusst**
wir	**hätten gewusst**
ihr	**hättet gewusst**
sie/Sie	**hätten gewusst**

IMPERATIVE

wisse!/wissen wir!/wisset!/wissen Sie!

EXAMPLE PHRASES

Morgen **werden** wir **wissen**, wer gewonnen hat. Tomorrow we'll know who has won.

Ich **würde** gern **wissen**, warum du mich belogen hast. I would like to know why you lied to me.

Er **hatte** von dem Verbrechen **gewusst**. He had known about the crime.

Ich **hätte** nicht **gewusst**, was ich ohne dich gemacht hätte. I wouldn't have known what I would have done without you.

ich = I **du** = you **er** = he/it **sie** = she/it **es** = it/he/she **wir** = we **ihr** = you **sie** = they **Sie** = you (polite)

wollen (to want)

modal, *formed with* **haben**

PRESENT

ich	**will**
du	**willst**
er/sie/es	**will**
wir	**wollen**
ihr	**wollt**
sie/Sie	**wollen**

PRESENT SUBJUNCTIVE

ich	**wolle**
du	**wollest**
er/sie/es	**wolle**
wir	**wollen**
ihr	**wollet**
sie/Sie	**wollen**

PERFECT

ich	**habe gewollt/wollen**
du	**hast gewollt/wollen**
er/sie/es	**hat gewollt/wollen**
wir	**haben gewollt/wollen**
ihr	**habt gewollt/wollen**
sie/Sie	**haben gewollt/wollen**

IMPERFECT

ich	**wollte**
du	**wolltest**
er/sie/es	**wollte**
wir	**wolten**
ihr	**wolltet**
sie/Sie	**wollten**

PRESENT PARTICIPLE

wollend

PAST PARTICIPLE

gewollt/wollen*

*This form is used when combined with another infinitive.

EXAMPLE PHRASES

Er **will** nach London gehen. He wants to go to London.

Sie sagt, sie **wolle** ihn nie mehr sehen. She says she doesn't want to see him ever again.

Das **habe** ich nicht **gewollt**. I didn't want this to happen.

Sie **wollten** nur mehr Geld. All they wanted was more money.

---

ich = I **du** = you **er** = he/it **sie** = she/it **es** = it/he/she **wir** = we **ihr** = you **sie** = they **Sie** = you (*polite*)

wollen

FUTURE

ich	**werde wollen**
du	**wirst wollen**
er/sie/es	**wird wollen**
wir	**werden wollen**
ihr	**werdet wollen**
sie/Sie	**werden wollen**

CONDITIONAL

ich	**würde wollen**
du	**würdest wollen**
er/sie/es	**würde wollen**
wir	**würden wollen**
ihr	**würdet wollen**
sie/Sie	**würden wollen**

PLUPERFECT

ich	**hatte gewollt/wollen**
du	**hattest gewollt/wollen**
er/sie/es	**hatte gewollt/wollen**
wir	**hatten gewollt/wollen**
ihr	**hattet gewollt/wollen**
sie/Sie	**hatten gewollt/wollen**

PLUPERFECT SUBJUNCTIVE

ich	**hätte gewollt/wollen**
du	**hättest gewollt/wollen**
er/sie/es	**hätte gewollt/wollen**
wir	**hätten gewollt/wollen**
ihr	**hättet gewollt/wollen**
sie/Sie	**hätten gewollt/wollen**

IMPERATIVE
wolle!/wollen wir!/wollt!/wollen Sie!

EXAMPLE PHRASES

Das **wirst** du doch nicht im Ernst **wollen**! You cannot seriously want that!

Wir **würden** nicht **wollen**, dass das passiert. We wouldn't want that to happen.

Ich **hatte** doch gar nichts von ihm **gewollt**. I hadn't wanted anything from him.

Hätte ich es **gewollt**, wäre es auch geschehen. If I had wanted it, it would have happened.

ich = I du = you er = he/it sie = she/it es = it/he/she wir = we ihr = you sie = they Sie = you (polite)

zerstören (to destroy)   weak, inseparable, *formed with* haben

PRESENT

ich	zerstöre
du	zerstörst
er/sie/es	zerstört
wir	zerstören
ihr	zerstört
sie/Sie	zerstören

PRESENT SUBJUNCTIVE

ich	zerstöre
du	zerstörest
er/sie/es	zerstöre
wir	zerstören
ihr	zerstöret
sie/Sie	zerstören

PERFECT

ich	habe zerstört
du	hast zerstört
er/sie/es	hat zerstört
wir	haben zerstört
ihr	habt zerstört
sie/Sie	haben zerstört

IMPERFECT

ich	zerstörte
du	zerstörtest
er/sie/es	zerstörte
wir	zerstörten
ihr	zerstörtet
sie/Sie	zerstörten

PRESENT PARTICIPLE

zerstörend

PAST PARTICIPLE

zerstört

EXAMPLE PHRASES

Die ganzen Abgase **zerstören** die Ozonschicht. All the fumes are destroying the ozone layer.

Er meint, sie **zerstöre** ihre Gesundheit. He thinks she is wrecking her health.

Er hat ihr Selbstvertrauen **zerstört**. He has destroyed her self-confidence.

Er **zerstörte** ihre Ehe. He wrecked their marriage.

---

ich = I **du** = you **er** = he/it **sie** = she/it **es** = it/he/she **wir** = we **ihr** = you **sie** = they **Sie** = you (*polite*)

zerstören

FUTURE

ich	**werde zerstören**
du	**wirst zerstören**
er/sie/es	**wird zerstören**
wir	**werden zerstören**
ihr	**werdet zerstören**
sie/Sie	**werden zerstören**

CONDITIONAL

ich	**würde zerstören**
du	**würdest zerstören**
er/sie/es	**würde zerstören**
wir	**würden zerstören**
ihr	**würdet zerstören**
sie/Sie	**würden zerstören**

PLUPERFECT

ich	**hatte zerstört**
du	**hattest zerstört**
er/sie/es	**hatte zerstört**
wir	**hatten zerstört**
ihr	**hattet zerstört**
sie/Sie	**hatten zerstört**

PLUPERFECT SUBJUNCTIVE

ich	**hätte zerstört**
du	**hättest zerstört**
er/sie/es	**hätte zerstört**
wir	**hätten zerstört**
ihr	**hättet zerstört**
sie/Sie	**hätten zerstört**

IMPERATIVE

zerstör(e)!/zerstören wir!/zerstört!/zerstören Sie!

EXAMPLE PHRASES

Diese Waffen **werden** noch die Welt **zerstören**. These weapons will end up destroying the world.

Das **würde** unsere Freundschaft **zerstören**. It would destroy our friendship.

Eine Bombe **hatte** das Gebäude **zerstört**. A bomb had wrecked the building.

Dieses Ereignis **hätte** fast mein Leben **zerstört**. This event nearly ruined my life.

---

ich = I du = you er = he/it sie = she/it es = it/he/she wir = we ihr = you sie = they Sie = you (polite)

ziehen (to go/to pull)

strong, *formed with* **sein/haben***

PRESENT

ich	**ziehe**
du	**ziehst**
er/sie/es	**zieht**
wir	**ziehen**
ihr	**zieht**
sie/Sie	**ziehen**

PRESENT SUBJUNCTIVE

ich	**ziehe**
du	**ziehest**
er/sie/es	**ziehe**
wir	**ziehen**
ihr	**ziehet**
sie/Sie	**ziehen**

PERFECT

ich	**bin/habe gezogen**
du	**bist/hast gezogen**
er/sie/es	**ist/hat gezogen**
wir	**sind/haben gezogen**
ihr	**seid/habt gezogen**
sie/Sie	**sind/haben gezogen**

IMPERFECT

ich	**zog**
du	**zogst**
er/sie/es	**zog**
wir	**zogen**
ihr	**zogt**
sie/Sie	**zogen**

PRESENT PARTICIPLE
ziehend

PAST PARTICIPLE
gezogen

*When **ziehen** is used with a direct object, it is formed with **haben**.

EXAMPLE PHRASES

In diesem Zimmer **zieht** es. There's a draught in this room.

Er sagt, er **ziehe** bald nach Hamburg. He says he's going to move to Hamburg soon.

Seine Familie **ist** nach München **gezogen**. His family has moved to Munich.

Sie **zog** mich am Ärmel. She pulled at my sleeve.

ich = I **du** = you **er** = he/it **sie** = she/it **es** = it/he/she **wir** = we **ihr** = you **sie** = they **Sie** = you *(polite)*

ziehen

FUTURE

ich	**werde ziehen**
du	**wirst ziehen**
er/sie/es	**wird ziehen**
wir	**werden ziehen**
ihr	**werdet ziehen**
sie/Sie	**werden ziehen**

CONDITIONAL

ich	**würde ziehen**
du	**würdest ziehen**
er/sie/es	**würde ziehen**
wir	**würden ziehen**
ihr	**würdet ziehen**
sie/Sie	**würden ziehen**

PLUPERFECT

ich	**war/hatte gezogen**
du	**warst/hattest gezogen**
er/sie/es	**war/hatte gezogen**
wir	**waren/hatten gezogen**
ihr	**wart/hattet gezogen**
sie/Sie	**waren/hatten gezogen**

PLUPERFECT SUBJUNCTIVE

ich	**wäre/hätte gezogen**
du	**wär(e)st/hättest gezogen**
er/sie/es	**wäre/hätte gezogen**
wir	**wären/hätten gezogen**
ihr	**wär(e)t/hättet gezogen**
sie/Sie	**wären/hätten gezogen**

IMPERATIVE
zieh(e)!/ziehen wir!/zieht!/ziehen Sie

EXAMPLE PHRASES

Du **wirst** seinen Hass auf dich **ziehen**. You will incur his hatred.

Ich **würde** nie nach Bayern **ziehen**. I would never move to Bavaria.

Sie **waren** zuversichtlich in den Krieg **gezogen**. They had felt confident about going to war.

Das **hätte** schlimme Folgen nach sich **gezogen**. It would have had terrible consequences.

ich = I **du** = you **er** = he/it **sie** = she/it **es** = it/he/she **wir** = we **ihr** = you **sie** - they **Sie** - you (polite)

zwingen (to force)

strong, *formed with* haben

PRESENT

ich	zwinge
du	zwingst
er/sie/es	zwingt
wir	zwingen
ihr	zwingt
sie/Sie	zwingen

PRESENT SUBJUNCTIVE

ich	zwinge
du	zwingest
er/sie/es	zwinge
wir	zwingen
ihr	zwinget
sie/Sie	zwingen

PERFECT

ich	habe gezwungen
du	hast gezwungen
er/sie/es	hat gezwungen
wir	haben gezwungen
ihr	habt gezwungen
sie/Sie	haben gezwungen

IMPERFECT

ich	zwang
du	zwangst
er/sie/es	zwang
wir	zwangen
ihr	zwangt
sie/Sie	zwangen

PRESENT PARTICIPLE
zwingend

PAST PARTICIPLE
gezwungen

EXAMPLE PHRASES

Ich **zwinge** mich dazu. I force myself to do it.

Sie sagt, sie **zwinge** mich nicht. She says she's not forcing me.

Er **hat** ihn **gezwungen**, das zu tun. He forced him to do it.

Sie **zwangen** uns, den Vertrag zu unterschreiben. They forced us to sign the contract.

---

ich = I **du** = you **er** = he/it **sie** = she/it **es** = it/he/she **wir** = we **ihr** = you **sie** = they **Sie** = you (*polite*)

zwingen

FUTURE

ich	**werde zwingen**
du	**wirst zwingen**
er/sie/es	**wird zwingen**
wir	**werden zwingen**
ihr	**werdet zwingen**
sie/Sie	**werden zwingen**

CONDITIONAL

ich	**würde zwingen**
du	**würdest zwingen**
er/sie/es	**würde zwingen**
wir	**würden zwingen**
ihr	**würdet zwingen**
sie/Sie	**würden zwingen**

PLUPERFECT

ich	**hatte gezwungen**
du	**hattest gezwungen**
er/sie/es	**hatte gezwungen**
wir	**hatten gezwungen**
ihr	**hattet gezwungen**
sie/Sie	**hatten gezwungen**

PLUPERFECT SUBJUNCTIVE

ich	**hätte gezwungen**
du	**hättest gezwungen**
er/sie/es	**hätte gezwungen**
wir	**hätten gezwungen**
ihr	**hättet gezwungen**
sie/Sie	**hätten gezwungen**

IMPERATIVE
zwing(e)!/zwingen wir!/zwingt!/zwingen Sie

EXAMPLE PHRASES

Wir werden ihn zum Handeln **zwingen**. We will force him into action.

Ich **würde** ihn **zwingen**, sich zu entschuldigen. I would force him to apologize.

Man **hatte** ihn zum Rücktritt **gezwungen**. He had been forced to resign.

Wenn du mich gezwungen hättest, **hätte** ich **unterschrieben**. If you had forced me I would have signed.

---

ich = I du = you er = he/it sie = she/it es = it/he/she wir = we ihr = you sie = they Sie = you *(polite)*

How to use the Verb Index

The verbs in bold are the model verbs which you will find in the verb tables. All the other verbs follow one of these patterns, so the number next to each verb indicates which pattern fits this particular verb. For example, **begleiten** (*to accompany*) follows the same pattern as **arbeiten** (*to work*), number 4 in the verb tables.

All the verbs are in alphabetical order. For reflexive verbs like **sich setzen** (*to sit down*) look under **setzen**, not under **sich**.

With the exception of reflexive verbs which are always formed with **haben**, most verbs have the same auxiliary (**sein** or **haben**) as their model verb. If this is different, it is shown in the Verb Index. Certain verbs can be formed with both **haben** or **sein** and there is a note about this at the relevant verb tables.

Some verbs in the Verb Index have a dividing line through them to show that the verb is separable, for example, **durch|setzen**.

*For more information on **separable** and **inseparable** verbs, see pages 12–60.*

ab|brechen	28	ab|ziehen	252	an|ordnen	140	auf|haben	84
ab|fahren	50	achten	4	an|probieren	206	auf|halten	86
ab|fliegen	58	addieren	206	an|rufen	150	auf|hängen	90
ab|fragen	8	adressieren	206	an|schalten	4	auf|heitern (*haben*)	234
ab|geben	66	ähneln +*dat*	88	an|schauen	8	auf|hören	8
ab|gewöhnen	98	amüsieren sich *acc*	206	an|schreien	168	auf|klären	8
ab|hängen	90	an|bauen	8	an|sehen	174	auf|lassen	110
ab|holen	8	an|bieten	20	an|sprechen	188	auf|lösen (sich *acc*)	8
ab|kürzen	94	an|brechen	28	an|starren	8	auf|machen	8
ab|laufen	112	an|brennen	30	an|stecken	8	auf|muntern (*haben*)	234
ab|lehnen	8	ändern (sich *acc*)		an|stellen	8	auf|nehmen	134
ab|lenken	8	(*haben*)	234	an|strengen (sich *acc*)	8	auf|passen	82
ab|liefern (*haben*)	234	an|deuten	4	antworten	4	auf|räumen	8
ab|machen	8	an|fahren	50	an|zeigen	8	aufrecht|erhalten	86
ab|nehmen	134	an|fangen	54	an|ziehen	252	auf|regen	8
abonnieren	206	an|fassen	82	an|zünden	142	auf|schreiben	166
ab|reisen (*sein*)	8	an|geben	66	**arbeiten**	4	auf|sehen	174
ab|sagen +*dat*	8	an|gehen	68	ärgern (*haben*)	234	auf|setzen	94
ab|schaffen	8	angeln	88	**atmen**	6	auf|stehen	194
ab|schicken	8	an|gewöhnen	98	auf|bauen	8	auf|steigen	198
ab|schneiden	164	an|haben	84	auf|bewahren	98	auf|stellen	8
ab|schreiben	166	an|halten	86	auf|bleiben	26	auf|tauchen	8
ab|schrecken	8	an|hören	8	auf|brechen	28	auf|tauen	8
ab|setzen (sich *acc*)	94	an|kommen	104	auf|essen	48	auf|teilen	8
ab|stellen	8	an|kreuzen	94	auf|fallen +*dat*	52	auf|treten	214
ab|stürzen (*sein*)	94	an|kündigen	8	auf|fangen	54	auf|wachen	8
ab|trocknen	140	an|machen	8	auf|führen	8	auf|wachsen	232
ab|waschen	236	an|melden	142	auf|geben	66	auf|wecken	8
ab|werten	4	**an|nehmen**	2	auf|gehen	68	auf|zählen	8

auf|ziehen	252	befürchten	4	beteiligen	16	duften	4
aus|atmen	4	befürworten	4	beten	4	durch|blicken	36
aus|beuten	4	begegnen +dat (sein)	140	betonen	16	durch|fahren	50
aus|bilden	142	begehen	68	betreffen	210	durch|führen	8
aus|denken sich dat	34	begehren	16	betreten	214	durch|kommen	104
aus|drücken (sich acc)	8	begeistern	234	betrinken sich acc	216	durch|lesen	118
aus|fallen	52	beginnen	12	betteln	88	durch|setzen	
aus|führen	8	begleiten	4	beugen (sich acc)	98	(sich acc)	36
aus|geben	66	begründen	142	beunruhigen (sich acc)	16	durchsuchen	42
aus|gehen	68	begrüßen	82	beurteilen	16	dürfen	38
aus|halten	86	behalten	86	bevorzugen	16	duschen (sich acc)	124
aus|kennen (sich acc)	100	behandeln	88	bewähren sich acc	16	duzen	94
aus|kommen	104	behaupten	4	bewegen (sich acc)	16	eignen (sich acc)	140
aus|lachen	8	beherrschen	16	bewerben sich acc	238	eilen (sein)	98
aus|lassen	110	behindern (haben)	234	bewirken	16	ein|atmen6	
aus|machen	124	beichten	4	bewohnen	16	ein|bilden sich dat	142
aus|packen	8	bei|legen	8	bewundern (haben)	234	ein|brechen	28
aus|reichen	8	beißen	14	bezahlen	16	ein|fallen +dat	52
aus|rufen	150	bei|tragen	208	bezeichnen	140	einigen (sich acc)	98
aus|ruhen sich acc	8	bei|treten (sein)	214	beziehen (sich acc)	252	ein|kaufen	8
aus|schalten	4	bekämpfen	16	bezweifeln	88	ein|laufen	112
aus|schlafen sich acc	158	beklagen (sich acc)	16	biegen	18	ein|leben	8
aus|sehen	174	bekommen +dat	104	bieten	20	ein|mischen sich acc	8
äußern (sich acc)		belasten (sich acc)	4	bilden	142	ein|ordnen (sich acc)	140
(haben)	234	belästigen	16	binden	22	ein|richten (sich acc)	4
aus|spannen	8	beleidigen	16	bitten	24	ein|schalten (sich acc)	4
aus|sprechen	188	bellen	98	bleiben	26	ein|schlafen	158
aus|steigen	198	belohnen	16	blenden	142	ein|schränken	
aus|stellen	8	belügen	122	blicken	124	(sich acc)	8
aus|suchen	8	bemerken	16	blitzen	94	ein|schüchtern	
aus|teilen	8	bemühen sich acc	16	blühen	98	(haben)	234
aus|tragen	208	benachrichtigen	16	bluten	4	ein|sehen	174
aus|trinken	216	benehmen sich acc	134	bohren	98	ein|setzen (sich acc)	94
aus|wählen	8	beneiden	142	brauchen	124	ein|sperren	8
aus|wandern	234	benutzen	94	brechen	28	ein|steigen	198
aus|ziehen	252	beobachten	4	bremsen	94	ein|stellen (sich acc)	8
baden	142	bereiten	4	brennen	30	ein|tragen (sich acc)	208
basteln	88	bereuen	16	bringen	32	ein|treffen	210
bauen	98	berichten	4	brüllen	98	ein|treten	214
beachten	4	berücksichtigen	16	buchen	124	ein|wandern	234
beanspruchen	16	beruhigen (sich acc)	42	buchstabieren	206	ein|weihen	8
beantragen	16	berühren	42	bügeln	88	ein|ziehen	252
beantworten	4	beschäftigen (sich acc)	42	bürsten	4	ekeln (sich acc)	88
bearbeiten	4	beschimpfen	42	danken +dat	98	empfehlen	40
bedanken sich acc	16	beschränken (sich acc)	42	dar|stellen	8	empfinden	56
bedauern (haben)	234	beschreiben	166	dauern (haben)	234	enden	142
bedeuten	4	beschweren (sich acc)	42	davon|kommen	104	entdecken	42
bedienen (sich acc:+gen)	16	besichtigen	42	decken (sich acc)	98	entfallen	52
bedrohen	16	besitzen	184	dehnen (sich acc)	98	entfernen (sich acc)	42
beeilen sich acc	16	besorgen	42	demonstrieren	206	entführen	42
beeindrucken	16	besprechen	188	denken	34	entgegen|kommen	104
beeinflussen	16	bessern (haben)	234	dienen +dat	98	enthalten	86
beenden	142	bestätigen (sich acc)	42	diktieren	206	entkommen	104
befehlen	10	bestehen	194	diskutieren	206	entlassen	110
befinden sich acc	56	bestellen	16	dolmetschen	124	entmutigen	42
befördern (haben)	234	bestimmen	16	donnern (haben)	234	entschuldigen	
befragen	16	bestrafen	16	drehen (sich acc)	98	(sich acc)	42
befreien	16	besuchen	16	drohen +dat	98	entspannen (sich acc)	42
befriedigen	16	betäuben	16	drücken	98	entsprechen +dat	188

enttäuschen	42	fort|setzen	36	hinken	98	lachen	124
entwickeln (sich *acc*)	88	fotografieren	206	hin|legen	8	**laden**	**108**
erben	98	fragen	98	hin|nehmen	134	lagern (sich *acc*)	
ereignen sich *acc*	140	frei|lassen	110	hinzu|fügen	36	(*haben*)	234
erfahren	50	freuen sich *acc*	98	hoffen	98	lähmen	98
erfassen	82	**frieren**	**64**	**holen**	**98**	landen	142
erfinden	56	frühstücken	98	horchen	124	langweilen (sich *acc*)	98
ergänzen (sich *acc*)	94	fühlen (sich *acc*)	98	hören	98	**lassen**	**110**
erhalten	86	führen	98	hüpfen	98	**laufen**	**112**
erholen sich *acc*	46	füllen	98	husten	4	lauten	4
erinnern (sich *acc*:+*gen*)		fürchten	4	hüten (sich *acc*)	4	läuten	4
(*haben*)	234	füttern (*haben*)	234	identifizieren		leben	98
erkennen	100	gähnen	98	(sich *acc*)	206	lecken	124
erklären	46	garantieren	206	impfen	98	leeren	98
erkundigen sich *acc*	46	**geben**	**66**	informieren (sich *acc*)		legen	98
erlauben	46	gebrauchen	124	206		lehnen (sich *acc*)	98
erleben	46	gefallen +*dat*	52	interessieren		lehren	98
erledigen	46	**gehen**	**68**	(sich *acc*)	206	**leiden**	**114**
erlernen	46	**gehorchen** +*dat*	**70**	irre|führen	8	**leihen**	**116**
ermorden	140	gehören +*dat*	98	irren (sich *acc*)	98	leisten	4
ernähren (sich *acc*)	46	**genießen**	**72**	jagen	98	leiten	4
erneuern (*haben*)	234	genügen +*dat*	98	jammern (*haben*)	234	lenken	98
ernten	4	gestatten	4	jubeln	88	lernen	98
erobern (*haben*)	234	**gewinnen**	**74**	jucken	98	**lesen**	**118**
erreichen	46	gewöhnen (sich *acc*)	200	kämmen (sich *acc*)	98	leuchten	4
erscheinen (*sein*)	154	**gießen**	**76**	kämpfen	98	lieben	98
erschrecken	**44**	glänzen	94	kapieren	206	liefern (*haben*)	234
ersetzen	94	glauben	98	kassieren	206	**liegen**	**120**
ersticken	46	**graben**	**78**	kauen	98	loben	98
ertragen	208	gratulieren +*dat*	206	kaufen	98	lohnen	98
erwähnen	46	**greifen**	**80**	**kennen**	**100**	löschen	124
erwarten	4	grenzen	94	keuchen	124	**lügen**	**122**
erzählen	**46**	**grüßen**	**82**	kichern (*haben*)	234	lutschen	124
erzeugen	46	gucken	98	kitzeln	88	**machen**	**124**
essen	**48**	**haben**	**84**	klagen	98	mähen	124
fahren	**50**	haften	4	klatschen	124	malen	98
fallen	**52**	**halten** (sich *acc*)	**86**	klauen	98	meckern (*haben*)	234
fallen	4	**handeln**	**88**	kleben	98	meinen	98
fangen	**54**	**hängen**	**90**	klettern	234	melden	142
färben (sich *acc*)	98	hassen	82	klingeln	88	merken (sich *dat*)	98
fassen	82	**heben**	**92**	**klingen**	**102**	**messen**	**126**
faulenzen	94	heilen	98	klopfen	98	mieten	4
faxen	94	heim|kehren (*sein*)	36	knabbern (*haben*)	234	mischen	124
fehlen +*dat*	98	heiraten	4	kochen	124	missbilligen	128
feiern (*haben*)	234	**heizen**	**94**	**kommen**	**104**	misstrauen +*dat*	128
fern|sehen	174	**helfen** +*dat*	**96**	**können**	**106**	missverstehen	194
fest|halten	86	heran|fahren	50	kontrollieren	206	mit|bringen	32
fest|stellen	8	heraus|fordern	36	konzentrieren		mit|fahren	50
filmen	98	heraus|stellen	36	(sich *acc*)	206	mit|kommen	104
finden	**56**	her|geben	66	kopieren	206	mit|nehmen	134
fischen	124	herrschen	124	korrigieren	206	mit|teilen	8
fliegen	**58**	her|stellen	8	kosten	4	möblieren	206
fliehen	**60**	herum|gehen	68	kratzen	94	**mögen**	**130**
fließen	**62**	hervor|rufen	150	kriegen	98	murmeln	88
flüstern (*haben*)	234	heulen	98	kritisieren	206	**müssen**	**132**
folgen +*dat*	98	hinaus|gehen	68	kümmern (sich *acc*)	98	nach|ahmen	36
foltern (*haben*)	234	hinaus|werfen	242	kürzen	94	nach|denken	34
fordern (*haben*)	234	hindern (*haben*)	234	küssen	124	nach|geben	66
fort|fahren	50	hin|fallen	52	lächeln	88	nach|gehen	68

nach|holen 8
nach|lassen 110
nachlaufen 112
nach|machen 8
nach|prüfen 8
nach|sehen 174
nähen 98
nähern +dat (sich acc)
  (haben) 234
nehmen 134
nennen 136
nicken 124
niesen 98
nörgeln 88
nutzen 94
nützen 94
öffnen 140
ohrfeigen 98
operieren 206
organisieren 206
ordnen 140
orientieren (sich acc) 206
packen 98
parken 98
passen +dat 82
passieren 206
pendeln 88
pflanzen 94
pflegen 98
pflücken 124
plagen (sich acc) 98
planen 98
platzen 94
plaudern (haben) 234
prahlen 98
pressen 82
probieren 206
produzieren 206
profitieren 206
protestieren 206
prüfen 98
prügeln (sich acc) 88
pumpen 98
putzen 94
quälen (sich acc) 98
qualifizieren sich acc 77
quatschen 124
quietschen 124
rasen 234
rasieren 206
raten 138
rauchen 124
räuchern (haben) 234
räuspern sich acc
  (haben) 89
reagieren 206
rechnen 140
rechtfertigen 98
reden 142

regeln 88
regieren 206
regnen 140
reichen 124
reinigen 98
reißen (sein) 144
reizen 94
rennen 146
reparieren 206
reservieren 206
retten 4
richten (sich acc) 4
riechen 148
riskieren 206
rollen 98
röntgen 142
rosten 4
rücken 98
rufen 150
rühren (sich acc) 98
rutschen (sein) 124
sagen 98
sammeln 88
schaden +dat 142
schaffen 152
schälen 98
schalten 4
schämen sich acc:+gen 98
schätzen 94
schauen 98
schaukeln 88
scheinen 154
scheißen 156
scheitern 234
schenken 98
schicken 124
schimmeln 88
schimpfen 98
schlachten 4
schlafen 158
schlagen 160
schleudern (haben) 234
schließen 162
schluchzen 94
schmecken +dat 124
schmeicheln +dat 98
schmerzen 94
schminken (sich acc) 98
schmuggeln 88
schnarchen 124
schnäuzen sich acc 94
schneiden 164
schneien 98
schöpfen 98
schreiben 166
schreien 168
schulden 142
schütteln 88
schütten 4

schützen 94
schwanken 98
schwänzen 94
schwärmen 98
schweigen 170
schwimmen 172
schwindeln 88
schwitzen 94
segeln 88
sehen 174
sehnen sich acc 39
sein 176
senden 178
setzen sich acc 37
seufzen 94
sichern sich acc (haben) 89
siegen 98
siezen 94
singen 180
sinken 182
sitzen 184
sollen 186
sonnen sich acc 39
sparen 98
spenden 142
sperren 98
spielen 98
spotten 4
sprechen 188
springen 190
spritzen 94
spucken 98
spülen 98
spüren 98
stammen 98
starten 4
statt|finden 56
staunen 98
stechen 192
stecken 124
stehen 194
stehlen 196
steigen 198
stellen 98
stempeln 88
sterben 200
sticken 98
stimmen 98
stöhnen 98
stolpern 234
stören 98
stoßen 202
strahlen 98
streiken 98
streiten 204
stricken 124
studieren 206
stürmen 98
stürzen (sich acc) 94

subtrahieren 206
suchen 124
tanken 98
tanzen 94
tapezieren 206
tauchen 124
tauen 98
taufen 98
taugen 98
tauschen 124
täuschen (sich acc) 124
teilen 98
teil|nehmen 134
telefonieren 206
testen 4
tippen 98
toben 98
töten 4
tragen 208
transportieren 206
trauen +dat 98
treffen 210
treiben 212
träumen 98
trennen (sich acc) 98
treten 214
trinken 216
trocknen 140
trommeln 88
trösten (sich acc) 4
trotzen +dat 94
tun 218
turnen 98
üben (sich acc) 98
überanstrengen
  (sich acc) 42
überdenken 34
überfahren 50
überfallen 52
überfordern (haben) 234
übergeben 66
überholen 42
überhören 42
überlassen 110
überleben 42
überlegen (sich acc) 220
übernachten 4
übernehmen
  (sich acc) 134
überprüfen 42
überraschen 42
überreden 142
überschätzen 94
übersehen 174
übersetzen 94
überspringen 190
überstehen 194
übersteigen 198
überstürzen 94

übertragen 208
übertreffen 210
überwachen 42
überzeugen 42
um|blättern 8
um|bringen (sich acc) 32
um|fallen 52
um|gehen 68
umgehen (haben) 68
unterhalten (sich acc) 86
unternehmen 134
unterrichten (sich acc) 4
unterschätzen 94
unterscheiden
  (sich acc) 164
unterschreiben 166
unter|stellen 8
unterstellen 42
unterstützen 94
untersuchen 42
urteilen 98
verabreden (sich acc) 142
verabschieden
  (sich acc) 142
verallgemeinern
  (haben) 234
veralten (sein) 4
verändern (haben) 234
veranlassen 224
veranstalten 4
verantworten 4
verärgern (haben) 234
verbessern (haben) 234
verbieten 20
verblüffen 224
verbluten (sein) 4
verbrauchen 224
verbrennen (sich acc) 30
verbringen 32
verdächtigen 224
verdanken +dat 224
verdauen 224
verdienen 224
verdoppeln 88
vereinbaren 224
vereinen 224
vereinfachen 224
vereinigen (sich acc) 224
vererben 42
verfahren 50
verfolgen 224
verführen 224
vergeben 66
vergehen (sich acc) 68
vergessen **222**
vergrößern (haben) 234
verhaften 4
verhalten sich acc 34
verhandeln 88

verhindern (haben) 234
verhören (sich acc) 224
verhungern 234
verirren sich acc 224
verkaufen 224
verkleiden (sich acc) 142
verkleinern (sich acc)
  (haben) 234
verlangen **224**
verlassen 110
verlaufen (sich acc) 112
verlernen 224
verletzen (sich acc) 94
verlieben sich acc 224
verlieren **226**
verloben sich acc 224
vermieten 4
vernachlässigen 224
vernichten 4
veröffentlichen 224
verpflichten 4
verreisen 224
versammeln (sich acc) 88
versäumen 224
verschlafen 158
verschlechtern
  (sich acc) (haben) 234
verschonen 224
verschreiben 166
verschwinden **228**
versichern (sich acc:+gen)
  (haben) 234
versöhnen (sich acc) 224
versprechen 188
verstehen 194
versuchen 224
verteidigen (sich acc) 224
verteilen (sich acc) 224
vertragen 208
vertrauen +dat
  (sich dat) 224
vertreten 214
vertun (sich acc) 218
verunglücken (sein) 224
verursachen 224
verurteilen 224
vervielfältigen 224
verwechseln 88
verweigern (haben) 234
verwirren (sich acc) 224
verwöhnen (sich acc) 224
verzeihen **230**
verzichten 4
verzögern (sich acc)
  (haben) 234
verzollen 224
voran|kommen 104
voraus|gehen 68
voraus|setzen 36

vorbei|kommen 104
vor|bereiten (sich acc) 4
vor|beugen +dat
  (sich acc) 8
vor|führen 8
vor|gehen 68
vor|haben 84
vor|kommen +dat 104
vor|nehmen (sich acc) 134
vor|schlagen 160
vor|stellen (sich acc) 8
vor|täuschen 8
vor|werfen 242
vor|ziehen 252
wachsen **232**
wagen 98
wählen 98
wahr|nehmen 134
wandern **234**
warnen 98
warten 4
waschen (sich acc) **236**
wechseln 88
wecken 98
weg|gehen 68
weg|lassen 110
weg|laufen 112
weg|nehmen 134
weg|werfen 242
wehren (sich acc) 98
weh|tun 218
weigern sich acc
  (haben) 234
weinen 98
weiter|gehen 68
werben **238**
werden **240**
werfen **242**
wetten 4
widersprechen +dat
  (sich dat) 188
widerstehen +dat 194
widerstreben 42
widmen (sich acc) 6
wiederholen 8
wieder|sehen
  (sich acc) 174
wiegen **244**
winken 98
wirken 98
wischen 124
wissen **246**
wohnen 98
wollen **248**
wundern sich acc
  (haben) 234
wünschen (sich dat) 124
würfeln 88
zahlen 98

zählen 98
zappeln (sein) 88
zeichnen 140
zeigen (sich acc) 98
zensieren 206
zerbrechen 28
zerren 98
zerschlagen (sich acc) 160
zerschneiden 164
zerstören **250**
zerstreuen (sich acc) 250
ziehen **252**
zielen 98
zischen 124
zittern (haben) 234
zögern (haben) 234
zu|bereiten 4
züchten 4
zucken 98
zu|geben 66
zu|gehen 68
zu|hören +dat 8
zu|kommen 104
zu|lassen 110
zu|machen 8
zu|muten 4
zu|nehmen 134
zurecht|finden
  sich acc 56
zurecht|kommen 104
zurück|fahren 50
zurück|gehen 68
zurück|kehren 36
zurück|kommen 104
zurück|legen 36
zurück|treten 214
zurück|zahlen 36
zurück|ziehen 252
zu|sagen 8
zusammen|brechen 28
zusammen|fassen 36
zusammen|hängen 186
zusammen|legen 36
zusammen|nehmen
  (sich acc) 134
zusammen|stellen 36
zu|schauen 8
zu|sehen +dat 174
zu|stimmen 8
zu|treffen 210
zweifeln 88
zwingen **254**
zwinkern (haben) 234
zwitschern (haben) 234